Traduzidos dos respectivos originais, com introduções e notas explicativas, esta colecção põe o leitor em contacto com textos marcantes da história da filosofia.

A Razão na História

Título original:
Die Vernunft in der Geschichte

Tradução:
Artur Morão

Revisão:
Victor Silva

Capa: FBA

Depósito Legal n.º 36750/13

Biblioteca Nacional de Portugal – Catalogação na Publicação

HEGEL, 1770-1835

A razão na história. – Reimp. – (Textos filosóficos ; 39)
ISBN 978-972-44-1366-2

CDU 1
94

ISBN: 978-972-44-1366-2
ISBN da 1.ª edição: 972-44-0906-6

Paginação:
MA

EDIÇÕES 70, uma chancela de Edições Almedina, S.A.
LEAP CENTER – Espaço Amoreiras
Rua D. João V, n.º 24, 1.03 1250-091 Lisboa - Portugal
e-mail: geral@edicoes70.pt

www.edicoes70.pt

Esta obra está protegida pela lei. Não pode ser reproduzida,
no todo ou em parte, qualquer que seja o modo utilizado,
incluindo fotocópia e xerocópia, sem prévia autorização do Editor.
Qualquer transgressão à lei dos Direitos de Autor será passível
de procedimento judicial.

Georg Wilhelm
Friedrich Hegel
A Razão na História

70

Advertência do tradutor

O texto aqui proposto é a versão integral da Primeira Parte das *Vorlesungen über die Philosophie der Weltgeschichte*, na edição de Johannes Hoffmeister(*). Inclui os projetos de curso (1822-1828 e 1830), com alguns apêndices e os aditamentos de 1826-1827.

O critério da tradução foi o da fidelidade total ao texto, sem impedimento de maior para a consequente e desejada qualidade vernácula (inseridas no texto, entre parênteses retos [], indicam-se as páginas correspondentes à edição alemã; são a estas páginas que se reportam os «Aditamentos do Semestre de inverno de 1826-27», inseridos na edição portuguesa, pp. 203 e seguintes). É possível que esta, uma ou outra vez, acuse a incomodidade de quem à força teve de se deitar no leito de Procusto, mas a verdade é que Hegel nem sempre apresenta o caráter acabado do que escreveu ou disse. No futuro, adaptar-se-á o que aqui se fez à condição do texto crítico dos cursos de Hegel.

Aproveitaram-se as notas do editor acerca dos nomes e autores mencionados pelo filósofo nas suas lições; apenas se não atendeu às anotações escritas à margem (aliás, poucas e algumas delas feitas pelo filho de Hegel), que J. Hoffmeister em certos lugares propõe no rodapé.

Artur Morão

(*) G. W. F. Hegel, *Vorlesungen über die Philosophie der Weltgeschichte*, Band I – *Die Vernunft in der Geschichte*, Hamburgo, Verlag Felix Meiner, 1955^5, 1970.

PRIMEIRO PROJETO
(1822 e 1828)

Modos da historiografia

[Começado a] 31.X.1822;
[repetido em] 30.X.1828

Meus Senhores!

O objeto destas lições é a História Universal filosófica. A nossa ocupação será percorrer a própria História Universal global; não são reflexões gerais sobre a mesma que dela teríamos extraído e que pretenderíamos elucidar com exemplos a partir do seu conteúdo, mas o conteúdo da própria História Universal.

Não posso tomar por base compêndio algum; de resto, nas minhas "Linhas fundamentais da filosofia do direito", §§ 341 a 360 (fim), já indiquei o conceito mais pormenorizado de semelhante História Universal, bem como os princípios e os períodos em que a sua consideração se divide. Podem, pois, a partir daí familiarizar-se ao menos com os momentos que importam na sua forma abstrata.

A Introdução à nossa História Universal filosófica será por mim empreendida de modo a eu propor com antecedência uma representação (geral, determinada) do que é uma História Universal filosófica; em vista deste fim provisório, quero primeiro percorrer, descrever e assim comparar os outros modos de expor e tratar a História.

Distingo três modos diversos de historiografia [3]:

a) a História primitiva,
b) a História reflexiva,
c) a História filosófica.

a) No tocante à primeira, menciono logo os nomes de Heródoto, de Tucídides e outros, para assim fornecer uma imagem precisa de tal história. Estes historiadores, que tiveram sobretudo diante de si os atos, os acontecimentos e as situações que descrevem, os experimentaram e neles viveram ou por eles passaram, integravam-se nesses acontecimentos e comungavam do seu espírito; compuseram o seu relato para além de tais atos e acontecimentos, isto é, trasladaram para o reino da representação espiritual e elaboraram para a mesma o que até então apenas acontecera e existira exteriormente – antes, apenas um ente, agora algo de espiritual e representado do ânimo interior e exterior. Assim, por exemplo, o poeta elabora a matéria que tem na sua sensação, para a representação sensível. Nestes historiadores, as narrativas e os relatos de outros são também um ingrediente; mas constituem em geral apenas o material mais disperso, modesto, contingente, subjetivo. Assim como o poeta possui como ingrediente a sua linguagem culta e muito deve aos conhecimentos ilustrados que recebeu, embora a obra-prima lhe pertença a ele, assim também um tal historiador é o que compõe num todo o que na realidade é algo de já passado, disperso na memória subjetiva e contingente, e conservado apenas na recordação fugidia, o coloca no templo de Mnemósine e lhe confere uma duração imortal. Tais historiadores transplantam o [4] passado – dão-lhe um solo melhor e mais alto do que o terreno da transitoriedade em que cresceram – para o reino dos espíritos (falecidos) agora em duração eterna, tal como os Antigos descrevem o Elísio, a saber, que os heróis continuam a fazer eternamente o que uma vez tinham feito na sua vida.

Da História primitiva excluo as lendas, os cantos populares, as tradições e também as poesias, pois tais lendas e tradições são ainda modos turvos de fixar o que aconteceu, portanto, modos de povos ou de partes dos mesmos que, na sua consciência, são ainda opacos. Retornarei mais tarde ainda a este tema, isto é, que tipo de relação num povo a história tem com o mesmo. Povos de consciência turva, ou cuja história turva não é objeto, pelo menos não da História Universal filosófica, a qual tem como fim o conhecimento da Ideia na história – os espíritos dos povos, que trouxeram à consciência, ao saber, o seu princípio, o que são e o que fazem.

Mais tarde, observaremos a conexão entre *historia* e *res gestae*; a história genuína, objetiva, de um povo só começa quando ela tem uma historiografia. A cultura em que ainda não se chegou à história, em que não é possível ainda nenhum processo de formação, como, por exemplo, a pretensa história da Índia de há três milénios e meio.

Tais historiadores primitivos transformam, pois, numa obra da representação para representação os acontecimentos, os atos e a situação do seu presente.

Podemos daí tirar logo algumas conclusões:

aa) O conteúdo de tais histórias não pode, portanto [5], ser de grande extensão. A sua matéria essencial era o que estava vivo na própria experiência e no interesse presente dos homens, o que estava vivo e presente no seu meio.

O autor descreve o que ele próprio, mais ou menos, contribuiu para fazer ou, ao menos, viveu. São curtos períodos de tempo, figuras individuais de homens e de acontecimentos. Trabalham a partir das intuições que viveram e atravessaram; os rasgos singulares, não submetidos à reflexão, com que os historiadores compõem o seu quadro estão tão determinados como na intuição ou narrativa intuitiva com que depararam, e apresentam-nos à representação da posteridade.

bb) Em tais historiadores, a formação do autor e os acontecimentos que ele erige numa obra, o espírito do autor e o espírito das ações narradas são um só e o mesmo.

Por isso, ele não tem de aduzir reflexões, pois vive no espírito da própria coisa, não a transcende, como é específico da reflexão. Também se compreendeu mais especificamente nesta unidade que, se numa época existe uma maior diferença entre as classes e a formação e as máximas se conectam com a classe a que um indivíduo pertence, um tal historiador deve ouvir a classe dos estadistas, generais, etc., cujos fins, intenção e ações pertencem ao próprio ciclo mundano político, que ele descreve. Se o espírito da própria coisa [6] é ilustrado, então também sabe de si; um aspeto essencial da sua vida e ação é a consciência acerca dos seus fins e interesses bem como sobre os seus princípios – um aspeto das suas ações é o modo de se explicar a si contra os outros, de agir sobre a sua representação, de se mover em torno da sua vontade.

Os discursos são ações entre os homens e, claro está, ações deveras essenciais e eficazes. Sem dúvida, ouve-se muitas vezes dizer aos homens que acolhem mal os discursos que são apenas discursos o que ela [a História] contém e apresenta. Se sobre si julgam corretamente, isto é, se os seus discursos nada mais são do que discursos, então devem declarar-se como inofensivos; com efeito, semelhante discurso nada mais é do que palavreado, e o palavreado tem a única vantagem de ser algo inofensivo. Mas os discursos num povo, de povos para povos, de povos ou de príncipes enquanto ações são objeto essencial da História, sobretudo da antiga.

Não são, as reflexões próprias do escritor, pelas quais fornece a explicação e a exposição desta consciência, mas deixou às pessoas e aos povos dizer sobre si mesmos o que querem e como sabem, como querem. Não precisa de indicar em seu próprio nome os motivos (e sentimentos) de os trazer à sua consciência particular. Não lhes põe [7] na boca nenhum discurso estranho por ele feito; ainda que também o tivesse elaborado, o conteúdo, esta cultura e esta consciência seriam igualmente o conteúdo e a consciência dos que ele assim deixa falar. Lemos assim em Tucídides os discursos de Péricles, o estadista mais profundamente culto, mais autêntico e nobre, além disso, de outros oradores, embaixadores dos povos, etc. Nestes discursos, esses homens exprimem as máximas do seu povo, a sua própria personalidade, a consciência das suas relações políticas bem como os seus padrões morais e espirituais, os princípios dos seus fins e os seus modos de ação. Ao historiador pouco ou nada resta para sua própria reflexão; e o que ele àqueles deixa falar não é uma consciência estranha e emprestada, mas a sua própria cultura e consciência. Se alguém quer estudar a história substancial, o espírito das nações, viver e ter vivido nelas e com elas, tem de mergulhar no estudo desses historiadores primitivos e a eles ater-se, e nunca é possível demorar-se neles o bastante; aqui tem-se em primeira mão, com frescura e de um modo vivo, a história de um povo ou de um governo. Quem não pretende tornar-se um historiador erudito, mas saborear a História, pode quase na sua grandíssima parte permanecer em tais historiadores.

De resto, tais historiadores não são tão frequentes como porventura se deveria pensar. Heródoto, o pai, isto é, o criador da História – e, além disso, o maior historiador [8] – e Tucídides já por mim foram nomeados. Ambos são de admirável ingenuidade. A Retirada dos dez mil de Xenofonte é igualmente um livro primitivo. – Políbio, os *Comentarii*, de César, são igualmente uma obra-prima – obra simples – de um grande génio. No entanto, não são apenas peculiares à época antiga. Para haver tais historiadores, é necessário não só que a cultura num povo se encontre num grau elevado, mas também que ela não esteja isolada apenas na esfera eclesiástica e dos eruditos, etc.; deve igualmente permanecer ligada aos políticos e aos generais. Cronistas ingénuos como, por exemplo, os monges, houve decerto bastantes na Idade Média, mas não ao mesmo tempo estadistas, embora bispos eruditos, que se encontravam no centro dos assuntos e das ações do Estado, fossem igualmente estadistas; mas, por outro lado, a consciência política não estava formada. Na idade moderna, todas as condições se alteraram. A nossa cultura capta e transforma imediatamente todos os acontecimentos em relatos para a representação, e temos, em tempos recentes, relatos excelentes, simples, brilhantes, precisos sobre acontecimentos bélicos e outros, que podem pôr-se ao lado dos *Comentários*, de César, e que, em virtude da riqueza do seu contendo, isto é, pela referência determinada dos meios e das condições, são ainda mais instrutivos.

Também aqui se podem mencionar numerosas "memórias francesas", redigidas muitas vezes por cabeças brilhantes acerca de pequenas circunstâncias e anedotas, com frequência de conteúdo mesquinho num solo mesquinho, mas muitas vezes também de grandes e brilhantes cabeças num grande e interessante [9] campo; uma obra-prima desta espécie são as *Memórias*, do Cardeal de Retz. Na Alemanha, semelhantes escritos de mestres, que participaram pessoalmente nos acontecimentos, são raros; uma gloriosa exceção é a *Histoire de mon temps*, de Frederico II. Não basta ter sido contemporâneo de tais acontecimentos, nem também tê-los vista de perto, estar presente no caso, possuir boas informações; é preciso que o escritor tenha sido da classe, do círculo, da opinião, do modo de pensar, da cultura dos agentes que descreve. Só quando se está em cima é que se pode abarcar bem com a vista a coisa e avistar quem quer que seja no seu lugar – e não quando a partir de baixo se lança o olhar para cima através do buraco de uma boteille ou de outra sabedoria qualquer.

No nosso tempo, é tanto mais necessário desembaraçar-se da limitada opinião das classes e deixar expressar-se aqueles em que reside o direito do Estado e o poder da governação, já que as classes mais excluídas da eficácia política imediata se acalentam em princípios morais e sabem assim consolar-se e pôr-se acima das classes mais altas, numa palavra, permanecem dentro de um só e mesmo círculo.

b) Ao segundo género de história podemos chamar a história reflexiva, história cuja exposição vai muito além do que é presente ao escritor, a qual tem a ver com o passado completo e genuíno, não só enquanto presente no tempo, na vitalidade, mas também como presente no espírito. Neste género englobam-se espécies muito diferentes – ao fim e ao cabo, o que em geral costumamos chamar historiadores. O essencial é aqui a elaboração [10] do material histórico, que o compilador aborda com o seu espírito, o qual é distinto do espírito do conteúdo; aqui importam, sobretudo, as máximas, as representações, os princípios, que o próprio redator para si faz, em parte, a propósito do conteúdo dos fins das ações e acontecimentos, em parte, acerca do modo de escrever a história. Entre nós, Alemães, a reflexão e o juízo a este respeito é muito variável. Cada historiógrafo tem nesta matéria o seu modo próprio – o seu ponto de vista particular. Os Ingleses e os Franceses sabem em geral como se deve escrever a história; situam-se mais nas representações de uma cultura comum; entre nós cada qual congemina para si algo de peculiar. Os Ingleses e os Franceses têm, por isso, historiógrafos excelentes; entre nós, se se percorrerem as críticas dos historiógrafos desde há dez ou vinte anos, descobre-se que quase todas as recensões começam com uma teoria própria sobre o modo de como se deve escrever a história, uma teoria que o crítico opõe à teoria do historiógrafo. Estamos no ponto de vista de tentar sempre e procurar ainda o modo como se deve escrever a história.

aa) Anseia-se em geral ter a sinopse de toda a história de um povo ou região ou de todo o mundo; em vista deste escopo é necessário aprontar histórias. Tais historiografias são, necessariamente, compilações feitas a partir de historiógrafos formais primitivos, de relatos distantes já prontos e de notícias singulares. A fonte não é a intuição e a linguagem da intuição; não tem o caráter da presencialidade. Esta primeira espécie de história reflexiva conecta-se, em primeiro lugar, com a precedente, quando não se propõe nenhum outro fim a não ser o todo da história de um país, do mundo. O género de tal compilação depende, antes de mais [11], do fim de se a história deve ser pormenorizada ou não. Acontece então que semelhantes historiadores se propõem escrever a história de um modo tão concreto que o leitor tem a noção de ouvir os contemporâneos e testemunhos oculares a narrar os acontecimentos. Ora semelhante início malogra-se sempre mais ou menos. – A obra inteira deve ter igualmente um certo tom, pois um indivíduo de determinada cultura é que é o seu autor. Mas as épocas que semelhante história percorrem são de uma cultura muito diferente; do mesmo modo, os historiadores que ele pode utilizar, e o espírito que, a partir do autor, neles falam é diverso do espírito dessas épocas. Se o historiador pretende descrever o espírito das épocas, costuma ser o espírito próprio dos senhores. Lívio permite, pois, que os antigos reis de Roma, os cônsules ou generais das épocas antigas pronunciem discursos, como estes unicamente poderiam competir a um advogado hábil (o orador rabulista) da época de Lívio, o que, por seu turno, contrasta fortemente com sagas genuínas, conservadas desde a Antiguidade, por exemplo, a fábula de Menénio Agripa acerca do estômago e dos intestinos. Fornece-nos, por isso, descrições muito minuciosas e pormenorizadas de batalhas e outros acontecimentos num tom, com uma especificação na conceção do pormenor como eles, nas épocas em que ocorreram, ainda não poderiam ter tido lugar, como se o historiador os tivesse presenciado – descrições essas cujos traços se pode, por seu turno, utilizar, por exemplo, para as batalhas de todos os tempos, e cuja especificação contrasta, mais uma vez, com a falta de conexão e com a inconsequência que, noutros trechos, muitas vezes predomina acerca do decurso [12] das circunstâncias principais. A diferença entre semelhante compilador e um historiador original reconhece-se melhor quando se compara Políbio com o modo como Lívio utiliza, extrai e abrevia a sua história sobre o período acerca do qual se conservou a obra de Políbio. – Johannes von Müller deu à sua História um aspeto acanhado, futilmente solene e pedante no empenho de, na sua descrição, ser fiel às épocas que descreve([1]). No velho Tschudi, leem-se coisas semelhantes de uma antiguidade mais amável, mais ingénua e natural do que esta simplesmente fingida e afetada([2]).

Esta é uma tentativa de nos transferirmos inteiramente para épocas, de um modo concreto e vivo – o que nós, como qualquer escritor, também não conseguimos; um escritor, como também nós, pertence ao seu mundo, às suas necessidades e interesses, ao que esse mundo preza e respeita. – Embora, por exemplo, seja qual for a época determinada, nos introduzamos na vida grega, que nos agrada em tantos e importantíssimos aspetos, não podemos todavia mostrar simpatia por algo que é essencial, não podemos sentir com eles, os Gregos. Embora,

---

([1]) Johannes v. Müller (1752-1809), *Die Geschichte der Schweizerischen Eidgenossenschaft*, I vol., Lípsia, 1786; II e III vols. 1786-1795; 4.ª e 5.ª Secções do V vol. 1805-1808. Edição revista e melhorada, Lípsia, 1826.
([2]) Aegidius Tschudi (1505-1572), *Schweizerchronik*, Basileia, 1734-1736, 2 vols. – Na obra histórica do político Tschudi menciona-se um grande número de documentos, ulteriormente perdidos, nos quais se apoia J. v. Müller.

por exemplo, nos interessemos muitíssimo pela cidade de Atenas e tomemos parte nas ações, nos perigos dos seus cidadãos – é uma pátria e uma pátria supremamente nobre de um povo culto –, não podemos, porém, partilhar os seus sentimentos, quando eles se prostram diante de Zeus, Minerva, etc.; quando, no dia da batalha de Plateias, se preocupam com sacrifícios – escravatura. O inconveniente – som, cheiro – como também não partilhamos a sensação [13] de um cão, embora imaginemos e conheçamos certamente um cão particular, adivinhemos a sua atitude, a sua dependência e modos particulares.

Tentou-se também, de outro modo, levar o elemento histórico, se não à comunhão de sentimento, mediante o tom, pelo menos à plasticidade, à vivacidade da sensação, a uma vivacidade que é plasticidade, ou seja, ao pormenor dos acontecimentos – lugar – modo de sensibilidade – exposição definida.

Em semelhante história, que pretende abranger longos períodos ou a extensão temporal da História Universal, sucede, e não pode acontecer de modo diverso, que ela tem de renunciar mais ou menos à exposição individual do real e contentar--se com abstrações, resumir, abreviar. Significa isto não só, em geral, a supressão de muitos acontecimentos e ações, mas que o pensamento, o entendimento é o mais poderoso epitomador; por exemplo, travou-se uma batalha, conseguiu-se uma grande vitória, assediou-se em vão uma cidade, etc., – batalha, grande vitória, cerco –; tudo isto são representações gerais que contraem um vasto todo individual numa determinação simples para a representação. Quando se narra que, no início da guerra do Peloponeso, Plateias foi sitiada durante muito tempo pelos Espartanos e que, após uma parte dos habitantes ter fugido, a cidade foi tomada e supliciados os cidadãos que tinham ficado, isto é, em resumo, o que Tucídides descreve minuciosamente, com tanto interesse, em todo o seu pormenor – ou que uma expedição dos Atenienses à Sicília teve um desfecho infeliz. Mas, como se disse, é necessário, para a visão geral, servir-se de semelhantes representações reflexivas; e tal visão geral é igualmente [14] necessária. Claro que a narrativa se torna então mais árida. Qual o interesse que Lívio pretende suscitar em nós quando, umas cem vezes após ter narrado cem guerras com os Volscos, surge, entre outras coisas, com a seguinte expressão: "Neste ano, foi também travada com êxito a guerra com os Volscos ou Fidenatas"? – Semelhante modo de escrever a história recebe o nome de mortiço; essas formas, as representações abstratas, tornam árido o conteúdo.

Em contraposição a este modo geral, certos historiadores tentam obter, se não a vivacidade da sensação, pelo menos a da intuição, da representação, em virtude de exporem de um modo justo e vívido todos os rasgos individuais; não pretendem reproduzir a época antiga por meio da própria elaboração, mas proporcionar dela uma imagem com cuidadosa fidelidade. Coligem-nos por toda a parte (Ranke). A multidão variegada de pormenores, interesses mesquinhos, ações dos soldados, assuntos privados, que não têm qualquer influência nos interesses políticos não pode formar um todo nem deixa reconhecer um fim universal. Apresentar uma série de traços individuais – como num romance de Walter Scott – e uni-los preguiçosamente – como nas correspondências e nas crónicas – é um procedimento que nos faz desviar para uma multiplicidade de casos particulares e contingentes que são talvez historicamente exatos mas que não esclarecem, pelo contrário, antes obscurecem, o interesse principal. Na verdade, dever-se-ia deixar para Walter Scott a tarefa de tais reconstituições pitorescas dos pequenos nadas e das particularidades individuais do passado. Mas nos quadros dos grandes interesses dos Estados esvanecem-se as particularidades dos indivíduos. Os traços devem ser característicos, significativos, para o espírito da época – tal deve realizar-se de um modo superior e mais digno, a saber, fazendo valer os próprios atos políticos, ações, situações, representando o universal dos interesses na sua determinidade.

bb) A um segundo tipo de história reflexiva em geral impele logo a primeira; esta é a pragmática. Em rigor, não tem nome algum; eis o que a historiografia se propõe: proporcionar uma noção instrutiva de um passado e da sua vida. Se não tivermos diante de nós semelhante totalidade e formos nela versados de modo vivo, mas houvermos antes de lidar com um mundo refletido, isto é, com um passado do seu espírito, dos seus interesses, da sua cultura, então existe logo a necessidade de um presente. Este não reside na história. Semelhante presente surge no discernimento do entendimento, na atividade subjetiva e no trabalho do espírito. O lado extrínseco dos acontecimentos é lívido, cinzento; o fim – Estado, pátria –, a inteligência que deles se tem, a sua conexão intrínseca, o universal da relação é neles o duradoiro, tão válido e presente agora como antigamente e sempre. Qualquer Estado é fim para si – conservação [16] para fora; – o seu desenvolvimento, a sua formação para dentro tem lugar numa sucessão necessária de graus, através da qual surge o racional, a justiça e a consolidação da liberdade. É um sistema de instituições, *a)* a constituição como sistema, *b)* e também o seu conteúdo, graças ao qual os verdadeiros interesses são trazidos à consciência e ganham realidade efetiva. Em cada progressão do objeto, não há uma consequência e uma necessidade simplesmente exteriores da conexão, mas necessidade na coisa, no conceito. Eis o verdadeiro afazer. Por exemplo, um Estado moderno, a história do Império Romano-Germânico, grandes indivíduos ou grandes acontecimentos singulares – a Revolução Francesa –, qualquer grande necessidade, tal é o objeto e o fim dos historiadores, mas igualmente fim do povo, fim da própria época. Tudo a ele se refere.

Semelhantes reflexões pragmáticas, por mais abstratas que sejam, são, de facto, o que deve dar vida ao presente e à narrativa do passado, o que se deve trazer à vida presente. Ora, se tais reflexões são efetivamente interessantes e vívidas depende do espírito peculiar do escritor.

O pior estilo do historiador pragmático é o espírito psicológico mesquinho, que rastreia os móbiles dos sujeitos que ele conseguiu, não a partir de um conceito, mas das propensões e paixões particulares, e não considera a própria coisa como impulsionadora e operante. Depois, o pragmático moralista que narra de modo incessantemente compilatório; de tempos a tempos, acorda desta lengalenga sonolenta com reflexões cristãs edificantes e ataca pelo flanco os acontecimentos e os indivíduos [17] com tareias moralistas, intercala uma reflexão edificante, uma proclamação e uma doutrina parenéticas e quejandos.

Um segundo tipo de história reflexiva é, em seguida, o pragmático. Quando temos de lidar com o passado e nos ocupamos de um mundo remoto, abre-se para o espírito um presente que este, a partir da sua própria atividade, tem como recompensa do seu esforço. Os acontecimentos são diferentes, mas um só o universal e o íntimo, a conexão. Este ab-roga o passado e torna o acontecimento atual. As condições gerais e o encadeamento das circunstâncias já não acompanham, como antes, os acontecimentos, que se expõem como singulares e individuais, mas convertem-se elas próprias em acontecimento; aparece o universal, e já não o particular. Se acontecimentos de todo individuais se apreendem assim universalmente, este universal é então inoperante e infrutífero. Mas se se desenvolve a conexão total do acontecimento, isso revela o espírito do escritor.

Importa aqui, em particular, fazer menção das reflexões morais e da lição moral a obter por meio da história, em vista da qual esta foi muitas vezes cultivada. Embora se deva dizer que os exemplos do bem elevam o ânimo, sobretudo o da juventude, e seriam de aplicar no ensino moral das crianças como representações concretas de verdades gerais, para nelas instilar o que é excelente, os destinos dos povos, as reviravoltas dos Estados, os seus interesses, situações e complicações são, no entanto, um campo diverso do moral. (Os métodos morais são muito simples: a história bíblica é suficiente para tal instrução. Mas as abstrações moralistas dos historiadores para nada servem) [18].

Alude-se a regentes, a homens de Estado, a povos, sobretudo para a instrução mediante a experiência da história. Mas o que a experiência e a história ensinam é que povos e governos jamais aprenderam algo da história e atuaram segundo doutrinas que delas se teriam extraído. Cada época, cada povo, tem circunstâncias tão peculiares, é uma situação de tal modo individual, que nesta se deve e pode decidir a partir dele próprio (e justamente o grande caráter é apenas o que aqui sabe deparar com o direito). No aperto dos acontecimentos do mundo, não é de grande ajuda um princípio geral, não chega uma recordação das condições semelhantes [no passado]; pois algo como uma pálida recordação não tem qualquer poder na tormenta do presente, nenhuma força perante a vitalidade e a liberdade do presente.

(O elemento formador da história é algo diverso das reflexões dela derivadas. Nenhum caso é inteiramente análogo a outro; nunca existe uma igualdade individual tal que o que há de melhor num caso o seria também noutro. Cada povo tem a sua situação própria, e para os conceitos do que é o conveniente não se precisa da história). Nada é a este respeito mais insípido do que a apelação, muitas vezes repetida, para os exemplos grego e romano, como com tanta frequência ocorreu no tempo da Revolução entre os Franceses. Nada é mais diverso do que a natureza destes povos e a natureza dos nossos tempos. Johannes von Müller, na sua *História Geral*([3]), bem como na *História dos Suíços*, teve semelhantes propósitos morais e aprontou tais doutrinas para os príncipes, governos e povos, sobretudo para o povo suíço. Realizou uma recolha pessoal de doutrinas e reflexões e, com mais frequência na sua correspondência([4]), fornece o número exato de reflexões que fabricou ao longo da semana. Entremeou então à vontade as suas sentenças [19] na narrativa; mas elas só se deixam ligar de modo vivo a um caso concreto. As suas ideias são muito superficiais; por isso, ele é aborrecido, e isto não deve contar-se entre o melhor que ele conseguiu. (As reflexões devem ser concretas). Só a intuição sólida, livre e englobante das situações e o sentido profundo da ideia, como ela a si própria se interpreta, é que pode conferir às reflexões verdade e interesse. Assim acontece, por exemplo, no *Espírito das Leis*, de Montesquieu([5]), que é ao mesmo tempo sólido e profundo.

Por isso, uma história reflexiva alterna também com a outra; a todo o escritor estão disponíveis os materiais, cada qual pode

---

([3]) J. v. Müller, *Vierundzwanzig Bücher allgemeiner Geschichten, besonders der europäischen Menschheit*, Tubinga, 1810, 3 vols.

([4]) J. v. Müller, *Briefe an Bonstetten*, 1809; *Briefe an Woltmann*, Berlim, 1811; *Briefe Müllers an seinen ältesten Freund*, ed. Füssli, Zurique, 1812.

([5]) Montesquieu, *De l'esprit des lois*, Genebra, 1748, 2 vols.; edição alemã, Halle, 1829, 3 vols.

facilmente considerar-se capaz de os ordenar e elaborar e de neles fazer valer o seu espírito como o espírito das épocas. Surgiu assim um fastio em semelhantes histórias reflexivas, e regressou-se às descrições feitas com exatidão, à imagem de um acontecimento refundido a partir de todos os pontos de vista. Estes são, sem dúvida, algo de valioso, mas oferecem quase sempre só material. Nós, Alemães, contentamo-nos com isso; pelo contrário, os Franceses imaginam engenhosamente um presente e relacionam o passado à situação atual.

cc) O terceiro modo de história reflexiva é a crítica; deve aduzir-se porque constitui em particular o modo como, na nossa época, a história é tratada na Alemanha. Não é a própria história que aqui se expõe, mas uma história da história numa apreciação das narrativas históricas e a investigação da sua verdade e credibilidade. (A *História Romana*, de Niebuhr([6]), está assim escrita). O que aqui há e deve haver de extraordinário consiste na sagacidade do escritor que empresta algo às narrativas, não aos assuntos. (Ele extrai de todas as circunstâncias as suas consequências para a credibilidade). Os Franceses proporcionaram-nos a este respeito muitas coisas sólidas [20] e de grande circunspeção. No entanto, não pretenderam fazer valer como historicamente válido este procedimento crítico, mas redigiram os seus juízos na forma de dissertações críticas. Entre nós, a chamada crítica superior apoderou-se tanto da filologia em geral como dos livros de história (nos quais, ao abandonar-se o terreno da história, o estudo histórico refletido, se concedeu espaço às mais arbitrárias representações e combinações. Esta crítica superior viu-se então obrigada a renunciar à justificação de facultar a entrada a todos os possíveis produtos an-históricos de uma imaginação fútil. É este um modo de trazer o presente ao passado, porquanto se põem incidências subjetivas no lugar de dados históricos – incidências que valem, para nós, com tanto maior excelência quanto mais ousadas são, isto é, quanto menos fundamentadas se encontram, quanto mais escassas são

---

([6]) Barthold Georg Niebuhr, *Römische Geschichte*, Berlim, 1811 a 1832, 3 vols.

as circunstanciazinhas em que se apoiam e quanto mais contradizem o que na história é mais decisivo.

dd) O último tipo de história reflexiva é agora a *história especial*. Comporta-se logo como algo de parcial, de particular, pois, da vida rica de um povo, da conexão integral, extrai um ponto de vista universal (por exemplo, a História da Arte, do Direito, da Religião). É, sem dúvida, abstrativa, mas, porque esses pontos de vista são universais, constitui ao mesmo tempo a transição para a História Universal Filosófica.

(A nossa conceção, ao constituir para si uma imagem de um povo, traz consigo mais pontos de vista do que as antigas, determinações espirituais que devem ser abordadas; a História da Arte, da Religião, da Ciência, da Constituição, do Direito, da Propriedade, da Navegação são alguns desses pontos de vista gerais. Graças à cultura da nossa época, este modo de abordar a história foi objeto de maior atenção e preparação. A História do Direito e da Constituição, em particular, foi realçada no nosso tempo. A História da Constituição já se encontra também mais ligada [21] à história global; só tem sentido e inteligência em conexão com a perspetiva da totalidade do Estado. Quando é elaborada de modo sólido e interessante e não se atém, como, por exemplo, a *História do Direito Romano*, de Hugo, apenas ao material externo, à exterioridade inessencial, pode ser excelente([7]). A *História do Direito Alemão*, de Eichhorn, tem já um conteúdo mais rico([8])).

Semelhantes ramificações encontram-se numa relação com o todo da história de um povo, e unicamente importa se a conexão de um todo se apresenta ou apenas se investiga nas condições extrínsecas. No último caso, elas surgem como singularidades inteiramente casuais dos povos. Ora, quando a história reflexiva chega a perseguir pontos de vista universais, importa observar que, se tais pontos de vista são de natureza

---

([7]) Gustav Hugo (1764-1844) publicou em alemão *Gibbon, Übersicht des römischen Rechts*, Gotinga, 1789.

([8]) Karl Friedrich Eichhorn (1781-1854), *Deutsche Staats und Rechtsgeschichte*, Gotinga, 1808-1823, 4 partes.

verdadeira, não constituem somente o fio externo, uma ordem extrínseca, mas a alma diretriz interior dos próprios acontecimentos e feitos.

c) O terceiro género da história, a História Universal filosófica, conecta-se de tal modo com este último tipo de historiografia reflexiva que também o seu ponto de vista é um ponto de vista universal, mas não algo de particular, que abstratamente se extrai ao prescindir-se dos outros pontos de vista. O ponto de vista universal da História filosófica do mundo não é abstratamente geral, mas concreta e absolutamente atual; com efeito, é o Espírito, que eternamente está junto de si e para o qual não há passado algum. [Ou é a Ideia.] Tal como o condutor das almas, Mercúrio, a Ideia é, na verdade, o guia dos povos e do mundo, e o espírito, a sua vontade racional e necessária, é que dirigiu e dirige os acontecimentos do mundo. Chegar a conhecê-lo nesta condução é aqui o nosso objetivo [22].

SEGUNDO PROJETO
(1830)

A história universal filosófica

[Início a] 8.XI.1830

Meus Senhores!

O objeto destas preleções é a filosofia da história universal. Nada preciso de dizer sobre o que seja a história, a história universal; é suficiente a sua representação geral; também a seu respeito aproximadamente concordamos. Mas que exista uma filosofia da história universal, que consideramos, que pretendamos considerar filosoficamente a história, eis o que pode surpreender já no título destas lições e deve, segundo parece, necessitar de uma elucidação, ou antes, de uma justificação.

No entanto, a Filosofia da História nada mais é do que a consideração pensante da mesma História e jamais podemos alguma vez deixar de pensar. O homem é pensante; nisto se distingue do animal. Em tudo o que é humano, sensação, saber e conhecimento, impulso e vontade – na medida em que é humano e não animal – há um pensar; por conseguinte, também em toda a ocupação com a História. Mas esta apelação para a universal participação do pensar em todo o humano e na História pode parecer insuficiente, porque julgamos que o pensar está subordinado ao ente, ao dado, fazendo deste o seu fundamento e o seu guia. Mas à filosofia são atribuídos pensamentos próprios que a especulação produz por si mesma, sem atender ao que existe; e com estes pensamentos se dirige à História. Trata-a como um material, não a deixa como é, mas organiza-a segundo o pensamento, constrói *a priori* uma História [25].

A História refere-se ao que aconteceu. O conceito que se determina essencialmente por si mesmo parece ser contrário à sua consideração. Podem, decerto, reunir-se os acontecimentos de modo a imaginar-se que o acontecido esteja imediatamente diante de nós. Mas então importa estabelecer a conexão dos acontecimentos; há que descobrir o que se chama História Pragmática, portanto, as causas e fundamentos do sucedido. Pode, porém, imaginar-se que, para tal, é necessário o conceito, sem que o conceber entre assim numa relação de oposição a si mesmo. Só que deste modo são sempre os acontecimentos que constituem o fundamento, e a atividade do conceito reduz-se ao conteúdo formal e universal dos factos, a princípios e regras. Para as deduções que assim se fazem da história reconhece-se que o pensar lógico é necessário. Mas o que proporciona a sua autorização deve provir da experiência. Em contrapartida, o que a filosofia entende por conceito é algo de diferente; aqui conceber é a atividade do próprio conceito, e não a concorrência de matéria e forma, que provêm de lados diversos. Uma confraternização como a que ocorre na história pragmática não basta para o conceito na filosofia; este toma essencialmente de si mesmo a sua matéria e conteúdo. A tal respeito, pois, e independentemente da conexão aduzida, permanece ainda a diferença: o sucedido e a independência do conceito encontram-se numa oposição recíproca.

No entanto, oferece-se-nos a mesma relação [prescindindo ainda totalmente da filosofia], já no interior da consideração histórica, logo que nela tomamos um ponto de vista mais elevado. Primeiro, vemos na história ingredientes, condições naturais que se encontram longe do conceito, divisamos o múltiplo arbítrio humano, a necessidade externa. Por outro lado, pomos frente a tudo isto o pensamento de uma necessidade superior, de uma eterna justiça e amor, o fim último absoluto, que é a verdade em si e para si. Este oposto funda-se nos elementos abstratos, na contraposição do ser natural, na liberdade e na necessidade do conceito. É uma oposição que de múltiplas formas nos interessa [26] e que também ocupa o nosso interesse na ideia da história universal.

A história tem apenas de compreender puramente o que é, o que foi, os acontecimentos e os atos. É tanto mais verdadeira quanto mais se atém ao dado e – porque este se não oferece de um modo imediato, mas exige múltiplas investigações, associadas também ao pensar – quanto mais se propõe apenas como fim o sucedido. O cultivo da filosofia parece achar-se em contradição com semelhante fim; e sobre esta contradição, sobre a censura que se faz à filosofia por causa dos pensamentos que traz para a história e segundo os quais com a mesma lida, é que eu pretendo explicar-me na Introdução. Ou seja, importa, primeiro, aduzir a definição geral da filosofia da história universal e fazer notar as consequências imediatas com elas conexas. Pôr-se-á assim por si mesma na luz correta a relação entre o pensamento e o sucedido; e já por esta razão, como também para não me estender excessivamente na Introdução, pois na história universal se nos depara uma matéria tão rica, não é preciso meter-me em refutações e retificações das infinitas representações e reflexões específicas e equívocas que estão em curso ou continuamente se inventam de novo sobre os pontos de vista, sobre os princípios, as opiniões acerca do fim e dos interesses do estudo da história e, em particular, sobre a relação do conceito e da filosofia com o histórico. Posso passá-las inteiramente por alto ou só incidentalmente recordarei algo a seu respeito [27].

A
[O seu conceito universal]

Acerca do conceito provisório da filosofia da história universal, quero antes de mais advertir que, como disse, à filosofia se faz, em primeiro lugar, a censura de ela abordar a história com certos pensamentos e de a considerar segundo esses pensamentos. Mas o único pensamento que consigo traz é o simples pensamento da razão, de que a razão governa o mundo, de que, portanto, também a história universal transcorreu de um modo racional. Esta convicção e discernimento é um pressuposto relativamente à história como tal. Na filosofia, porém, isto não é pressuposto algum; demonstra-se nela, mediante o conhecimento especulativo, que a razão – podemos aqui ater--nos a esta expressão sem discutir em pormenor a sua referência e relação a Deus –, a substância, como poder infinito, é para si mesma a matéria infinita de toda a vida natural e espiritual e, como forma infinita, a atuação deste seu conteúdo; a substância, aquilo pelo qual e no qual toda a realidade efetiva tem o seu ser e subsistência; o poder infinito, porque a razão não é tão impotente para só chegar ao ideal, ao dever-ser, e só existir fora da realidade efetiva, quem sabe onde, porventura apenas como algo de particular nas cabeças de alguns homens; o conteúdo infinito, por ser toda a essencialidade e verdade e a matéria para si mesma, matéria que ela dá a elaborar à sua própria atividade. A razão não precisa, como a ação finita, das condições de um material externo, de meios dados, dos quais recebe o sustento [28] e os objetos da sua atividade; alimenta-se de si mesma e é para si própria um material que ela elabora. Assim como é somente o seu próprio pressuposto, o seu fim, o fim último absoluto, assim também é ela própria a atuação e a produção, a partir do interior do fenómeno, não só do universo natural, mas também do espiritual – na história universal. Ora que tal Ideia é o verdadeiro, o eterno, o pura e simplesmente poderoso, que ela se revela no mundo e nada mais no mundo se manifesta a não ser por ela, a sua magnificência e dignidade, tudo isto está, como se disse, demonstrado na filosofia e, portanto, pressupõe-se aqui como demonstrado.

A consideração filosófica não tem nenhum outro propósito a não ser remover o contingente. A contingência é o mesmo que a necessidade externa, isto é, uma necessidade que remonta a causas que são apenas circunstâncias exteriores. Devemos buscar na História um fim universal, o fim último do mundo, não um fim particular do espírito subjetivo ou do ânimo; devemos apreendê-lo pela razão, que não pode transformar em interesse seu nenhum fim particular e finito, mas apenas o fim absoluto. Este é um conteúdo que proporciona e traz em si mesmo o testemunho de si, e em que tem o seu apoio tudo o que ao homem pode interessar. O racional é o que existe em si e para si, mediante o qual tudo tem o seu valor. Confere a si mesmo diversas figuras; em nenhuma é mais claramente fim do que naquela em que o espírito se explicita e manifesta a si mesmo nas figuras multiformes que chamamos povos. Importa levar à história a fé e o pensamento de que o mundo do querer não está abandonado ao acaso. Que nos acontecimentos dos povos domina um fim último, que na história universal há uma razão – não a razão de um sujeito particular, mas a razão divina, absoluta – é uma verdade que pressupomos. A sua demonstração é o próprio tratado da história universal: esta é a imagem e o ato da razão. Mas a demonstração genuína encontra-se antes no conhecimento da própria razão; revela-se unicamente na história universal. A [29] história universal é somente a manifestação desta única razão, é uma das figuras particulares em que a razão se revela, uma cópia do protótipo que se exibe num elemento particular, nos povos.

A razão descansa em si e tem em si própria o seu fim; apronta-se a si para a existência e a si própria se realiza. O pensar deve tornar-se consciente deste fim da razão. O modo filosófico pode, a princípio, ter algo de chocante; em virtude do mau hábito da representação, pode também considerar-se como contingente, como uma ocorrência. Quem não considera o pensamento como o único verdadeiro, como o supremo, não pode julgar em absoluto o modo filosófico.

Podia, pois, meus Senhores, solicitar aos que entre Vós ainda não travaram conhecimento com a filosofia a aproximar-se desta exposição da história universal com a fé na razão, com a sede do seu conhecimento; – e, de facto, o anelo de discernimento racional, de conhecimento, e não apenas de uma coletânea de conhecimentos, deve considerar-se como a necessidade subjetiva que induz ao estudo das ciências; mas, na realidade, não preciso de exigir previamente semelhante fé. O que até agora disse e ainda direi não deve simplesmente tomar-se – nem sequer no tocante à nossa ciência – como pressuposto, mas como sinopse do todo, como o resultado da consideração que temos de fazer – resultado esse que me é conhecido, porque já conheço o todo. Portanto, o resultado a que se chegou e se há de chegar a partir da consideração da história universal é que ela transcorreu racionalmente, que foi o curso racional e necessário do espírito universal, o qual é a substância da história, espírito uno, cuja natureza é uma e sempre a mesma; e que explicita esta sua natureza una na existência universal. (O espírito universal é o espírito em geral).

Deve ser este, como se disse, o resultado da própria história. Mas devemos tomar a história tal como é; temos de proceder de um modo historiográfico e empírico. Entre outras [30] coisas, também não devemos deixar-nos seduzir pelos historiadores de ofício; com efeito, pelo menos entre os historiadores alemães, inclusive os que possuem uma grande autoridade e se ufanam do chamado estudo das fontes, há os que fazem aquilo que censuram aos filósofos, a saber, fazem na história ficções aprioristícas. Para aduzir um exemplo: encontra-se uma ficção muito difundida de que existiu um povo primeiro e mais antigo, o qual, imediatamente instruído por Deus, viveu em perfeito discernimento e sabedoria, fruiu de um penetrante conhecimento de todas as leis da natureza e de toda a verdade espiritual ou que houve estes e aqueles povos sacerdotais ou, para mencionar algo de mais especial, que existiu uma épica romana à qual os historiadores romanos foram buscar a história mais antiga, etc. Deixaremos semelhantes apriorismos para engenhosos historiadores de ofício, não invulgares entre nós.

Por conseguinte, como primeira condição, poderíamos formular a de conceber fielmente o histórico; só que em expressões tão gerais como fielmente e conceber reside a ambiguidade. Também o historiador corrente e mediano, que intenta e pretende conduzir-se apenas à maneira de inventariante, entregando-se somente ao que é dado, não é passivo no seu pensar; traz consigo as suas categorias e vê através delas o existente. O verdadeiro não reside na superfície sensível; em tudo o que singularmente deve ser científico a razão não pode dormir, e há que empregar a reflexão. Quem olha o mundo racionalmente divisa-o também como racional; ambas as coisas se encontram numa determinação recíproca.

Quando se diz que a finalidade do mundo se deve depreender da perceção, isso tem a sua justeza própria. Mas para conhecer o universal, o racional, é necessário empregar a razão. Os objetos são meios de estimulação para a reflexão; aliás, descobre-se o mundo segundo [31] o modo como se considera. Se o mundo se abordar apenas com a subjetividade, descobrir-se-á então tal como nós próprios somos constituídos, saberemos e veremos por toda a parte como é que tudo se teve de fazer e como deveria ter sido. Mas o grande conteúdo da história universal é racional e tem de ser racional; uma vontade divina impera poderosamente no mundo e não é tão impotente que não possa determinar este grande conteúdo. O nosso fim deve ser conhecer esse elemento substancial; e para o conhecer deve proporcionar-se a consciência da razão, não os olhos físicos nem um entendimento finito, mas o olho do conceito, da razão, que atravessa a superfície e penetra a variedade do garrido tumulto dos acontecimentos. Diz-se, porém, se assim se proceder com a história, que se trata de um procedimento apriorístico, ilícito em si e por si. A filosofia é indiferente que assim se fale. Para conhecer o substancial, este deve abordar-se com a razão. Não devemos decerto acorrer com reflexões unilaterais, pois desfiguram a história e brotam de falsas opiniões subjetivas. A filosofia, porém, nada tem a ver com elas; na certeza de que a razão é o que impera, convencer-se-á de que o sucedido se insere no conceito, e não inverterá a verdade, como hoje é moda, sobretudo entre os filólogos, que, com pretensa subtileza, introduzem na história simples apriorismos([1]).

A filosofia, sem dúvida, também procede *a priori*, porquanto pressupõe a Ideia. Mas esta existe sem lugar para dúvidas; eis a convicção da razão.

O ponto de vista da história universal filosófica não é, pois, extraído por abstração de muitos pontos de vista gerais, pelo que se prescindiria dos outros. O seu princípio espiritual é a totalidade de todos os pontos de vista. Considera o princípio concreto e espiritual dos povos e a sua história, não se ocupa de [32] situações singulares, mas de um pensamento universal, que se insinua através do todo. Este elemento universal não pertence ao fenómeno contingente; a multidão das particularidades deve aqui apreender-se numa unidade. A história tem perante si o objeto mais concreto, que resume em si todas as diversas vertentes da existência; o seu indivíduo é o Espírito universal. Por conseguinte, a filosofia, ao ocupar-se da história, transforma em objeto seu o que o objeto concreto é na sua figura concreta, e considera a sua evolução necessária. Por isso, o primeiro para ela não são os destinos, as paixões, a energia dos povos, ao lado dos quais se amontoam em seguida os acontecimentos. O primeiro é antes o espírito dos acontecimentos, que os faz surgir; ele é Mercúrio, o guia dos povos. Por conseguinte, não deve considerar-se o universal, que a história universal filosófica tem por objeto, como um lado, por mais importante que seja, junto ao qual existiriam noutros lados outras determinações; mas semelhante universal é o infinita-

---

([1]) Por exemplo, Niebuhr, com o seu governo de sacerdotes na *História Romana*; também [Karl Ottfried] Müller, nos seus *Dórios* [2 vols. 1824].

mente concreto, que tudo em si engloba, o em toda a parte presente, porque o Espírito está eternamente junto de si, para ele não há passado algum, permanece sempre idêntico na sua força e poder.

A história deve em geral considerar-se com o entendimento; a causa e o efeito devem tornar-se-nos concebíveis. Queremos deste modo considerar o essencial na história universal, omitindo o inessencial. O entendimento realça o importante e em si significativo. Determina o essencial e o inessencial segundo o fim que, no tratamento da história, persegue. Estes fins podem ser da maior diversidade. Ao propor-se um fim, logo se manifestam outras referências; há fins capitais e fins secundários. Se compararmos o dado na história com os fins do espírito, teremos de renunciar a tudo o mais, por interessante que aliás possa ser, e ater-nos ao essencial. A razão proporciona assim a si mesma um conteúdo, que não está simplesmente na mesma linha com o que em geral acontece – proporciona a si mesma fins que interessam essencialmente ao espírito, ao ânimo [33], e que já na leitura nos movem à tristeza, à admiração ou à alegria.

Mas não é agora aqui o lugar para desenvolver os distintos modos da reflexão, pontos de vista e juízo sobre a mera importância e insignificância – que são as categorias mais próximas – sobre aquilo a que no imenso material que está diante de nós atribuímos o peso principal.

Pelo contrário, devem aduzir-se brevemente as categorias em que o rosto da história se exibe em geral ao pensamento. A primeira categoria provém do espetáculo da mudança dos indivíduos, povos e Estados, que são por um momento e atraem sobre si o nosso interesse e, em seguida, desaparecem. É a categoria da variação.

Vemos um quadro imenso de acontecimentos e atos, de configurações infinitamente diversas de povos, Estados e indivíduos, numa incessante sucessão. Tudo o que pode ingressar no ânimo do homem e despertar o seu interesse, todo o sentimento do bem, do belo e do grande se vê solicitado; por toda a parte se concebem e perseguem fins que reconhecemos, cuja realização desejamos; por eles esperamos e tememos. Em todos estes acontecimentos e acidentes vemos à tona o fazer e o sofrer humanos; em toda a parte algo de nosso e, portanto, por todo o lado a inclinação do nosso interesse a favor e contra. Ora nos atrai a beleza, a liberdade e a riqueza, ora nos incita a energia, pela qual até o vício sabe tornar-se importante. Ora vemos mover-se com dificuldade a extensa massa de um interesse geral e pulverizar-se, ao abandonar-se uma infinita complexão de pequenas circunstâncias; em seguida, de um ingente emprego de forças vemos produzir-se uma coisa pequena, ou sair algo de enorme de uma coisa aparentemente insignificante – por todos os lados, o mais variegado tropel que nos arrasta para o seu interesse; e quando um desaparece, logo outro entra para o seu lugar.

O aspeto negativo deste pensamento da variação suscita a nossa tristeza. O que nos pode oprimir é que a mais rica configuração, a mais bela vida encontra o seu ocaso na história; é que aí caminhamos [34] entre os escombros do egrégio. A história arranca-nos ao mais nobre, ao mais belo, por que nos interessamos: as paixões fizeram-no sucumbir; é perecível. Tudo parece desvanecer-se e nada permanecer. Todo o viajante sentiu esta melancolia. Quem terá estado entre as ruínas de Cartago, de Palmira, de Persépolis e de Roma, sem se entregar a considerações sobre a caducidade dos reinos e dos homens, à tristeza por uma vida já passada, forte e rica? – É uma tristeza que não se detém em perdas pessoais e na caducidade dos fins próprios, como junto ao sepulcro de homens muito estimados, mas uma dor desinteressada a propósito da decadência da vida humana brilhante e culta.

Mas logo um outro aspeto se liga a esta categoria da variação, a saber, que uma nova vida surge da morte. É um pensamento que os orientais conceberam, talvez o seu maior pensamento e, sem dúvida, o mais elevado da sua metafísica. Na representação da transmigração das almas, encontra-se ele contido em relação ao individual; mas mais universalmente conhecida é também a imagem da fénix, da vida natural, que para si prepara eternamente a própria fogueira e nela se consome de um modo tal que, das suas cinzas, brota eternamente a nova vida, rejuvenescida e fresca. Esta, porém, é apenas uma imagem oriental;

ajusta-se ao corpo, mas não ao espírito. A visão ocidental é que o espírito não só surge rejuvenescido, mas sublimado, esclarecido. Surge, sem dúvida, contra si mesmo, consome a forma da sua configuração e eleva-se assim a uma nova formação. Porém, ao depor o invólucro da sua existência, não só transmigra para outro envoltório, mas ressurge das cinzas da sua figura anterior como um espírito mais puro. Esta é a segunda categoria do espírito. O rejuvenescimento do espírito não é um simples retorno à mesma figura; é purificação e elaboração de si mesmo. Mediante a solução da sua tarefa, o espírito cria para si novas tarefas, onde multiplica a matéria do seu trabalho. Vemos assim o espírito a espraiar-se na história numa inesgotável multidão de aspetos, tendo neles a sua fruição e satisfação. Mas o seu trabalho tem, no entanto, apenas um único resultado: aumentar de novo a sua atividade e de novo se consumir [35]. Cada uma das criações em que se satisfez opõe-se-lhe como uma nova matéria, que o intima a elaborá-la. A formação *(Bildung)* que é sua converte-se em material que o trabalho do espírito eleva a uma nova formação. O espírito manifesta assim todas as suas forças em todas as direções. Conhecemos as forças que possui a partir da multiplicidade das suas formações e produções. No prazer da sua atividade, tem apenas a ver consigo mesmo. Está, decerto, enredado, interna e externamente, nas condições naturais, que não só podem pôr resistências e obstáculos no seu caminho, mas também suscitar o fracasso completo dos seus intentos. Mas, então, declina na sua vocação como essência espiritual, para quem o fim não é a obra, mas a sua própria atividade; e garante assim também o espetáculo de se ter demonstrado como tal atividade.

Ora o primeiro resultado desta consideração introdutória é que nos cansámos repetidamente no singular e perguntámos: qual o termo de todas estas singularidades? Não as podemos ver esgotadas no seu fim particular; tudo deve redundar em proveito de uma obra. Este ingente sacrifício de conteúdo espiritual deve ter por fundamento um fim último. Assedia-nos a pergunta de se, por trás do barulho desta ruidosa superfície, não haverá uma obra íntima, silenciosa e secreta, em que se conserva a força de todos os fenómenos. O que nos pode levar à perplexidade é a grande diversidade, e até a oposição deste conteúdo. Vemos coisas antagónicas veneradas como sagradas e como aquilo que suscitou o interesse das épocas e dos povos. Faz-se sentir o anelo de encontrar na Ideia a justificação de semelhante decadência. Tal consideração conduz-nos à terceira categoria, à questão de um fim último em si e para si. É a categoria da própria razão; existe na consciência como a fé na razão que governa o mundo. A sua demonstração é o próprio tratado da história universal, esta é a imagem e a obra da razão.

Quero apenas recordar duas formas relativas à convicção geral de que a razão governou e governa o mundo e, por conseguinte, [36] também a história universal, porque tais formas proporcionam-nos ao mesmo tempo a ocasião de aflorar mais de perto o ponto central da dificuldade e de aludir ao que, depois, temos de mencionar.

Uma é o facto histórico de que o grego Anaxágoras foi o primeiro a dizer que o Nus, o entendimento em geral ou a razão, governa o mundo – não uma inteligência como razão autoconsciente, nem um espírito como tal; ambas as coisas se devem distinguir muito bem entre si. O movimento do sistema solar sucede segundo leis invariáveis; estas leis são a sua razão. Mas nem o Sol nem os planetas que giram em torno do Sol segundo essas leis delas têm consciência. O homem extrai da existência estas leis e conhece-as. – Por isso, o pensamento de que na natureza há uma razão, de que ela é regida imutavelmente por leis universais, não nos impressiona; nem, aliás, que em Anaxágoras ele se limite à natureza. Estamos habituados a tal e não fazemos muito caso. Mencionei, pois, esta circunstância histórica para salientar que a história nos ensina que aquilo que nos pode parecer trivial nem sempre existiu no mundo, que semelhante pensamento fez época na história do espírito humano. Aristóteles diz de Anaxágoras, como criador desse pensamento, que ele parecia um homem sóbrio no meio de bêbedos.

Sócrates foi buscar a Anaxágoras este pensamento e, com excepção de Epicuro, que atribuía ao acaso todos os acontecimentos, ele tornou-se logo na filosofia o pensamento dominante – veremos a seu tempo em que regiões e povos também predomina. Ora Platão faz dizer a Sócrates (*Fédon*, ed. Steph.

pp. 97, 98) sobre a descoberta de que o pensamento – isto é, não a razão consciente, mas uma razão ainda indeterminada, nem consciente nem inconsciente – governa o mundo: "Exultei e esperava ter encontrado o mestre que me explicaria a natureza segundo a razão, mostrando-me no particular o seu fim particular, e no todo [37] o fim universal, o fim último, o bem. Por nada mais teria renunciado a esta esperança. Mas, continua Sócrates, como fiquei decepcionado ao ler fogosamente os escritos do próprio Anaxágoras! Descobri que ele aduzia apenas causas exteriores, o ar, o éter, a água e coisas semelhantes, em vez da razão." – Como se vê, a insuficiência que Sócrates encontrou no princípio de Anaxágoras não concerne ao próprio princípio, mas à deficiência da sua aplicação à natureza concreta, porque esta não se compreende e concebe a partir de tal princípio; porque este permaneceu abstrato; em termos mais determinados, porque a natureza não se apreende como um desdobramento desse mesmo princípio, nem como uma organização produzida a partir dele, da razão enquanto causa. – Chamo já, desde o início, a atenção para a diferença que há entre reter uma definição, princípio ou verdade de um modo simplesmente abstrato, e levá-la a uma determinação mais precisa, a um desenvolvimento concreto. Esta diferença é drástica e, entre outras coisas, deparamos sobretudo com esta situação no termo da nossa história universal, ao abordarmos a recentíssima condição política.

Comecei, porém, por mencionar a primeira aparição do pensamento de que a razão rege o mundo e também as deficiências que nele havia, porque isto tem a sua perfeita aplicação noutra figura do mesmo pensamento, já de nós bem conhecida e na qual temos a convicção – a saber, a forma da verdade religiosa – de que o mundo não está abandonado ao acaso nem a causas exteriores, contingentes, mas de que uma Providência rege o mundo. Já antes declarei que não quero apelar para a vossa fé no princípio mencionado; no entanto, apelaria para tal fé nesta forma religiosa se, em geral, a peculiaridade da ciência da filosofia não proibisse a admissão de pressupostos; ou, por outras palavras, porque a ciência [38] sobre que queremos dissertar é que deve proporcionar a prova, se não da verdade, então da exatidão daquele princípio, de que ele é assim; só ela deve mostrar o concreto. Ora a verdade de que uma providência e, decerto, a Providência divina preside aos acontecimentos do mundo corresponde ao princípio mencionado. Com efeito, a Providência divina é a sabedoria segundo um poder infinito, que realiza os seus fins, isto é, o fim último, absoluto e racional do mundo; a razão é o pensar, o Nus, que a si mesmo se determina com toda a liberdade.

Mas tal como no princípio de Anaxágoras entre o mesmo e a exigência que Sócrates lhe faz, assim também entre esta fé e o nosso princípio sobressai a diferença, e até a oposição. Semelhante fé é igualmente indeterminada, é uma fé na Providência em geral, e não passa ao determinado, à aplicação ao todo, ao curso íntegro dos acontecimentos do mundo. Em vez de semelhante aplicação, há a complacência em explicar naturalmente a história. Fica-se pelas paixões dos homens, pelos exércitos mais fortes, pelo talento ou génio de um determinado indivíduo ou, porque num Estado não existiu justamente um indivíduo assim, pelas chamadas causas naturais e contingentes, como as que Sócrates censurava em Anaxágoras. Permanece-se na abstração e pretende-se apenas aplicar o pensamento da Providência de um modo geral, sem o introduzir no determinado. Ora a determinação da Providência, de que ela atua deste ou daquele modo, chama-se o plano da Providência (o fim e os meios para este destino, estes planos). Mas semelhante plano estaria oculto aos nossos olhos e seria até temeridade querer conhecê-lo. A ignorância de Anaxágoras sobre o modo como o entendimento se revelaria na realidade efetiva era uma ignorância inocente; o pensar, a consciência do pensamento ainda não se tinha desenvolvido nele nem em geral na Grécia. Ele não conseguia aplicar ao concreto o seu princípio geral, [39] nem explicar o concreto a partir do seu princípio. Sócrates deu um passo mais, ao conceber uma forma de união do concreto com o universal, no entanto, só no aspeto subjetivo; por isso, não se mostrou polémico contra semelhante aplicação. Mas aquela fé é, pelo menos, contrária à aplicação em grande escala, justamente contra o conhecimento do plano da Providência. Com efeito, em particular, admite-se aqui e acolá, e os ânimos piedosos veem em muitos acontecimentos singulares, onde outros apenas divisam casualidades, não só decretos de Deus em geral, mas também da sua Providência, a saber, fins que ela, com tais decretos, se propõe. No entanto, isto costuma acontecer só em casos singulares; por exemplo, quando um indivíduo em grandes apuros e indigência recebe inesperadamente um auxílio, não devemos negar-lhe a razão, se por tal se mostra grato a Deus. Mas o próprio fim é de índole limitada; o seu conteúdo é unicamente o fim particular deste indivíduo. Na história universal, porém, lidamos com indivíduos que são povos, com totalidades que são Estados; por conseguinte, não podemos, por assim dizer, permanecer na ninharia da fé na Providência, nem de igual modo na fé meramente abstrata, indeterminada, que persiste apenas no enunciado universal de que há uma Providência que governa o mundo, mas sem querer passar ao determinado; aqui temos antes de proceder com seriedade. O concreto, os caminhos da Providência são os meios, os fenómenos na história, que diante de nós estão patentes; e temos de os referir apenas àquele princípio universal.

Mas, com a menção do conhecimento do plano da Providência divina em geral, lembrei-me de uma questão de suma importância nos nossos tempos, a saber, a questão da possibilidade de conhecer Deus, ou antes – porque deixou de ser uma questão – a doutrina transformada em preconceito, de que é impossível conhecer Deus, contrariamente ao que a Sagrada Escritura impõe como dever supremo de não só amar, mas também conhecer Deus. Há quem negue o que ali mesmo se diz, isto é, que o Espírito é quem nos introduz na verdade [40], que Ele conhece todas as coisas e sonda mesmo as profundidades da divindade.

A fé ingénua pode renunciar ao discernimento pormenorizado e persistir na representação geral de um governo divino do mundo. Quem tal faz não se deve censurar, enquanto a sua fé não se tornar polémica. Mas pode também defender-se esta representação com parcialidade, e a proposição em geral, justamente por causa da sua generalidade, pode também ter o sentido negativo particular de modo que, mantido à distância o ser divino, ele se situe para além das coisas humanas e do humano conhecimento. Assim se preserva, por outro lado, a liberdade de remover a exigência do verdadeiro e da razão e se obtém a comodidade de se abandonar às próprias representações. Neste sentido, a representação de Deus transforma-se em palavreado vazio. Se Deus se põe para além da nossa consciência racional, estamos então dispensados tanto de nos preocupar com a sua natureza como de indagar a razão na história universal; as hipóteses gratuitas têm então campo livre. A humildade piedosa sabe muito bem o que ganha com a sua renúncia.

Eu poderia ter deixado de dizer que a nossa proposição – a razão governa e governou o mundo – se expressa em forma religiosa, a saber, que a Providência rege o mundo, para não recordar a questão da possibilidade do conhecimento de Deus. Não quis, porém, deixar de o fazer, em parte, para levar a atentar naquilo com que se relacionam tais matérias, e em parte também para evitar a suspeita de que a filosofia teme ou deve temer recordar as verdades religiosas e as afasta do seu caminho, como se a seu respeito não tivesse, por assim dizer, boa consciência. Pelo contrário, nos últimos tempos, chegou-se a um tal ponto que a filosofia tem de intervir a favor do conteúdo da religião, em oposição a algumas formas de teologia.

Como se disse, pode ouvir-se com frequência que é uma temeridade querer discernir o plano da Providência. Deve nisso ver-se um resultado da representação, agora transformada em axioma quase universal, de que não se pode [41] conhecer Deus. E quando a própria teologia é que chegou a semelhante desespero, importa então refugiar-se na filosofia, se se pretende conhecer Deus. Por querer saber algo acerca de Deus, acusa-se a razão de orgulho. Deve antes dizer-se que a verdadeira humildade consiste precisamente em conhecer Deus em tudo, tributando-Lhe honra em tudo e, em especial, no teatro da história universal. Arrasta-se atrás de si como uma tradição a convicção de que a sabedoria de Deus se deve conhecer na natureza. Foi assim moda durante algum tempo admirar a sabedoria de Deus nos animais e nas plantas. Ensina-se que Deus se conhece, ao assombrarmo-nos perante os destinos humanos ou os produtos da natureza. Se se admite que a Providência se revela em tais objetos e matérias, porque não na história universal? Será porque este tema se afigura demasiado amplo? Habitualmente, de facto, representa-se a Providência como atuando apenas no que é pequeno, imagina-se como se fora um rico que distribui as suas esmolas aos homens e os dirige. Mas erra quem pensa que a matéria da história universal é demasiado vasta para a Providência; com efeito, a sabedoria divina é uma só e a mesma tanto no grande como no pequeno. Na planta e no inseto é a mesma que nos destinos dos povos e impérios inteiros, e não devemos considerar Deus como demasiado fraco para aplicar a Sua sabedoria nas coisas grandes. Se não se tomar a sabedoria de Deus como em toda a parte operante, então seria antes uma humildade que se refere a matéria, e não à sabedoria. Além disso, a natureza é um cenário de ordem inferior ao da história universal. A natureza é o campo onde a Ideia divina existe no elemento do que é desprovido de conceito; no espiritual, encontra-se no seu terreno peculiar e, justamente aqui, deve ela ser cognoscível. Armados com o conceito da razão, não devemos sentir receio perante qualquer matéria.

A afirmação de que não queremos conhecer Deus necessita, sem dúvida, de uma exposição mais vasta do que a que aqui se pode fazer. Mas visto que esta matéria tem uma íntima afinidade com o nosso fim, é necessário indicar os pontos de vista gerais que em primeiro lugar nos importam. Se Deus não houvesse de conhecer-se, nada que pudesse interessar [42] o espírito lhe restaria já, exceto o não divino, o limitado, o finito. Sem dúvida, o homem deve necessariamente ocupar-se do finito; mas existe uma necessidade superior de o homem ter um domingo da vida em que se eleve a si acima dos afazeres dos dias úteis, em que se ocupe do verdadeiro e o traga à sua consciência.

Se o nome de Deus não deve ser algo de vão, devemos reconhecer que Deus é bondoso ou que se comunica. Nas antigas representações dos Gregos, concebe-se Deus como invejoso, fala-se da inveja dos deuses, e de que o divino é hostil ao grande, de que o decreto dos deuses é rebaixar o que é grande. Aristóteles diz que os poetas mentem muito; que a Deus não se pode atribuir a inveja. Se, pois, afirmássemos que Deus não se comunica, seria atribuir-Lhe a inveja; Deus não pode perder pela comunicação do mesmo modo que a luz não perde por uma outra nela se acender.

Diz-se agora que Deus se comunica, mas só na natureza, por um lado, e no coração, no sentimento dos homens, por outro. O principal aqui é que, no nosso tempo, se afirma a necessidade de permanecer quieto. Deus existiria para nós na consciência imediata, na intuição. A intuição e o sentimento coincidem em ser consciência irreflexiva. Em contrapartida, importa realçar que o homem é um ser pensante, que se diferencia do animal pelo pensar. Comporta-se de um modo pensante, mesmo quando de tal não é consciente. Se Deus se revela ao homem, revela-se-lhe essencialmente como a um ser pensante; se se lhe revelasse essencialmente no sentimento, considerá-lo-ia idêntico ao animal, ao qual não foi dada a capacidade da reflexão – mas aos animais não lhes atribuímos religião alguma. Na realidade, o homem tem religião unicamente porque não é um animal, mas um ser pensante. É a maior das trivialidades afirmar que o homem se distingue do animal pelo pensar, e no entanto foi o que se esqueceu.

Deus é o ser eterno em si e para si; e o que é em si e por si universal é o objeto do pensar, não do [43] sentimento. Todo o espiritual, todo o conteúdo da consciência, o que é produto e objeto do pensar, sobretudo a religião e a eticidade, devem decerto encontrar-se no homem também no modo do sentimento, e assim começam por lá estar. O sentimento, porém, não é a fonte de que decorre para o homem este conteúdo, mas apenas o modo de nele se encontrar, e é a pior forma, uma forma que o homem tem em comum com o animal. O que é substancial deve existir também na forma do sentimento, mas existe igualmente noutra forma superior e mais digna. Querer deslocar necessariamente o ético, o verdadeiro, o conteúdo mais espiritual, para o sentimento e neste em geral o manter seria atribuí-lo essencialmente à forma animal; mas esta não é capaz de conteúdo espiritual. O sentimento é a forma mais inferior em que qualquer conteúdo pode estar; nela existe o menos possível. Enquanto permanecer apenas no sentimento, está ainda encoberto e totalmente indeterminado. O que se tem no sentimento é ainda de todo subjetivo e só existe de um modo subjetivo. Se alguém disser: "sinto assim", fechou-se então em si mesmo. Qualquer outro tem o mesmo direito a dizer: "mas eu não sinto assim"; e abandonou-se o terreno comum. Em coisas totalmente particulares, o sentimento está inteiramente no seu direito. Mas querer asseverar, a propósito de qualquer conteúdo, que todos os homens o têm no seu sentimento contradiz o ponto de vista do sentimento, em que alguém no entanto se colocou, contradiz o ponto de vista da subjetividade particular de cada um. Logo que um conteúdo ocorre ao sentimento, cada qual fica reduzido ao seu ponto de vista subjetivo. Se alguém quisesse impor a uma pessoa, que apenas age segundo o seu sentimento, esta ou aquela alcunha, também ela teria o direito de retribuir esse qualificativo; e ambos, a partir do seu ponto de vista, teriam razão para se injuriar. Se alguém afirma que possui a religião no sentimento, e se outro diz que no sentimento não encontra Deus algum, ambos têm razão. Se deste modo o conteúdo divino – a revelação de Deus, a relação do homem com Deus, a existência de Deus para o homem – se reduz ao simples sentimento, leva-se a cabo uma restrição ao ponto de vista da subjetividade particular, do arbítrio, do capricho. De facto, é desembaraçar-se a si da verdade que existe em si e por si [44]. Se apenas existe o modo indeterminado do sentimento, e nenhum saber de Deus nem do seu conteúdo, então nada resta a não ser o meu capricho; o finito é o que prevalece e domina. Nada sei de Deus; portanto, também nada de sério pode haver que deva ser restringente na relação.

O verdadeiro é algo em si de universal, essencial, substancial; e o que assim é só existe no e para o pensamento. Mas o espiritual, o que chamamos Deus, é justamente a verdade deveras substancial e em si essencialmente individual subjetiva. É o ser pensante, e o ser pensante é em si criador; como tal encontramo-lo na história universal. Tudo o mais, a que chamamos ainda verdadeiro, é somente uma forma particular desta verdade eterna, tem apenas nela o seu apoio, é somente um raio seu. Se nada dela se sabe, então nada se sabe de verdadeiro, de reto, de ético.

Qual é, pois, o plano da Providência na história universal? Chegou o tempo de o conhecer? Quero aqui indicar apenas esta questão geral.

Na religião cristã, Deus revelou-se, isto é, deu a conhecer aos homens o que Ele é, de modo que já não é algo de fechado e de secreto. Com a possibilidade de conhecer Deus, foi-nos imposto o dever de O conhecer, e a evolução do espírito pensante, que partiu desta base, da revelação da essência divina, deve por fim chegar ao ponto de também apreender com o pensamento o que se apresentou primeiro ao espírito senciente e representativo. Se já será tempo de O conhecer depende necessariamente de que o fim último do mundo tenha já ingressado na realidade efetiva de um modo consciente e universalmente válido.

Ora o característico da religião cristã é que com ela já chegou esse tempo; isto constitui a época absoluta na história universal. Revelou-se a natureza de Deus. Se se disser – "Nada sabemos de Deus" – então a religião cristã é algo de supérfluo [45], algo que chegou demasiado tarde, algo de degenerado. Na religião cristã, sabe-se o que Deus é. O conteúdo, sem dúvida, existe também para o nosso sentimento; por ser um sentimento espiritual, é também pelo menos para a representação, não apenas para a representação sensível, mas igualmente para a pensante, para o órgão peculiar em que Deus existe para o homem. A religião cristã é a que manifestou aos homens a natureza e a essência de Deus. Como cristãos, sabemos o que Deus é; Deus já não é agora um desconhecido: se tal ainda afirmarmos, então não somos cristãos. A religião cristã exige a humildade, de que já falámos, de conhecer Deus, não por nós mesmos, mas por parte do saber e do conhecimento divinos. Os cristãos estão, pois, iniciados nos mistérios de Deus; e deste modo nos foi também proporcionada a chave da história universal. Há aqui um conhecimento determinado da Providência e do seu plano. No cristianismo é doutrina capital que a Providência regeu e rege o mundo; que o que tem lugar no mundo é determinado pelo governo divino e a este conforme. Esta doutrina vai contra a representação do acaso e contra a dos fins limitados, por exemplo, a da conservação do povo judeu. Há um fim último, inteiramente universal, que existe em si e por si. Na religião, não se sai desta representação geral; ela detém-se em tal generalidade. Mas esta fé universal é a fé de que a história universal é um produto da razão eterna, de que a razão determinou as grandes revoluções da história; é o ponto de partida necessário, antes de mais, da filosofia e também da filosofia da história universal.

Importa, pois, dizer que chegou absolutamente também o tempo em que esta convicção, esta certeza, já não pode permanecer apenas no modo da representação, mas deve igualmente ser pensada, desenvolvida, conhecida, tornar-se um saber determinado. A fé não se embrenha no desfraldar do conteúdo, no discernimento da necessidade – isso somente o proporciona o conhecimento. Semelhante tempo há de chegar porque o espírito não se mantém em repouso; o ápice supremo do espírito, o pensamento, o conceito, exige o seu direito; a sua universalíssima e essencial essencialidade é a natureza peculiar do espírito [46].

A distinção entre fé e saber converteu-se numa oposição corrente. Considera-se como estabelecido que eles são diferentes e que, por conseguinte, nada se sabe de Deus. É possível assustar os homens dizendo-lhes que queremos conhecer Deus e expor este conhecimento. Mas semelhante distinção, na sua determinação essencial, é algo de efetivamente vazio. Com efeito, o que eu creio também o sei, estou dele certo. Na religião, crê-se em Deus e nas doutrinas que explicam mais em pormenor a sua natureza; mas também tal se sabe; há a seu respeito certeza. Saber significa ter algo como objeto perante a sua consciência e estar dele certo; e crer é também exatamente o mesmo. Em contrapartida, o conhecer discerne os fundamentos, a necessidade do conteúdo sabido, e também do conteúdo de fé, prescindindo da autoridade da Igreja e do sentimento, que é algo de imediato; e desenvolve, por outro lado, o conteúdo das suas determinações precisas. Estas determinações precisas devem, primeiro, pensar-se para se poderem corretamente conhecer e, na sua unidade concreta, receber-se no interior do conceito. Quando, em seguida, se fala da temeridade do conhecimento, poderia replicar-se que não se deve remover de modo algum o conhecimento, porque este só contempla a necessidade e ostenta diante dele o desenvolvimento do conteúdo em si. Poderia dizer-se também que este conhecimento se não pode fazer passar por atrevimento, porque o que chamamos fé se distingue apenas mediante o saber do particular. Mas esta versão seria, no entanto, equívoca e falsa em si mesma. Com efeito, a natureza do espiritual não consiste em ser algo de abstrato, mas algo de vivo, um indivíduo universal, subjetivo, que se determina e em si mesmo se encerra. Por isso, a natureza de Deus conhece-se verdadeiramente quando se conhecem as determinações. O cristianismo fala assim também de Deus, conhece--O como espírito, e isto não é abstrato, mas um processo em si mesmo que estabelece diferenças absolutas, com as quais a religião cristã se deu absolutamente a conhecer aos homens.

Deus não quer ânimos estreitos nem cabeças vazias nos seus filhos, mas exige ser conhecido [47], quer ter filhos cujo espírito seja pobre em si, mas rico no conhecimento d'Ele, e ponham todo o valor no conhecimento de Deus. A história é o desfraldar da natureza de Deus num elemento particular determinado, pelo que aqui nenhum outro conhecimento pode satisfazer e ter lugar a não ser um conhecimento determinado.

Deve, por fim, ter também chegado o tempo de conceber esta rica produção da razão criadora, que é a história universal. – O nosso conhecimento visa conseguir o discernimento de que o propósito da sabedoria eterna se realizou não só no solo da natureza, mas também no terreno do espírito real e ativo no mundo. A nossa consideração é, portanto, uma teodiceia, uma justificação de Deus, que Leibniz intentou metafisicamente a sua maneira em categorias ainda abstratas e indeterminadas; deveria entender o mal existente no mundo em geral, incluindo o mal moral, e reconciliar o espírito pensante com o negativo; e é na história universal que toda a massa do mal concreto se põe diante dos nossos olhos. (Na realidade, em nenhum outro lado existe um maior desafio para tal conhecimento reconciliador do que na história universal, e é aqui que por um momento nos queremos deter.).

Esta reconciliação só pode obter-se mediante o conhecimento do afirmativo, em que o negativo se desvanece como algo de subordinado e de superado – mediante a consciência, em parte, do que é em verdade o fim último do mundo, em parte, de que este fim se realizou no mundo e de que o mal moral não conseguiu predominar junto de e com a mesma medida do fim último.

A justificação visa ainda tomar concebível o mal perante o poder absoluto da razão. Trata-se da categoria do negativo, de que anteriormente se falou, e que nos permite ver como, na história universal, o mais nobre e o mais belo é sacrificado no seu altar. A razão não pode quedar-se no facto de indivíduos singulares terem sido lesados [48], os fins particulares perdem-se no universal. A razão vê no nascer e no perecer a obra que brotou do trabalho universal do género humano, uma obra que existe efetivamente no mundo a que pertencemos. O fenoménico configurou-se em algo de real sem a nossa intervenção; só a consciência e, decerto, a consciência pensante é necessária para o compreender. Com efeito, o afirmativo não existe meramente na fruição do sentimento, da fantasia, mas é algo que pertence à realidade efetiva e nos pertence, ou a que nós pertencemos.

A razão, a cujo respeito se disse que rege o mundo, é uma palavra tão indeterminada como a de Providência – fala-se sempre da razão, sem mesmo poder indicar qual a sua determinação, qual o seu conteúdo, qual o critério para, de harmonia com ele, podermos julgar se algo é racional ou irracional. A razão, apreendida na sua determinação, é primeiro a coisa; o mais, se se permanecer na razão em geral, são apenas palavras. Com esta indicação, passamos ao segundo ponto de vista que, como foi indicado, queremos considerar nesta introdução [49].

B

[A realização do espírito na história]

Aquilo a que concerne a determinação da razão em si mesma e, portanto, o tomar a razão na relação com o mundo equivale à questão sobre qual é o fim último do mundo; reside de um modo mais preciso na expressão de que tal fim se deve realizar e levar a cabo. Importa aqui considerar duas coisas, o conteúdo do fim último e a própria determinação como tal – e a realização da mesma.

Em primeiro lugar, devemos observar que o nosso objeto, a história universal, ocorre no terreno do espírito. O mundo compreende em si a natureza física e a psíquica. A natureza física intervém igualmente na história universal; logo de início atentaremos nesta situação fundamental da determinação natural. Mas o substancial é o espírito e o curso da sua evolução. Não temos aqui de considerar a natureza como constituindo também em si mesma um sistema da razão, num elemento particular e característico, mas apenas em relação com o espírito.

O homem aparece após a criação da natureza e constitui a antítese do mundo natural; é o ser que se eleva ao segundo mundo. Temos na nossa consciência universal dois reinos, o da natureza e o do espírito. O reino do espírito é o criado pelo homem. Podemos para nós forjar toda a classe de representações acerca do Reino de Deus; há de ser sempre um reino do espírito, que se há de realizar no homem e por ele estabelecer na existência.

O terreno do espírito é o que tudo abarca; encerra em si tudo quanto interessou e ainda interessa ao homem [50]. O homem é nele ativo; e faça o que fizer, é um ser em que o espírito é ativo. Pode, pois, haver interesse em conhecer, no curso da história, a natureza espiritual na sua existência, isto é, o modo como o espírito se une à natureza, portanto, a natureza humana. Ao falar-se de natureza humana, pensou-se sobretudo em algo de permanente. A exposição da natureza humana deve ajustar-se a todos os homens, aos tempos passados e presentes. Esta representação universal pode sofrer infinitas modificações, mas, de facto, o universal é só uma e mesma essência nas mais diversas modificações. A reflexão pensante é a que deixa de lado as distinções e fixa o universal, que deve ser operante de igual modo em todas as circunstâncias e revelar-se no mesmo interesse. O tipo universal pode também revelar-se no que mais fortemente dele parece afastado; na feição mais desfigurada pode ainda rastrear-se o humano. Pode haver uma espécie de consolo e reconciliação no facto de aí restar ainda um rasgo de humanidade. Com este interesse, pois, na consideração da história universal, a ênfase incide no facto de os homens terem permanecido iguais, de os vícios e as virtudes terem sido os mesmos em todas as diversas circunstâncias; e seria, portanto, possível acrescentar com Salomão: nada de novo há debaixo do Sol.

Quando, por exemplo, vemos um homem ajoelhar-se e orar diante de um ídolo, e embora este conteúdo seu seja algo de reprovável perante a razão, podemos, no entanto, ater-nos ao seu sentimento, que aí está vivo, e dizer que tal sentimento tem um valor idêntico ao do cristão, que adora o reflexo da verdade, e ao do filósofo, que mergulha com a razão pensante na verdade eterna. Só os objetos são distintos; mas o sentimento subjetivo é um só e o mesmo. Assim, se trouxermos à nossa representação a história dos assassinos, segundo a narração que se faz das suas relações com o seu senhor, o velho da Montanha, vemos como eles se sacrificavam ao senhor para as suas ações infames. No sentido subjetivo, é o mesmo sacrifício que o de Curtius [51], quando saltou para o abismo a fim de salvar a pátria. Se, em geral, a isto nos ativermos, podemos dizer que não é necessário dirigir-se ao grande teatro da história universal. Há uma conhecida anedota de César, segundo a qual ele encontrou, numa pequena cidade municipal, as mesmas aspirações e atividades que no grande cenário de Roma. Os mesmos impulsos e esforços encontram-se tanto numa pequena cidade como no grande teatro do mundo.

Vemos que neste tipo de consideração se abstrai do conteúdo, dos fins da atividade humana. Esta elegante indiferença face à objetividade pode encontrar-se sobretudo entre os Franceses e os Ingleses, que lhe dão o nome de historiografia filosófica. Mas a mente humana educada não pode deixar de estabelecer diferenças entre as inclinações e os impulsos tal como se manifestam num círculo pequeno e como se exibem na luta de interesses da história universal. Este interesse subjetivo, em nós atuante tanto em virtude do fim universal como do indivíduo que o representa, é o que torna atrativa a história. Deploramos a perda e a decadência de tais fins e indivíduos. Ao termos diante dos olhos a luta dos Gregos contra os Persas ou a dominação impetuosa de Alexandre, somos muito conscientes do que nos interessa, ou seja, ver os Gregos livres da barbárie. Interessamo-nos pela conservação do Estado ateniense, pelo soberano que à frente dos Gregos submeteu a Ásia, imaginamos que Alexandre fracassaria no seu empreendimento, pelo que nada certamente teríamos perdido, se aqui se tratasse apenas de paixões humanas. Não teríamos deixado de ver aí um jogo das paixões; mas não nos sentiríamos satisfeitos. Temos aqui um interesse material, objetivo.

Ora de que espécie é o fim substancial em que o espírito chega ao conteúdo essencial? O interesse é de índole substancial e determinada; é uma determinada religião, ciência, arte. Como é que o espírito chega a esse conteúdo, donde promana semelhante conteúdo? A resposta empírica é fácil. No presente, todo o indivíduo se encontra [52] ligado a um tal interesse essencial; encontra-se numa determinada pátria, numa determinada religião, num determinado âmbito de saber e de representações sobre o que é reto e moral. Deixa-se-lhe apenas a liberdade de aí escolher os círculos particulares a que quer aderir. Mas que encontremos os povos ocupados com tal conteúdo, cheios de tais interesses, é já a história universal, cujo conteúdo justamente indagamos. Não podemos contentar-nos com o modo empírico, mas devemos levantar a questão mais específica de como é que chega a semelhante conteúdo o espírito enquanto tal, nós ou os indivíduos ou os povos. Temos de compreender o conteúdo a partir apenas dos conceitos específicos e nada mais. O que até agora se disse encontra-se na nossa consciência habitual; diferente é, porém, o conceito que agora se deve aduzir – não é aqui o momento de cientificamente o analisar. A filosofia conhece, sem dúvida, a representação ordinária, mas tem o seu fundamento para dela se apartar.

Temos de considerar a história universal segundo o seu fim último; este fim último é o que no mundo é querido. Sabemos de Deus que Ele é o mais perfeito; portanto, só Deus pode querer-se a Si mesmo e ao que a Si é igual. Deus e a natureza da Sua vontade são uma só coisa; chamamo-la filosoficamente a Ideia. O que temos de contemplar é, pois, a Ideia, mas no elemento do espírito humano; em termos mais precisos: é a Ideia da liberdade humana. A mais pura forma em que a Ideia se revela é o próprio pensamento; por isso, é na lógica que a Ideia se considera. Uma outra forma é a da natureza física; e, por fim, a terceira é a do espírito em geral.

Mas o Espírito, no teatro em que o consideramos, na história universal, está na sua mais concreta realidade efetiva. Apesar de tudo, porém, ou antes para apreender também o universal neste seu modo de realidade concreta, devemos, primeiro, antepor algumas considerações abstratas acerca da natureza do Espírito; e a seu respeito pode ao mesmo tempo falar-se apenas na forma de algumas afirmações, já que não é aqui o lugar e o tempo de expor especulativamente [53] a ideia do Espírito; o que há a dizer torná-lo-emos aceitável para a cultura habitual, pressuposta nos seus ouvintes e própria do seu modo de representação. O que se pode dizer numa introdução deve, em geral, tomar-se como algo histórico, como – já tal se advertiu – um pressuposto que ou obteve noutra parte o seu desenvolvimento e a sua demonstração ou, pelo menos, obterá a sua autenticação na sequência, no tratado da ciência.

a) *[A Determinação do Espírito]*

Portanto, o primeiro que temos de expor é a determinação abstrata do Espírito. Dizemos dele que não é um abstrato, não é uma abstração da natureza humana, mas algo de inteiramente individual, ativo, absolutamente vivo: é uma consciência, mas também o seu objeto – e tal é a existência do espírito que consiste em ter-se a si como objeto. Por conseguinte, o espírito é pensante e é o pensar de algo que é, o pensar de que é e de como é. O espírito sabe: mas saber é a consciência de um objeto racional. Além disso, o espírito só tem consciência porquanto é autoconsciência; isto é, só sei de um objeto, porquanto nele também sei de mim mesmo, sei que a minha determinação consiste em que o que eu sou é também para mim objeto, em que eu não sou simplesmente isto ou aquilo, mas sou aquilo de que sei. Sei do meu objeto e sei de mim; não se devem separar as duas coisas. O espírito constitui, pois, para si uma determinada representação de si, do que ele é essencialmente, do que é a sua natureza. Pode apenas ter um conteúdo espiritual; e o espiritual é justamente o seu conteúdo, o seu interesse. Eis como o espírito chega a um conteúdo; não é que encontre o seu conteúdo, mas faz de si o seu objeto, o conteúdo de si mesmo. O saber é a sua forma e a sua conduta, mas o conteúdo é justamente o próprio espiritual. Assim o espírito, segundo a sua natureza, está em si mesmo, ou é livre [54].

A natureza do espírito pode conhecer-se no seu perfeito contrário. Opomos o espírito à matéria. Assim como a gravidade é a substância da matéria, assim também, devemos dizer, a liberdade é substância do espírito. A todos é imediatamente patente que o espírito, entre outras propriedades, possui também a liberdade; mas a filosofia ensina-nos que todas as propriedades do espírito existem unicamente mediante a liberdade, que todas são apenas meios para a liberdade, que todas buscam e produzem somente a liberdade. É este um conhecimento da filosofia especulativa, a saber, que a liberdade é a única coisa verídica do espírito. A matéria é pesada porquanto há nela o impulso para um centro; é essencialmente composta, consta de partes singulares, as quais tendem todas para o centro: por isso, não há unidade alguma na matéria. Ela consiste numa pluralidade e busca a sua unidade, por conseguinte, aspira a superar-se a si mesma e busca o seu contrário. Se o alcançasse já não seria matéria, mas acabaria como tal; aspira à idealidade, pois na unidade ela é ideal. O espírito, pelo contrário, consiste justamente em ter em si o centro; persegue também o centro, mas o centro é ele próprio em si. Não tem a unidade fora de si. Encontra-a continuamente em si; ele é e reside em si mesmo. A matéria possui a sua substância fora de si; o espírito, em contrapartida, é o estar-em-si-mesmo e tal é justamente a liberdade. Com efeito, se sou dependente, refiro-me a um outro que não sou eu e não posso existir sem esse algo exterior. Sou livre quando em mim mesmo estou.

Quando o espírito aspira ao seu centro, visa aperfeiçoar a sua liberdade e esta tendência é-lhe essencial. Quando efetivamente se diz que o espírito é, isto tem, antes de mais, o sentido de que ele é algo de acabado. É, porém, algo de ativo. A atividade é a sua essência; ele é o seu produto e, portanto, é o seu começo e também o seu fim. A sua liberdade não consiste num ser em repouso, mas numa contínua negação do que ameaça eliminar a liberdade. Produzir-se, tomar-se a si próprio como objeto, saber de si, eis a tarefa do espírito; portanto, este existe para si mesmo. As coisas naturais não existem para si mesmas; por isso, não são livres. O espírito produz-se [55] e realiza-se segundo o seu saber-de-si; age para que o que de si mesmo sabe também se realize. Portanto, tudo se reduz à consciência que de si tem o espírito; se o espírito sabe que é livre, então isto é inteiramente diferente de quando não o sabe. Com efeito, se não sabe, então é escravo e está contente com a sua escravidão e não sabe que esta lhe não é devida. A sensação da liberdade é a única coisa que torna livre o espírito, embora ele seja sempre livre em si e para si.

O primeiro saber do espírito acerca de si na sua configuração como indivíduo humano é que ele é senciente. Aqui, no entanto, não existe objetalidade alguma. Encontramo-nos determinados assim ou assado. Tento separar de mim esta determinidade e acabo por me cindir comigo próprio. Pelo que os meus sentimentos se convertem num mundo exterior e noutro interior. Surge ao mesmo tempo um modo peculiar da minha determinidade, a saber, que me sinto defeituoso, negativo, e encontro em mim a contradição, que ameaça desfazer-me. Mas existo; eis o que sei e oponho-me à negação, à deficiência. Conservo-me e procuro anular a deficiência e, por isso, sou impulso. O objeto a que se dirige o impulso é, então, o objeto da minha satisfação, do restabelecimento da minha unidade. Todo o vivente tem impulsos. Somos assim seres naturais e o impulso é algo de sensível em geral. Os objetos, porquanto com eles me relaciono em virtude do impulso, são meios de integração; isto constitui em geral o fundamento do teorético e do prático. Mas nestas intuições dos objetos, a que o impulso se dirige, situamo-nos imediatamente no exterior e nós próprios somos externos. As intuições são algo de singular, de sensível; e também o é o impulso, seja qual for o seu conteúdo. Segundo esta determinação, o homem seria igual ao animal; com efeito, no impulso, não há autoconsciência alguma. Mas o homem sabe de si mesmo, e isto diferencia-o do animal. É um ser pensante; mas pensar é saber do universal. Mediante o pensar põe-se o conteúdo nu e simples, e deste modo o homem é simplificado, ou seja, torna-se algo de interno, de ideal. Ou antes, eu sou o interno, o simples; [56] e só porque ponho o conteúdo no simples é que ele se torna universal, ideal.

O que o homem realmente é também idealmente o deve ser. Ao conhecer o real como ideal, deixa de ser algo de simplesmente natural, de estar entregue apenas às suas intuições e impulsos imediatos e à sua respetiva satisfação e produção. A prova de que sabe isto é que inibe os seus impulsos; coloca o ideal, o pensamento, entre a urgência do impulso e a sua satisfação. Ambos coincidem no animal, o qual não interrompe por si mesmo esta conexão – só pela dor ou pelo temor ela pode ser interrompida; no homem, o impulso existe antes de ou sem ele o satisfazer; porque pode inibir ou deixar correr os seus impulsos, o homem age segundo fins, determina-se segundo o universal. Tem de determinar qual o fim que para ele deve vigorar. Pode propor como seu fim inclusive o totalmente universal. O que aí o determina são as representações do que ele é e do que quer. Aqui reside a independência do homem; ele sabe o que o determina. Pode, pois, constituir para seu fim o conceito simples, por exemplo, a sua liberdade positiva. O animal não tem as suas representações como algo de ideal, de efetivo; por isso, falta-lhe a independência interna. Também o animal enquanto vivente tem em si mesmo as fontes do seu movimento. Mas se o estímulo não residir já nele, não é estimulado a partir de fora; o que não corresponde ao seu interior também não existe para o animal. O animal cinde-se por si mesmo e em si mesmo. Nada pode inserir entre o seu impulso e a respetiva satisfação; não tem vontade, não pode levar a cabo a inibição. O estímulo começa no seu interior e pressupõe uma execução imanente. O homem, porém, não é independente porque o movimento começa nele, mas porque pode inibir o movimento e, por conseguinte, rompe a sua imediatidade e naturalidade.

O que constitui a raiz da natureza do homem é pensar que ele é um Eu. O homem, como espírito, não é algo de imediato, mas algo de essencialmente voltado para si mesmo. O movimento da mediação é momento essencial do espírito. A sua atividade consiste em ultrapassar a [57] imediatidade, em negá-la e deste modo é o retorno a si; ele é, pois, o que se faz mediante a sua atividade. Só o que regressa a si mesmo é o sujeito, a realidade efetiva. O espírito só é como seu resultado. Para elucidação pode servir a imagem da semente. Com ela começa a planta; mas é ao mesmo tempo resultado de toda a vida da planta; esta desenvolve-se para produzir a semente. Mas a impotência da vida consiste em que a semente é o começo e ao mesmo tempo resultado do indivíduo; é distinta como ponto de partida e como resultado e, no entanto, é a mesma: produto de um indivíduo e começo de outro. Ambos os aspetos se encontram aqui tão separados como a forma da simplicidade no grão e o curso do desenvolvimento da planta.

Todo o indivíduo tem em si mesmo um exemplo mais próximo. O homem é o que deve ser apenas mediante a formação (*Bildung*), por meio da disciplina: o que é imediatamente é apenas a possibilidade de ser, isto é, de ser racional e livre, somente a determinação, o deve-ser. O animal depressa acaba a sua formação; mas tal não deve considerar-se como um benefício da natureza para o animal. O seu crescimento é apenas robustecimento quantitativo. O homem, pelo contrário, deve transformar-se a si próprio no que deve ser; tem de adquirir tudo por si mesmo, justamente porque é espírito; deve sacudir o natural. O espírito é, pois, o seu próprio resultado.

A natureza de Deus fornece o mais sublime exemplo; no fundo, não é um exemplo, mas o universal, a própria verdade, de que tudo o mais é um exemplo. As antigas religiões chamaram, sem dúvida, também a Deus espírito; só que isto era ainda um simples nome e não se compreendia ainda de que modo se explicitaria a natureza do espírito. Na religião judaica é que pela primeira vez também o espírito se concebe de modo universal. Mas, no Cristianismo, Deus revelou-se como espírito e, claro está, é em primeiro lugar Pai, poder, o abstratamente geral, o ainda encoberto; em segundo lugar, é para si como um objeto, um outro de si mesmo, um ser que a si mesmo se cinde, o Filho. Mas este outro de si mesmo é também imediatamente ele próprio; sabe de si e intui-se nele – e justamente este saber-se e intuir-se é, em terceiro lugar, o próprio Espírito. Isto significa que o Espírito é o [58] todo, nem um nem o outro por si sós. Expresso na linguagem da sensação: Deus é o amor eterno, ou seja, ter o outro como seu próprio. É em virtude desta trindade que a religião cristã é superior às outras religiões. Se dela carecesse, poderia acontecer que o pensamento se encontrasse noutras religiões. É o especulativo do Cristianismo e aquilo pelo qual a filosofia encontra também na religião cristã a ideia da razão.

Vamos agora considerar o espírito, que concebemos essencialmente como consciência de si, com maior pormenor na sua configuração, não como indivíduo humano singular. O espírito é essencialmente indivíduo; mas no elemento da história universal não lidamos com o singular ou com a limitação e a referência à individualidade particular. O espírito, na história, é um indivíduo de natureza universal, mas também algo de determinado, isto é, um povo em geral; e o espírito com que lidamos, é o espírito do povo (*Volkgeist*). Mas os espíritos dos povos diferenciam-se, por seu turno, segundo a representação que para si constituem de si próprios, segundo a superficialidade ou a profundidade com que conceberam e perscrutaram o que era espírito. O direito do ético nos povos é a consciência que o espírito de si mesmo tem; os povos são o conceito que o espírito de si mesmo possui. Portanto, o que se realiza na história é a representação do espírito. A consciência do povo depende do que o espírito de si mesmo sabe; e a última consciência, a que tudo se reduz, é que o homem é livre. A consciência do espírito deve configurar-se no mundo; o material desta realização, o seu solo, nada mais é do que a consciência universal, a consciência de um povo. Esta consciência encerra, e segundo ela se regem, todos os fins e interesses do povo; tal consciência constitui o direito, os costumes, a religião do povo. É o substancial do espírito do povo, mesmo quando os indivíduos o não sabem, mas aí surge constituído um pressuposto. É como uma necessidade; o indivíduo educa-se nesta atmosfera, não sabe de nenhuma outra. No entanto, não é simples educação e consequência da educação; esta consciência é também desenvolvida pelo próprio indivíduo, não lhe é ensinada: o indivíduo existe [59] nesta substância. Semelhante substância universal não é o mundano; o mundano esforça-se impotente contra ela. Nenhum indivíduo pode ultrapassar tal substância; pode, sem dúvida, distinguir-se de outros indivíduos singulares, mas não do espírito do povo. Pode ser mais rico de espírito do que muitos outros, mas não consegue superar o espírito do povo. Os de maior talento são os que conhecem o espírito do povo e por ele sabem guiar-se. São os grandes homens de um povo que guiam o povo em conformidade com o espírito universal. Por conseguinte, para nós, as individualidades desvanecem-se e surgem-nos apenas como as que põem na realidade efetiva o que o espírito do povo pretende. Na consideração filosófica da história, deve prescindir-se de expressões como: "determinado Estado não teria sucumbido se tivesse existido um homem que, etc.". Os indivíduos desaparecem perante o substancial universal, e este forma os indivíduos de que necessita para o seu fim. Mas os indivíduos não impedem que aconteça o que tem de acontecer.

O espírito do povo é essencialmente um espírito particular, mas ao mesmo tempo nada mais é do que o espírito universal absoluto – com efeito este é um só. O espírito universal é o espírito do mundo, tal como se desdobra na consciência humana. Os homens comportam-se em relação a este como indivíduos em relação ao todo, que é a sua substância. E este espírito universal é conforme ao espírito divino, que é o espírito absoluto. Porque Deus é omnipresente, está em todos os homens, aparece na consciência de cada um. E este é o Espírito universal. O espírito particular de um povo particular pode perecer; mas é um membro na cadeia do curso do Espírito universal. E este não pode perecer. O espírito do povo é assim o Espírito universal numa configuração particular, à qual ele é em si superior, mas tem-na, porque ele existe: com o ser determinado, com a existência, surge a particularidade. A particularidade do espírito do povo consiste na espécie e no modo da sua consciência, que ele para si constitui acerca do espírito. Na vida ordinária dizemos: este povo teve esta representação de Deus, esta religião, este direito. Forjou tais representações sobre a vida ética. Olhamos tudo isto à maneira dos objetos [60] exteriores que um povo teve. Mas já numa observação superficial notamos que estas coisas são de índole espiritual e não podem ter outra espécie da sua realidade efetiva a não ser o espírito, a consciência que do espírito tem o espírito.

Mas esta é, como se disse, simultaneamente a autoconsciência. Aqui, porém, podemos enredar-nos no erro de tomar a representação de si mesmo na autoconsciência como representação do indivíduo temporal. É uma dificuldade para a filosofia que a maioria seja levada a pensar que ela nada mais contém do que a existência empírica particular do indivíduo. Mas o espírito, na consciência do espírito, é livre; aboliu a existência temporal e limitada e relaciona-se com a essência pura que é ao mesmo tempo a sua essência. Se a essência divina não fosse a essência do homem e da natureza, seria justamente uma essência que nada seria. Portanto, a autoconsciência é um conceito filosófico que somente numa exposição filosófica pode obter a sua plena determinidade. Estabelecido isto assim, o segundo aspeto a considerar é que a consciência de um povo determinado é a consciência da sua essência. O espírito é, antes de mais, o seu próprio objeto; enquanto para nós o é, mas ainda sem a si mesmo se conhecer, não é por enquanto o seu objeto segundo o seu verdadeiro modo. O objetivo é, porém, tornar-se consciente de que ele só insta a conhecer-se a si mesmo, tal como é em si e para si mesmo, consiste em ele se manifestar a si mesmo na sua verdade – o objetivo é que ele suscite um mundo espiritual, conforme ao conceito de si mesmo, que cumpra e realize a sua verdade, que produza a religião e o Estado de um modo tal que sejam conformes ao seu conceito, que sejam seus na verdade ou na ideia de si mesmo – a Ideia é a realidade, que é apenas o espelho, a expressão do conceito. Tal é o fito universal do espírito e da história; e assim como o germe traz em si toda a natureza da árvore, o sabor, a forma dos frutos, assim também os primeiros vestígios do espírito já contêm *virtualiter* toda a história.

Segundo esta determinação abstrata, pode dizer-se que a história universal é a exposição do espírito [61], tal como ele pelo seu labor consegue chegar a saber o que em si é. Os Orientais não sabem que o espírito ou o homem como tal é em si livre. Porque não o sabem, não o são. Sabem apenas que um é livre; mas, justamente por isso, semelhante liberdade é apenas capricho, barbárie, apatia da paixão ou também doçura e mansidão sua, a qual é somente um acaso ou arbítrio da natureza. Este um é, pois, apenas um déspota, não um homem livre, verdadeiro homem. – A consciência da liberdade surgiu primeiro entre os Gregos e, por isso, foram livres; eles, porém, como também os Romanos, souberam apenas que alguns são livres, mas não o homem como tal. Não o souberam Platão e Aristóteles; por isso, não só os Gregos tiveram escravos e a sua vida e a estabilidade da sua bela liberdade estiveram ligados à escravidão, mas também a sua própria liberdade foi, em parte, uma flor acidental, imperfeita, efémera, limitada, e em parte, simultaneamente, uma dura servidão do humano. – Só as nações germânicas chegaram no Cristianismo à consciência de que o homem é livre enquanto homem, de que a liberdade do espírito constitui a sua mais peculiar natureza. Esta consciência surgiu, em primeiro lugar, na religião, na região mais íntima do espírito; mas infundir também este princípio na essência mundana foi uma ulterior tarefa, cuja solução e cumprimento exige um difícil e longo trabalho de formação. Com a aceitação da religião cristã, não cessou imediatamente a escravatura e muito menos ainda dominou logo a seguir a liberdade dos Estados; nem os governos e as constituições se organizaram de um modo racional e se fundaram no princípio da liberdade. A aplicação do princípio à mundanidade, a penetração e organização da situação mundana graças ao mesmo princípio, é o longo processo que constitui a própria história. Já chamei a atenção para a diferença entre o princípio como tal e a sua aplicação, isto é, a sua introdução e desenvolvimento na realidade efetiva do espírito e da vida; retornaremos em seguida a isto: é uma [62] determinação fundamental da nossa ciência e importa fixá-la essencialmente no pensamento. Assim como aqui se relevou de modo provisório esta diferença em relação ao princípio cristão, à autoconsciência da liberdade, ela tem também lugar essencialmente a propósito do princípio da liberdade em geral. A história universal é o progresso na consciência da liberdade – um progresso que temos de conhecer na sua necessidade.

Com o que eu disse em geral acerca da diferença que existe no conhecimento da liberdade – e claro está, primeiro na forma de que os Orientais apenas souberam que um é livre, o mundo grego e romano que alguns são livres, mas nós sabemos que todos os homens são em si livres, que o homem é livre – dispomos já da divisão que faremos na história universal e segundo a qual a abordaremos. Esta é, no entanto, uma observação feita apenas de passagem; antes temos ainda de explicitar alguns conceitos.

Por conseguinte, o que se aduziu como a razão do Espírito na sua determinidade, deste modo, determinação do mundo espiritual, e – em virtude de o mundo substancial e físico lhe estar subordinado ou, numa expressão especulativa, não possuir verdade alguma perante o primeiro – como o fim último do mundo, é a consciência que o espírito tem da sua liberdade e, deste modo, apenas a realidade efetiva da sua liberdade em geral. Que, porém, esta liberdade, tal como foi mencionada, é ainda indeterminada ou uma palavra infinitamente ambígua, que apesar de tudo é o que há de mais elevado, traz consigo infinitos equívocos, confusões e erros e engloba em si todas as desordens possíveis, eis algo que nunca se soube e experimentou melhor do que na época atual; mas, antes de mais, damo-nos aqui por satisfeitos com aquela definição geral. Além disso, chamou-se a atenção para a importância da diferença infinita entre o princípio, o que é apenas em si, e o que é efetivamente real. Ao mesmo tempo, a liberdade em si mesma é o que encerra a necessidade infinita de por si chegar à consciência [63] – pois esta é, segundo o seu conceito, um saber de si – e, deste modo, chegar à realidade efetiva: a realidade é para si o fim que ela realiza, e o único fim do espírito.

A substância do espírito é a liberdade. O seu fim no processo histórico aduz-se deste modo: é a liberdade do sujeito; que ele tenha a sua consciência moral e a sua moralidade, que se proponha fins universais e os faça vigorar; que o sujeito tenha um valor infinito e chegue também à consciência deste extremo. A substancialidade do fim do espírito universal alcança-se através da liberdade de cada um.

Os espíritos dos povos são os membros do processo em que o Espírito chega ao livre conhecimento de si mesmo. Mas os povos são existências para si – não temos aqui a ver com o espírito em si – e como tais têm existência natural. São nações e, portanto, o seu princípio é um princípio natural; e porque os princípios são distintos, também os povos são naturalmente distintos. Cada um tem o seu princípio peculiar, para o qual tende como para seu fim; se já alcançou este fim, então nada mais tem a fazer no mundo.

Deve, pois, olhar-se o espírito de um povo como o desenvolvimento do princípio que está encoberto na forma de um impulso obscuro, que se expande e tende a tornar-se objetivo. Semelhante espírito do povo é um espírito determinado, um todo concreto; deve conhecer-se na sua determinidade. Porque é espírito, só pode apreender-se espiritualmente mediante o pensamento, e somos nós que concebemos o pensamento; além disso, também o espírito do povo se apreende a si mesmo pensando. Temos, pois, de considerar o conceito determinado, o princípio deste espírito. Este princípio é em si muito rico e desdobra-se de múltiplos modos; o espírito é, com efeito, vivo e ativo e importa-lhe o produto de si mesmo. Só ele é que se manifesta em todos os atos e direções do povo, se encaminha para a realização de si, para a autofruição e a [64] compreensão de si mesmo. A religião, a ciência, as artes, os destinos e os acontecimentos são o seu desdobramento. Isto e não a determinidade natural do povo (como poderia sugerir a derivação da palavra natio, de nasci), é que dá ao povo o seu caráter. Na sua atuação, o espírito do povo só conhece, de início, os fins da sua realidade efetiva determinada, e não se conhece ainda a si mesmo. Mas tem o impulso para apreender os seus pensamentos. A sua atividade suprema é pensar, e por isso é ativo na sua mais elevada operação de a si mesmo se compreender. O supremo para o espírito é saber-se, chegar não só à intuição, mas também ao pensamento de si próprio. Deve tal realizar, e certamente o realizará; mas semelhante realização é ao mesmo tempo a sua decadência e esta constitui igualmente a emergência de um outro estádio, de um outro espírito. O espírito singular de um povo cumpre-se ao efetuar a passagem para o princípio de um outro povo; produz-se deste modo uma continuação, o aparecimento e a substituição dos princípios dos povos. Mostrar em que consiste a conexão de semelhante movimento é a tarefa da história universal filosófica.

O modo abstrato da progressão do espírito de um povo é a prossecução inteiramente sensível do tempo, uma primeira atividade; o movimento mais concreto é a atividade espiritual. Um povo faz progressos em si mesmo; experimenta o avanço e a decadência. O que está mais à mão é aqui a categoria da formação (*Bildung*), da formação superior e da deformação; esta última é para o povo produto ou fonte da sua ruína. No entanto, com a palavra formação, nada ainda se determinou sobre o conteúdo substancial do espírito do povo; ela é formal e constrói-se em geral pela forma da universalidade. O homem formado é que sabe imprimir a toda a sua ação o selo da universalidade, o que aboliu a sua particularidade, o que age segundo princípios universais. A formação é forma do pensar; mais precisamente, aí reside a causa por que o homem sabe inibir-se, e não age apenas segundo as suas inclinações e apetites, mas em si se concentra. Confere deste modo ao objeto uma posição livre e habitua-se a comportar-se teoricamente. A isto se associa o hábito de apreender os distintos aspetos na sua singularidade e de analisar as [65] circunstâncias, o isolamento das partes, a abstração, ao proporcionar-se imediatamente a cada um dos lados a forma da universalidade. O homem formado conhece nos objetos os diversos aspetos; estes existem para ele, a sua reflexão educada deu-lhes a forma da universalidade. Em seguida, pode também na sua conduta preservar cada vertente particular. Pelo contrário, o não formado, ao apreender o essencial, pode, com a melhor intenção, danificar meia dúzia de outras coisas. Um homem formado, por fixar os distintos aspetos, age concretamente; está habituado a atuar segundo pontos de vista e fins universais. Por conseguinte, a formação exprime a determinação simples de imprimir a um conteúdo o caráter do universal.

No entanto, o desenvolvimento do espírito, como movimento de que brotou a formação, deve ainda considerar-se de um modo mais concreto. O universal do espírito consiste em pôr as determinações que em si tem. Isto pode, por seu turno, entender-se em sentido subjetivo; e então chamam-se disposições ao que o espírito é em si e, por ele ser posto, denominam-se propriedades, aptidões. O próprio produto considera-se apenas em forma subjetiva. Na história, pelo contrário, o produto existe na forma em que foi suscitado como objeto, ato, obra do espírito. O espírito do povo é um saber, e a atividade do pensamento sobre a realidade de um espírito do povo consiste em que este conheça a sua obra como algo de objetivo, e não já meramente subjetivo. A propósito destas determinações, deve observar-se que, muitas vezes, se faz uma distinção entre o que o homem interiormente é e os seus atos. Na história, isto é falso; a série dos seus atos é o próprio homem. Imagina-se, decerto, que a intenção, o propósito, pode ser algo de excelente, mesmo quando os atos nada valem. Pode, sem dúvida, ocorrer no indivíduo que o homem se dissimule; mas tal é algo de inteiramente parcial. A verdade é que o externo não é diferente do interno. Semelhantes subtilezas de distinções momentâneas não ocorrem na história. Os povos são o que são os seus atos. Os atos são o seu fim [66].

O espírito age essencialmente, converte-se no que é em si, no seu ato, na sua obra; torna-se deste modo objeto para si e tem-se perante si como um ser determinado. Assim também o espírito de um povo; a sua ação consiste em fazer de si um mundo real, que também existe no espaço; a sua religião, o seu culto, os seus usos, os seus costumes, a sua arte, a sua constituição, as suas leis políticas, todo o âmbito das suas instituições, os seus acontecimentos e feitos, eis a sua obra – tudo isso é o povo. Todo o povo tem esta sensação. O indivíduo tem então diante de si o ser do povo como um mundo já pronto e firme, no qual ele tem de se incorporar. Deve apropriar-se deste ser substancial de modo que ele se transforme no seu modo de sentir e nas suas habilidades, para que ele próprio seja algo. A obra pré-existe e os indivíduos devem por ela configurar-se, tornar-se a ela conformes. Se considerarmos o período desta produção, descobrimos que o povo age aqui para o fim do seu espírito, e chamamo-lo moral, virtuoso, forte, porque produz o que constitui a vontade externa do seu espírito e defende a sua obra, no labor da sua objetivação, contra todo o poder externo. Aqui ainda não tem lugar a separação dos indivíduos quanto ao todo; ela só aparece mais tarde, no período da reflexão. Se o povo fez de si a sua obra, então eliminou-se a cisão entre o em-si, o que ele é na sua essência, e a realidade efetiva, e o povo satisfez-se: erigiu como mundo seu o que ele em si mesmo é. Nesta sua obra, neste mundo seu, o espírito desfruta agora de si.

Ora o que vem logo a seguir é o que ocorre quando o espírito tem o que quer. A sua atividade já não é excitada, a sua alma substancial já não entra em atividade. A sua ação encontra-se apenas numa longínqua relação com os seus interesses supremos. Só tenho interesse por algo enquanto ele me está ainda oculto ou é necessário para um fim meu, que ainda se não realizou. Por conseguinte, ao realizar-se um povo, ao alcançar o seu fim, desvanece-se o seu mais profundo interesse. O espírito do povo é um indivíduo natural; como tal, floresce, é poderoso, decai e morre. E inerente à natureza da finidade que o espírito limitado seja perecível. Ele é vivo e, por isso, essencialmente atividade [67], ocupa-se na criação de si mesmo, na produção e na realização de si próprio. Existe uma oposição quando a realidade efetiva ainda não é conforme ao seu conceito, ou quando o conceito interno de si ainda não chegou à autoconsciência.

Mas logo que o espírito proporcionou a si a sua objetividade na sua vida, logo que elaborou o conceito de si e o levou à plena realização, chegou, como se disse, à fruição de si mesmo, que já não é atividade, mas um brando deambular através de si mesmo. A idade mais bela, a juventude de um povo, situa-se no período em que o espírito é ainda ativo; pois, os indivíduos têm o impulso de conservar a sua pátria, de fazerem valer o fim do seu povo. Conseguido isso, começa o hábito de viver; e assim como o homem perece no hábito da vida, assim também o espírito do povo morre na fruição de si mesmo. Quando o espírito do povo levou a cabo a sua atividade, cessa então a vivacidade e o interesse; o povo vive na transição da virilidade para a velhice, na fruição do alcançado. Antes, evidenciara-se uma necessidade, uma indigência; foi satisfeita mediante uma instituição, e já não existe. Em seguida, também a instituição deve suprimir-se, e inicia-se um presente sem necessidades. O povo, ao renunciar a diversos aspectos do seu fim, contentou-se também talvez com um âmbito menor. Ainda que a sua imaginação tenha ido mais além, teve de a ela renunciar enquanto fim, quando a realidade efetiva a tal não se prestava e limitou a esta o seu fim. Vive, pois, agora na satisfação do fim alcançado, entrega-se ao hábito, onde já não existe vitalidade alguma, e caminha assim para a sua morte natural. Pode ainda vegetar durante muito tempo. Agita-se; mas tal agitação é apenas a dos interesses particulares dos indivíduos, e não já o interesse do próprio povo. A vida perdeu o seu máximo e supremo interesse; pois o interesse só existe onde há oposição.

A morte natural do espírito do povo pode mostrar-se como anulação política. É o que chamamos o costume [68]. O relógio tem corda e continua a andar por si mesmo. O costume é uma ação sem oposição, à qual só resta a duração formal e em que a plenitude e a profundidade do fim já não precisam de se expressar – é, por assim dizer, uma existência externa, sensível, que já na coisa não mergulha. Assim morrem os indivíduos, assim perecem os povos de morte natural; ainda que os últimos continuem a existir, é já uma existência sem interesse, sem vitalidade, sem sentir a necessidade das suas instituições, justamente porque tal necessidade está satisfeita – uma nulidade política e o tédio político. O negativo não aparece então como cisão, luta; assim, por exemplo, nas antigas cidades imperiais, que sucumbiram inocentemente, sem saberem como tal lhes aconteceu. Numa morte assim, um povo pode achar-se muito bem, embora tenha saído da vida da Ideia. Serve então de material a um princípio superior, torna-se província de um outro povo em que vigora um princípio mais elevado. Mas o princípio a que um povo chegou é algo efetivamente real; mesmo que ele encontre no costume a sua morte, no entanto, enquanto algo de espiritual, não pode morrer, mas abre caminho para algo de superior. A caducidade pode comover-nos, mas, olhada com profundidade, reconhecemo-la como necessária na Ideia superior do espírito. Com efeito, o espírito está de tal maneira posto que ele realiza assim o seu fim último absoluto; e, portanto, devemos reconciliar-nos com a sua caducidade.

O espírito de um povo particular está sujeito à transitoriedade, declina, perde a sua significação para a história universal, deixa de ser o portador do conceito supremo que o espírito de si mesmo concebeu. Pois é sempre o povo no tempo e o que governa, o que concebeu o conceito supremo do espírito. Pode acontecer que subsistam povos de conceitos não tão elevados; mas ficam de lado na história universal.

Porém, visto que o povo é um universal, um género, surge uma ulterior determinação. O espírito do povo, enquanto género, existe por si; aqui reside a possibilidade de que o universal, que há neste existente, apareça como o oposto. O seu negativo manifesta-se [69] nele mesmo; o pensar eleva-se acima da ação imediata. E a sua morte natural afigura-se assim também como um suicídio. Observamos, deste modo, por um lado, a decadência que o espírito do povo para si prepara. A manifestação da morte tem figuras distintas, a saber, a ruína parte de dentro, os apetites soltam-se, a singularidade busca a sua satisfação e o espírito substancial fica atrás e destrói-se. Os interesses particulares apoderam-se das forças e faculdades que antes estavam consagradas ao todo. Assim o negativo, como ruína a partir de dentro, parece particularizar-se. Costuma associar-se a tal um poder externo, que tira ao povo a posse da dominação e faz que ele deixe de ser povo. Mas este poder pertence só ao fenómeno; nenhuma força pode prevalecer contra o espírito do povo ou destruí-lo, se ele não está exânime em si mesmo e morreu.

Porém, o que se segue ao momento da caducidade é que certamente a vida sucede à morte. Poderia aqui recordar-se a vida na natureza e como os rebentos caem e outros brotam. Mas, na vida espiritual, é diferente o que acontece. A árvore é perene, suscita rebentos, folhas, produz frutos e começa sempre de novo. A planta anual não sobrevive ao seu fruto; a árvore pode em si durar decénios, mas, apesar de tudo, também morre. A ressurreição na natureza é apenas a repetição de uma e mesma coisa; é a história aborrecida sempre com o mesmo ciclo. Debaixo do Sol nada de novo acontece. Mas com o sol do espírito é diferente. O seu curso e movimento não é uma autorrepetição, mas a sua aparência mutável, que o espírito para si faz, em criações sempre diferentes, é essencialmente um progresso. Isto expõe-se de tal modo na dissolução do espírito do povo pela negatividade do seu pensar que o conhecimento, a conceção pensante do ser, é fonte e lugar de nascimento de uma nova forma e, sem dúvida, de uma forma superior num princípio, em parte conservador, em parte transfigurador. Com efeito, o pensamento é o universal, o género que não morre, que permanece igual a si mesmo. A figura determinada do espírito não se desvanece de um modo puramente [70] natural no tempo, mas suprime-se na atividade espontânea da autoconsciência. Porque tal supressão é uma atividade do pensamento, é ao mesmo tempo conservação e transfiguração. – Deste modo, ao abolir, por um lado, a realidade, a consistência do que ele próprio é, o espírito ganha simultaneamente a essência, o pensamento, o universal do que ele apenas foi. O seu princípio já não é o imediato conteúdo e fim, como ele fora, mas a essência do mesmo.

Porque temos de expor a transição de um espírito do povo para outro, deve observar-se que o Espírito universal em geral não morre, mas, como espírito do povo que pertence à história universal, tem de chegar a saber o que é a sua obra e, para tal, tem de pensar-se. Este pensar, esta reflexão, já não tem respeito algum perante o imediato, que ele conhece como um espírito particular; surge uma separação entre o espírito subjetivo e o universal. Os indivíduos recuam para si mesmos e aspiram aos seus próprios fins; já observámos que a ruína do povo consiste em cada qual estabelecer para si os seus próprios fins, segundo as suas paixões. Ao mesmo tempo, porém, no retraimento do espírito em si, sobressai o pensar como realidade especial e surgem as ciências, pelo que as ciências e a ruína, a decadência de um povo, vão sempre par a par.

Mas aqui reside o começo de um princípio superior. A cisão contém, traz consigo, a necessidade da união, porque o espírito é uno. É vivo e suficientemente forte para produzir a unidade. A oposição em que o espírito entra com o princípio inferior, a contradição, leva ao princípio superior. Os Gregos, no seu período florescente, na sua serena eticidade, não tinham o conceito da liberdade universal; tinham, sem dúvida, o kaqhkon, o decente, mas não uma moralidade ou consciência moral. A moralidade, o retorno do espírito a si, a reflexão, a fuga do espírito para dentro de si, não existia; tal só começou com Sócrates. Logo que a reflexão apareceu e o indivíduo se retirou para si e se separou dos costumes, para viver em si e segundo as suas próprias determinações [71], surgiu a ruína, a contradição. Mas o espírito não pode permanecer na oposição, busca uma união, e na união reside o princípio superior. Este processo de proporcionar ao espírito o seu Si mesmo, o seu conceito, é a história. A cisão contém, pois, o elemento superior da consciência; mas tal elemento superior tem também ainda uma vertente que não entra na consciência. Em seguida, a oposição só pode ser acolhida na consciência quando já existe o princípio da liberdade pessoal.

O resultado deste processo é, pois, que o espírito, ao objetivar-se e ao pensar o seu ser, destrói, por um lado, a determinidade do seu ser, por outro, apreende o seu universal e, deste modo, confere ao seu princípio uma nova determinação. Alterou-se assim a determinidade substancial deste espírito do povo, isto é, o seu princípio transfundiu-se num outro princípio e, claro está, superior.

O mais importante, a alma e o excelente na conceção e compreensão filosófica da história é ter e conhecer o pensamento desta transição. Um indivíduo percorre enquanto tal diferentes estádios na formação, permanecendo o mesmo indivíduo; e igualmente um povo, até à fase que constitui a fase universal do seu espírito. Neste ponto reside a necessidade interna, a necessidade conceptual da variação. Mas a impotência da vida revela-se – e já a tal aludimos – na cisão entre o que começa e o que é resultado. Assim também na vida dos indivíduos e dos povos. O espírito de um povo determinado é apenas um indivíduo no curso da história universal. A vida de um povo faz amadurecer o seu fruto; com efeito, a sua atividade visa realizar o seu princípio. Mas este fruto não cai no regaço em que se formou; o povo não consegue saboreá-lo; pelo contrário, torna-se para ele uma poção amarga. Não pode a ele renunciar porque tem do mesmo uma sede infinita, mas o preço da poção é a sua aniquilação, é ao mesmo tempo, porém, o nascer de um novo princípio. O fruto torna-se mais uma vez semente, mas a semente de um outro povo, que a há de levar à maturação.

O espírito é essencialmente resultado da sua atividade. A sua [72] atividade é ir além da imediatidade, é a negação do imediato e o retorno a si.

O espírito é livre; e tornar-se efetivamente esta sua essência, alcançar esta excelência, é a aspiração do Espírito universal na história do mundo. Saber-se e conhecer-se é a sua ação, que não se leva a cabo de uma só vez, mas por fases. Cada novo espírito de um povo é uma nova fase na conquista do Espírito universal, para a obtenção da sua consciência, da sua liberdade. A morte do espírito de um povo é transição para a vida e, certamente, não como na natureza, onde a morte de uma coisa chama à existência outra coisa igual. Mas o Espírito universal ascende desde as determinações inferiores aos princípios e conceitos superiores de si mesmo, até às manifestações mais desenvolvidas da sua ideia.

Importa, pois, tratar aqui do fim último que a humanidade tem e que o Espírito se propõe alcançar no mundo e para cuja realização ele é impelido com infinita e absoluta força. As determinações acerca deste fim último conectam-se com o que anteriormente se rememorou a respeito do espírito do povo. Afirmou-se que o espírito com nada mais pode lidar do que consigo mesmo. Nada existe de mais elevado do que o espírito, nada mais digno de ser o seu objeto. O espírito não pode repousar nem ocupar-se de mais nenhuma coisa até saber o que é. Este é, sem dúvida, o pensamento geral e abstrato, e há um abismo profundo entre este pensamento, do qual dizemos que é o supremo e único interesse do espírito, e aquele que constitui, a partir do que vemos na História, o interesse dos povos e dos indivíduos. Na visão empírica, divisamos fins e interesses particulares que durante séculos ocuparam os povos; pense-se, por exemplo, no antagonismo entre Roma e Cartago. E é preciso saltar um abismo profundo até chegar a conhecer, nos fenómenos da história, o pensamento que por nós foi aduzido como interesse essencial. Embora a oposição entre os interesses que primeiro aparecem e o interesse que se mencionou como o interesse absoluto do espírito só [73] mais tarde se irá discutir, é fácil ao menos apreender o pensamento geral do conceito, segundo o qual o espírito livre se refere necessariamente a si mesmo, já que é espírito livre; de outro modo, seria dependente e não livre. Se, pois, se determina a meta de modo que o espírito chegue à consciência de si mesmo ou faça o mundo em conformidade consigo – ambas as coisas são, com efeito, idênticas –, pode dizer-se que o espírito se apropria da objetalidade ou, inversamente, que o espírito suscita de si próprio o seu conceito, o objetiva e, deste modo, se torna o seu próprio ser; na objetalidade, torna-se consciente de si mesmo, para ser bem-aventurado: onde a objetalidade corresponde à exigência interior, aí existe a liberdade – portanto, ao determinar-se a meta, a progressão obtém a sua determinação mais exata, a saber, segundo o aspeto de que não se considera como um simples aumento. Podemos logo acrescentar que, ao falar da nossa consciência habitual, admitimos também que a consciência tem de percorrer estádios de formação para conhecer a sua essência.

A meta da história universal é, pois, que o espírito chegue a saber o que é verdadeiramente e torne objetivo este saber, o realize num mundo presente, se produza objetivamente a si mesmo. O essencial é que esta meta é algo de produzido.

O espírito não é uma coisa natural, como o animal; este é como é, imediatamente. O espírito é o que se produz, converte-se no que é. Por isso, a sua configuração primeira, para ser real, é apenas autoatividade. O seu ser é atuosidade, não é uma existência em repouso, mas o ter-se produzido, ter para si evolvido, ter-se feito por si próprio. Para que o espírito seja verdadeiramente, há que ter-se a si mesmo produzido; o seu ser é o produto absoluto. Este processo, que é uma mediação de si consigo por meio de si mesmo, não mediante outro, implica que o espírito tem momentos distintos, contém em si movimentos e variações, ora está determinado assim, ora de outro modo. Neste processo contêm-se, pois, essencialmente, fases e a história universal é a exibição do processo divino, da série de estádios em que o espírito se sabe e realiza a si mesmo, e também a sua verdade. São todas [74] fases do autoconhecimento; o mandamento supremo, a essência do espírito é conhecer-se a si mesmo, saber-se e produzir-se como o que é. Tal mandamento cumpre-o na história universal; produz-se a si mesmo em formas determinadas e tais formas são os povos na história do mundo. São produtos, cada um dos quais expressa um estádio particular, e caracterizam assim épocas na história universal. Numa conceção mais profunda: são os princípios que o espírito descobriu por si e que é forçado a realizar. Há neles, portanto, uma conexão essencial, que nada mais exprime do que a natureza do espírito.

A história universal é a exibição do processo divino e absoluto do Espírito, nas suas formas supremas; é a exibição da série de estádios através dos quais ele alcança a sua verdade, a autoconsciência acerca de si. As configurações destes estádios são os espíritos dos povos históricos, as determinidades da sua vida ética, da sua constituição, da sua arte, da sua religião e da sua ciência. Realizar tais estádios é o impulso infinito do Espírito universal, o seu ímpeto irresistível; com efeito, esta articulação, bem como a sua realização, é o seu conceito. – A história universal mostra somente como o espírito chega paulatinamente à consciência e à vontade da verdade. O espírito alvorece, encontra pontos capitais e chega, por fim, à consciência plena. Já antes explicámos o fim último desta progressão. Os princípios dos espíritos dos povos numa série necessária de estádios são apenas momentos do único Espírito universal, que por meio deles se eleva e se integra, ao longo da história, numa totalidade que a si mesma se apreende.

A esta intuição de um processo, pelo qual o espírito realiza o seu escopo na história, opõe-se uma representação muito difundida do que é o ideal e de qual a relação que ele tem com a realidade. Nada é mais frequente e usual do que ouvir o lamento de que os ideais se não podem realizar na realidade efetiva – quer sejam ideais de fantasia ou da razão os que se impõem – e, em particular, os ideais da juventude são reduzidos a sonhos pela fria realidade efetiva. Estes ideais, que na viagem da vida se desmoronam nos escolhos da dura realidade [75], só podem ser, em primeiro lugar, apenas subjetivos e pertencem à individualidade do singular que a si mesmo se considera o que há de mais elevado e sagaz. Tais ideais não vêm agora aqui a propósito. Com efeito, o que o indivíduo para si é na sua singularidade não pode ser lei para a realidade efetiva universal, da mesma maneira que a lei universal não é apenas para os indivíduos singulares, os quais podem nela ser deixados para trás. Pode certamente acontecer que tais ideais se não realizem. O indivíduo forja para si muitas vezes representações de si mesmo, de altos propósitos e feitos magníficos que quer levar a cabo, da importância que ele próprio tem, que com justiça pode reclamar e que serve para a salvação do mundo. Quanto a tais representações, devem permanecer no seu lugar. Podem acerca de si sonhar-se muitas coisas que nada mais são do que representações exageradas do próprio valor; pode também acontecer que o indivíduo seja injustamente tratado; mas isso em nada afeta a história universal, à qual os indivíduos servem como meios da sua progressão.

Mas por ideais entendem-se também os ideais da razão, as ideias do bem, da verdade, do melhor no mundo, ideias que têm a exigência da sua satisfação; se tal satisfação não ocorrer considera-se tal uma injustiça objetiva. Poetas como Schiller expressaram de um modo sensível e sereno a sua dor a este respeito. Se, pois, afirmamos em contrapartida que a razão universal se realiza, não nos referimos então ao indivíduo empírico.

Com efeito, este pode ser melhor ou pior, porque aqui o acaso, a particularidade obtém do conceito o poder de exercitar o seu enorme direito. Pode, porém, imaginar-se, em relação às coisas particulares, que há no mundo muitas que são injustas. Haveria, por conseguinte, muito que censurar nas singularidades do fenómeno, mas aqui não se trata do empiricamente particular, que está entregue ao acaso e, através da censura, fornecer a opinião da sua pretensa sabedoria, do bom propósito. Esta censura subjetiva, que apenas tem diante de si o indivíduo e a sua deficiência, sem nele conhecer a razão universal, é fácil e pode gabar-se e pavonear-se fortemente porque traz a garantia da boa intenção em prol do bem do todo [76] e proporciona a si a aparência de bom coração. Nos indivíduos, nos Estados, na condução do mundo, é mais fácil discernir os defeitos do que o verdadeiro conteúdo. Na censura negativa permanece-se com um ar altaneiro e superior sobre a coisa, sem se adentrar por ela, isto é, sem a ter compreendido, sem ter captado o que ela tem de positivo. A censura pode decerto ser fundamentada; só que é muito mais fácil descobrir o deficiente do que o substancial (por exemplo, nas obras de arte). Os homens julgam muitas vezes que já fizeram tudo, quando descobriram o que com razão é censurável; têm, sem dúvida, razão em censurar, mas também não têm razão por desconhecerem o elemento afirmativo da coisa. É um sinal da máxima superficialidade achar por toda a parte o mau, sem nada aí ver de afirmativo e autêntico. A idade, em geral, torna-nos moderados, a juventude está sempre descontente; na velhice, o que faz tal é a maturidade do juízo, que não só consente no mau por desinteresse, mas, instruída mais profundamente pela seriedade da vida, foi encaminhada para o substancial, a solidez das coisas; não é uma benevolência, mas justiça.

Porém, no tocante ao verdadeiro ideal, à ideia da própria razão, o discernimento a que a filosofia deve levar é que o mundo efetivamente real é como deve ser, e que a vontade racional, o bem concreto, é de facto o mais poderoso, o poder absoluto que se realiza. O verdadeiro bem, a razão divina universal, é também o poder de a si mesmo se realizar. Este bem, esta razão na sua representação mais concreta é Deus. O que chamamos Deus é o bem, não simplesmente como ideia em geral, mas como uma eficácia. O discernimento da filosofia é que nenhuma força vai além do poder do bem, de Deus, que o impeça de se impor; é que Deus tem sempre razão e a história universal nada mais representa do que o plano da Providência. Deus governa o mundo; o conteúdo do seu governo, o cumprimento do seu plano é a história universal; apreender semelhante plano é a tarefa da filosofia da história universal e o seu pressuposto é que o ideal se realiza, que somente tem realidade efetiva o que se ajusta à ideia. Perante a luz pura da Ideia divina [77], que não é um simples ideal, desvanece-se a ilusão de que o mundo constitua um louco e insensato acontecer. A filosofia quer conhecer o conteúdo, a realidade efetiva da ideia divina e justificar a realidade menosprezada. A razão é efetivamente a perceção da obra divina.

O que habitualmente se chama realidade efetiva é considerada pela filosofia como algo de corrupto, que pode decerto aparecer, mas em si e por si não é real. Semelhante discernimento contém o que se pode chamar a consolação face à representação da infelicidade absoluta, da loucura do que aconteceu. Contudo, tal consolação é apenas o substituto de um mal que não deveria ter acontecido, e o seu lar é o finito. A filosofia não é, pois, uma consolação; é mais do que isso: reconcilia e transfigura o real, que se afigura injusto, em racional, apresenta-o como aquilo que está fundado na própria Ideia e com isso a razão se deve satisfazer. Com efeito, na razão está o divino. O conteúdo subjacente à razão é a Ideia divina e é essencialmente o plano de Deus. Considerada como história universal, a razão não é na vontade do sujeito igual à Ideia, mas apenas a eficácia de Deus é igual à Ideia. Na representação, porém, a razão é a perceção da Ideia; já no plano etimológico é a perceção do que foi expresso (logos) – e, claro está, do verdadeiro. A verdade do verdadeiro – é o mundo criado. Deus fala; exprime-se apenas a si mesmo e é o poder de se expressar, de se fazer percetível. É a verdade de Deus, a cópia de Deus, é o que se percebe na razão. A filosofia diz, pois, que o vazio não é ideal algum, mas apenas o que é efetivamente real – que a Ideia se faz percetível.

Ora a questão imediata pode ser esta: que meios utiliza ela? Eis o segundo problema que aqui se deve considerar.

b) [Os meios da realização]

A questão dos meios, pelos quais a liberdade se produz para um mundo, leva-nos ao fenómeno da própria história. Se a liberdade enquanto tal é, antes de mais, o conceito interno, então os meios são, em contrapartida [78], algo de externo; são o aparente, que se expõe na história como o que surge imediatamente diante dos nossos olhos. A imediata visão da história, porém, mostra-nos as ações dos homens, que emanam das suas necessidades e paixões, dos seus interesses, das suas representações e dos fins que subsequentemente para si forjam, dos seus carateres e talentos; e, claro está, de tal modo que neste espetáculo de atividade surgem como móbiles apenas as necessidades, as paixões, os interesses, etc. Sem dúvida, os indivíduos querem, em parte, fins mais universais, um bem, mas pretendem-no de modo tal que este bem é de natureza restrita, por exemplo, o nobre amor da pátria, e até de uma região que se encontra numa relação insignificante com o mundo e com a meta universal do mundo, ou o amor à sua família, aos amigos – a probidade em geral. Em suma, têm aqui lugar todas as virtudes; nelas podemos ver realizada a determinação da razão nos próprios sujeitos e no círculo da sua ação. Mas são indivíduos particulares, que se encontram em escassa proporção com a massa do género humano – porquanto devemos compará-los, enquanto singulares, aos restantes indivíduos; de modo análogo, o âmbito da presença que as suas virtudes têm é relativamente de pouca extensão. Mas as paixões, os fins do interesse particular, a satisfação do egoísmo são, em parte, o que há de mais poderoso. Têm o seu poder no facto de não respeitarem nenhuma das limitações que o direito e a moralidade lhes querem pôr e no facto de a violência natural da paixão estar muito mais próxima do homem do que a disciplina artificial e lenta da ordem e da moderação, do direito e da moralidade.

Se olharmos o espetáculo das paixões e fixarmos os nossos olhos nas consequências históricas da sua violência, da irreflexão que as acompanha não só a elas mas também e até de preferência aos bons propósitos e retos fins, se considerarmos o mal, a perversidade e a decadência dos mais florescentes impérios que o espírito humano produziu, se olharmos [79] os indivíduos com a mais profunda compaixão pela sua indizível miséria, podemos apenas acabar por lamentar com tristeza esta caducidade e – já que esta decadência é não só obra da natureza, mas da vontade dos homens – com dor também moral, com a indignação do bom espírito, se é que tal em nós existe. Sem exagero retórico, com a simples compilação correta da desgraça que sofreu o que há de mais esplêndido nas configurações dos povos e dos Estados, bem como nas virtudes privadas, ou pelo menos a inocência, pode elevar-se aquela consequência ao mais pavoroso quadro e intensificar-se o sentimento até à mais profunda e inconsolável dor que nenhum resultado compensador foi capaz de contrapesar; e para nos fortificarmos contra semelhante dor ou a ela nos esquivarmos, é que importa pensar: foi assim, é um destino, nada há a alterar. E, em seguida, do tédio que esta dolorosa reflexão nos pode causar, retirar-nos-íamos para o nosso sentimento vital, para o presente dos nossos fins e interesses que exigem não a dor pelo passado, mas a nossa atividade – e também para o egoísmo, que permanece na margem mais tranquila e a partir dali saboreia em segurança o espetáculo longínquo, a mais confusa das ruínas. Porém, ao contemplarmos a história como o açougue em que foram sacrificadas a felicidade dos povos, a sabedoria dos Estados e a virtude dos indivíduos, surge sempre necessariamente ao pensamento a pergunta: a quem, a que fim último foi oferecido este enorme sacrifício? Aqui se levanta habitualmente o problema daquilo que constituiu o começo geral da nossa consideração; a partir deste começo, referimo-nos aos acontecimentos que proporcionam tal quadro ao nosso sentimento melancólico e à nossa reflexão, e determinámo-los como o campo em que apenas queremos ver os meios para o que afirmamos ser a determinação substancial, o fim último absoluto ou, o que é a mesma coisa, o verdadeiro resultado da história universal. Desde o início [80], desdenhamos em geral empreender o caminho da reflexão que, daquela imagem do particular, nos elevasse ao universal; além disso, o interesse da reflexão sentimental, em rigor, também não consiste em elevar-se verdadeiramente acima de tais visões e dos sentimentos correspondentes nem em resolver de facto os enigmas da Providência, que se nos propõem naquelas considerações, mas antes em comprazer-se melancolicamente nas vãs e infrutíferas sublimidades de tal resultado negativo. Regressemos, pois, à posição que tínhamos adotado; e os momentos, que a seu respeito pretendemos aduzir, conterão igualmente as determinações essenciais para responder às perguntas que daqueles quadros possam surgir.

O primeiro que advertimos é que aquilo que denominamos princípio, fim último, determinação, ou o que o espírito em si é, a sua natureza, o seu conceito – é apenas algo de universal e de abstrato. O princípio, a lei é algo de universal e interno que, como tal, por verdadeiro que em si seja, não é de todo efetivamente real. Os fins, os princípios, existem nos nossos pensamentos só na intenção interna ou também nos livros, mas ainda não na realidade efetiva; ou o que só é em si constitui uma possibilidade, uma potência, mas não passou ainda da sua interioridade à existência. Tem de ocorrer um segundo momento para a sua realidade efetiva, e tal momento é a atuação, a realização, cujo princípio é a vontade, a atividade dos homens no mundo em geral. Só graças a esta atividade é que se realizam os conceitos e as determinações em si existentes.

As leis e os princípios não vivem e não vigoram imediatamente por si mesmos. A atividade que os põe em obra e no ser-aí é a necessidade, o impulso do homem e, além disso, a sua inclinação e paixão. Para que eu leve algo ao ato e [81] ao ser-aí, é necessário que tal me importe; devo estar nele, quero satisfazer-me com a execução – deve constituir o meu interesse. "Interesse" quer dizer: ser nele, estar junto dele; um fim pelo qual tenho de trabalhar deve de algum modo ser também fim meu; devo nele satisfazer ao mesmo tempo o meu fim, embora o fim em vista do qual trabalho tenha ainda muitos outros aspetos que nada me interessam. Eis o direito infinito do sujeito, o segundo momento essencial da liberdade: que o sujeito encontre a sua satisfação própria numa atividade, num trabalho; e se os homens devem interessar-se por algo têm de nele poder atuar, isto é, exigem que o interesse seja o seu próprio interesse, querem ter-se a si mesmos nele e aí encontrar o seu próprio sentimento de si. Há que evitar aqui um mal--entendido: censura-se, diz-se num mau sentido, e com razão, de um indivíduo, que ele é em geral interessado por si – isto é, que busca apenas o seu proveito privado, ou seja, este proveito privado isolado, busca somente as suas coisas, sem disposição de ânimo em prol do fim universal, em cuja ocasião ele busca o seu fim particular, em parte também contra esse fim universal e com atrofia, desvantagem e sacrifício seus. Quem, porém, trabalha por uma coisa não está apenas interessado em geral, mas encontra-se nela interessado. A linguagem expressa corretamente esta distinção. Por conseguinte, nada acontece, nada se leva a cabo sem que os indivíduos que em tal atuam se satisfaçam também a si mesmos – a si: são indivíduos particulares, quer dizer, têm necessidades e impulsos particulares a eles peculiares, embora comuns com outros, ou seja, os mesmos, não diferentes, quanto ao conteúdo, que os outros interesses em geral. Entre estes encontra-se não só o da própria necessidade e vontade, mas também o do próprio discernimento e convicção, ou, pelo menos, o da opinião e da crença próprias; se aliás a necessidade do raciocínio [82], do entendimento e da razão já despertou. Os homens exigem então que, se têm de trabalhar por uma causa, esta lhes agrade, exigem em geral estar nela com a sua opinião, convicção acerca da bondade da coisa, da sua legitimidade, da sua utilidade, da vantagem para eles próprios, etc. Este é, em particular, um momento essencial da nossa época em que os homens são pouco atraídos para algo por assentimento e autoridade, mas querem consagrar a parte da sua atividade a uma coisa com o seu próprio entendimento, com a sua convicção e opinião autónomas.

Na história universal, temos a ver com a Ideia, tal como se exterioriza no elemento da vontade humana, da liberdade do homem, pelo que a vontade se torna a base abstrata da liberdade, mas o produto é o integral ser determinado ético de um povo. O primeiro princípio da Ideia nesta forma é, como se afirmou, a própria Ideia, em abstrato; o outro é a paixão humana. Ambos constituem a trama e o fio do tapete da história universal. A Ideia como tal é a realidade efetiva; as paixões são o braço com que ela se estende. São estes os extremos; o meio que os une e em que ambos competem é a liberdade moral. Objetivamente consideradas, a Ideia e a individualidade particular encontram-se na grande oposição da necessidade e da liberdade. É a luta do homem contra o fado. Não tomamos, porém, a necessidade enquanto necessidade externa do destino, mas como a da Ideia divina e pergunta-se: como se conciliará esta alta Ideia com a liberdade humana? A vontade do indivíduo é livre se ele, abstrata e absolutamente, em si e por si, pode estabelecer o que quer. Como consegue então o universal, o racional em geral, ser determinante na história? Esta contradição não pode aqui elucidar-se de um modo inteiramente pormenorizado. Mas pense-se no seguinte.

A chama consome o ar e é alimentada pela lenha. O ar é a única condição para o crescimento das árvores; a lenha, ao atuar para consumir o ar por meio do fogo, luta contra si mesma e contra a própria fonte; e, no entanto, o oxigénio subsiste no ar e as árvores não cessam de reverdecer. Assim também, se alguém quer construir uma casa, isso depende do seu arbítrio [83], mas os elementos devem todos ajudá-lo. E, no entanto, a casa existe para proteger os homens contra os elementos. Estes são, pois, utilizados contra si mesmos; mas a lei universal da natureza nem por isso é destruída. A construção de uma casa é, antes de mais, um fim e propósito interno. A ele contrapõem-se, enquanto meios, os elementos particulares, como o material, o ferro, a madeira e a pedra. Os elementos são empregues para trabalhar os metais: o fogo, para fundir o ferro, o ar para atiçar o fogo, a água para pôr em movimento as rodas, cortar a madeira, etc. O resultado é que o ar, que cooperou, é retido pela casa, bem como as águas da chuva e a perniciosidade do fogo, na medida em que a casa é incombustível. As pedras e as vigas obedecem à gravidade, propendem a mergulhar na profundidade, e por meio delas erigem-se altas paredes. Os elementos são, pois, usados segundo a sua natureza e cooperam num produto pelo qual são limitados. De igual modo se satisfazem as paixões, realizam-se a si mesmas e também os seus fins em conformidade com a sua determinação natural e produzem o edifício na sociedade humana em que proporcionaram ao direito, à ordem, o poder contra eles. Na vida quotidiana, vemos que existe um direito que nos protege, e tal direito dá-se por si mesmo, é um modo substancial de ação dos homens que, muitas vezes, está dirigido contra os seus interesses e fins particulares. Em cada caso singular, os homens lutam pelos seus fins particulares contra o direito universal; agem livremente; mas nem por isso se obnubila o solo universal, o substancial, o direito. Assim sucede também na ordem universal; as paixões são aqui um ingrediente e o racional o outro. As paixões são o elemento ativo. De nenhum modo são sempre opostas à eticidade, mas realizam o universal. No tocante ao caráter moral das paixões, tendem decerto ao próprio interesse e, por isso, parecem ser, por um lado, más e egoístas. No entanto, o ativo é sempre individual: no agir, eu sou eu; é o meu fim que tento cumprir. Mas este pode ser um fim bom, um fim universal. O interesse pode, sem dúvida, ser um interesse inteiramente particular [84], mas daí não se segue que seja contrário ao universal. O universal deve ingressar na realidade efetiva mediante o particular.

A paixão considera-se como algo que não é bom, que é mais ou menos mau: o homem não deve ter paixões. "Paixão" não é também a palavra adequada para o que aqui pretendo expressar. Refiro-me aqui, em geral, à atividade do homem impulsionada por interesses particulares, por fins especiais ou, se se quiser, por propósitos egoístas, e de modo tal que estes põem toda a energia da sua vontade e caráter em tais fins, sacrificando-lhes os outros que também podem ser fins ou, antes, tudo o mais. Este conteúdo particular está tão unido à vontade do homem que constitui toda a sua determinidade e é dela inseparável; ele é assim o que é. O indivíduo é, como tal, algo que existe, não é o homem em geral, pois este não existe, mas um homem determinado. O caráter expressa igualmente a determinidade da vontade e da inteligência. Mas o caráter compreende em geral em si todas as particularidades, os modos da conduta nas relações privadas, etc., e não é a determinidade enquanto posta na efetividade e na atividade. Portanto, quando disser "paixão", entenderei por ela a determinidade particular do caráter, porquanto as determinidades da vontade não têm apenas um conteúdo privado, mas são o elemento impulsionador e ativo dos atos universais. Aqui não se fala de propósitos no sentido de uma interioridade impotente, com a qual se desorientam carateres fracos e se parem ratos.

Dizemos, portanto, que nada se produziu sem o interesse daqueles cuja atividade cooperou; e se chamarmos paixão a um interesse, na medida em que a individualidade inteira se entrega, com postergação de todos os demais interesses e fins múltiplos que se tenham e possam ter, se fixa num objeto com todos os veios inerentes do querer e concentra neste fim todas as suas necessidades e forças, devemos então dizer em geral que nada de grande se realizou no mundo sem paixão. A paixão é o lado [85] subjetivo, e portanto formal, da energia do querer e da atividade – cujo conteúdo ou fim é ainda indeterminado – tanto na própria convicção, como no próprio discernimento e consciência. Interessa então que conteúdo tem a minha convicção, e igualmente que fim possui a paixão, se um ou outro é de natureza verdadeira. Mas, inversamente, se ele é tal, então, para que ingresse na existência e seja efetivo, faz-lhe falta o momento da vontade subjetiva, no qual se compreende tudo isto: a necessidade, o impulso, a paixão, e ainda o discernimento próprio, a opinião e a convicção.

Desta elucidação sobre o segundo momento essencial da realidade efetiva histórica de um fim em geral depreende-se que, se de passagem nos fixarmos no Estado, segundo este aspeto, um Estado está bem constituído e é forte em si mesmo quando o interesse privado do cidadão está unido ao seu fim geral e um encontra no outro a sua satisfação e realização – eis uma proposição sumamente importante por si. No Estado, porém, são necessárias muitas organizações, descobertas de instituições adequadas, mas com longas lutas do entendimento, até ele chegar à consciência do que é conforme ao fim; e são igualmente necessárias lutas com os interesses e as paixões particulares, e uma difícil e longa educação sua para que se alcance a unificação dos fins. O momento de semelhante unificação constitui, na sua história, o período do seu florescimento, da sua virtude, da sua força e da sua felicidade. Mas a história universal não começa com qualquer fim consciente – como acontece em círculos particulares dos homens, em que o impulso simples da sua convivência tem já o fim consciente da garantia da sua vida e propriedade; em seguida, levada a cabo semelhante convivência, tal fim determina-se mais precisamente a conservar a cidade de Atenas, de Roma, etc., e a tarefa mostra-se cada vez mais determinada com cada dificuldade ou necessidade que surge. A história universal começa com o seu fim geral de que o conceito de Espírito [86] seja satisfeito só em si, isto é, como natureza – eis o impulso interno, mais íntimo e inconsciente. E todo o empreendimento da história universal consiste, como já se lembrou, no trabalho de o trazer à consciência. Apresentando-se assim na figura do ser natural, da vontade natural, o que se chamou o lado subjetivo, a necessidade, o impulso, a paixão, o interesse particular, como também a opinião e a representação subjetiva, existe por si mesmo. Esta imensa massa de vontades, interesses e atividades são os instrumentos e meios do Espírito universal para cumprir o seu fim – o elevar à consciência e o realizar; e este fim consiste unicamente em encontrar-se, em chegar a si mesmo e contemplar-se como realidade efetiva. Mas que as vitalidades dos indivíduos e dos povos, ao buscarem e satisfazerem o que é seu, constituam ao mesmo tempo os meios e os instrumentos de algo superior e mais amplo, de que nada sabem, que realizam inconscientemente, eis o que se poderia pôr em questão, e já o foi também, e de muitos modos foi também negado e difamado, desprezado, como fantasia, como filosofia. Mas, a tal respeito, já esclareci desde início e expressei o nosso pressuposto ou fé – o que também, segundo o já dito, será apenas resultado, e não tem aqui qualquer outra pretensão; segundo ela, a razão governa o mundo e, portanto, governou e governa igualmente a história universal. A este universal e substancial e em si e por si está subordinado tudo o mais, e lhe serve de meio. Mas, além disso, esta razão é imanente ao ser determinado histórico e nele e por ele se realiza.

A união do universal, do que é em si e por si em geral, e da singularidade, do subjetivo, a afirmação de que só ela é a verdade é uma tese de natureza especulativa e é tratada, na Lógica, nesta forma geral. Mas no próprio curso da história universal, como decurso apreendido ainda em progressão, o lado subjetivo, a consciência, nem sabe ainda qual é o puro e último fim [87] da história, o conceito do Espírito. Este não é justamente o conteúdo da sua necessidade e interesse; e, embora desprovido de consciência a tal respeito, o universal encontra-se, contudo, nos fins particulares e através dos mesmos se realiza. Uma vez que o lado especulativo deste nexo pertence, como se disse, à Lógica, não posso aqui fornecer nem desenvolver o seu conceito, isto é, torná-lo concebível, como se costuma dizer. Mas posso tentar, mediante exemplos, fazê-lo imaginável e mais claro.

Esse nexo implica que, na história universal e mediante as ações dos homens, surge algo mais do que o que eles se propõem e alcançam, do que eles imediatamente sabem e querem. Os homens realizam o seu interesse; mas suscita-se assim ainda algo mais, algo que reside no interior do que eles fazem, mas que não jazia na sua consciência e na sua intenção. Apresentemos como exemplo análogo o de um homem que, por vingança talvez justa, isto é, por causa de uma ofensa injusta, incendeia a casa de outro; sobressai já aqui uma relação entre o facto imediato e as circunstâncias, em si, porém, externas e que não pertencem àquele facto, tomado imediatamente por si mesmo. Este último, enquanto tal, consiste em manter, por exemplo, durante algum tempo, uma pequena chama num ponto minúsculo de uma viga. O que com isso ainda se não fez irá por si mesmo fazer-se; o ponto incendiado da viga está ligado aos outros pontos, a viga está unida à estrutura de toda a casa, e esta a outras casas; origina-se um grande incêndio que consome a propriedade de muitos outros homens, distintos do visado pela vingança, custa até a vida a muitos homens. Tudo isto não estava no ato imediato nem na intenção de quem iniciou semelhante coisa. A ação contém, ademais, ainda outra determinação geral: no escopo do agente, havia apenas uma vingança contra um indivíduo, mediante a destruição da sua propriedade. Mas, além disso, a ação é ainda um delito, e este implica o seu castigo [88]. Tal nem terá estado na consciência e, menos ainda, na vontade do autor; mas é o seu ato em si, o universal e o substancial do mesmo ato, que através dele foi realizado. – Neste exemplo deve justamente reter-se apenas o seguinte: na ação imediata pode residir algo mais do que na vontade e na consciência do agente. Além disso, este exemplo implica ainda que a substância da ação, e deste modo em geral a própria ação, se vira contra quem a levou a cabo; torna-se para ele um contragolpe que o abate, e anula a ação enquanto esta constitui um crime, restabelecendo o direito na sua vigência. Não temos de insistir neste aspeto do exemplo, aspeto que pertence ao caso especial – já disse também que eu apenas pretendia aduzir um exemplo análogo.

Quero, no entanto, indicar algo que, mais tarde, aparecerá no seu lugar e que, como propriamente histórico, contém a união do universal e do particular, a união de uma determinação por si necessária e de um fim aparentemente casual, uma forma mais peculiar e que essencialmente nos interessa. César, vendo-se em perigo de perder a posição – embora ainda não de preponderância, mas pelo menos de equilíbrio – a que se elevara junto dos que se encontravam à cabeça do Estado, achando-se, pois, em perigo de sucumbir perante aqueles que estavam em vias de se tornar seus inimigos, os quais, ao lado dos seus fins pessoais, tinham ademais a seu favor a constituição formal do Estado e, com ela, o poder da aparência jurídica, combateu-os, pois, com o interesse de a si mesmo se conservar e de manter a sua posição, honras e segurança; e a vitória sobre eles, por ser o seu poder a dominação sobre as províncias do império romano, constituía ao mesmo tempo a conquista de todo o império: César era assim o detentor individual do poder do Estado, mantendo-se a forma da constituição estatal. O que assim lhe conseguiu a realização do seu fim, primeiramente negativo, a hegemonia de Roma, foi ao mesmo tempo uma determinação necessária na história de Roma e do mundo, de maneira que ela não só foi um lucro particular seu, mas o seu [89] labor obedeceu a um instinto que realizou o que em si e por si se encontrava no tempo. São estes os grandes homens na história, cujos fins particulares contêm o substancial, a vontade do Espírito universal. Semelhante conteúdo é o seu verdadeiro poder; reside no instinto universal inconsciente dos homens. Estes sentem-se interiormente compelidos e não têm nenhum outro apoio para resistir àquele que empreendeu a execução de semelhante fim em seu interesse. Pelo contrário, os povos reúnem-se em torno da sua bandeira; ele mostra-lhes e realiza o que é o seu próprio impulso imanente.

O que um povo é – os momentos que nele se distinguem – pertence à universal manifestação; igualmente lhe pertence um outro princípio, a individualidade, e os dois inserem-se juntamente na realidade efetiva da Ideia. No povo, no Estado, importa a essência de ambas as vertentes, o modo da sua diferença e da sua união. Eis o processo vivo graças ao qual é viva a Ideia. A Ideia é primeiramente algo de interno e inativo, algo de não efetivamente real, algo de pensado e representado, é o interno no povo; e aquilo pelo qual o universal se torna ativo, se exterioriza, a fim de ser efetivamente real, é a atividade da individualidade, que põe o interno na realidade efetiva e torna o que falsamente se chama a realidade, a mera exterioridade, conforme à Ideia.

Nesta mera exterioridade pode incluir-se a própria individualidade, enquanto não é ainda espiritual ou não está educada; o indivíduo é tanto mais verdadeiramente indivíduo quanto com mais força, segundo a sua totalidade, está impresso no substancial e a Ideia nele impressa está. O que importa é esta relação do universal e da subjetividade, é que o interno se exteriorize na consciência do povo e que o povo tenha consciência do verdadeiro como ser eterno em si e por si, como essencial. Este desenvolvimento para consciência viva, graças ao qual se conhece o ser-em-si-e-para-si, não existe no seu reto modo, na forma da universalidade. Quando a vontade é apenas algo de interior e latente, é somente vontade natural e ainda não encontrou o racional. O justo, a disposição anímica [90] do justo enquanto tal, ainda para ela não existe. Só o saber dos indivíduos acerca do seu fim é a verdadeira moralidade. Importa conhecer o imóvel, o motor imóvel – como diz Aristóteles – que constitui o princípio do movimento nos indivíduos. Para que tal seja o motor, é necessário que o sujeito se tenha desenvolvido por si até se tornar livre peculiaridade. É necessário, pois, que este eterno imóvel chegue à consciência e, além disso, que os sujeitos individuais sejam por si livres e independentes. Assim como na história universal temos de considerar os povos que se desenvolveram de um modo autónomo, assim aqui consideramos os indivíduos no seu povo.

A Ideia tem em si mesma a determinação do saber-se a si mesma, da atividade. Por isso, como vida eterna de Deus, é em si mesma, por assim dizer, antes da criação do mundo, o nexo lógico. Falta-lhe ainda a forma do ser na imediatidade; é primeiramente o universal, o interno, o representado. Mas, em segundo lugar, a Ideia deve ir mais além e fazer justiça à oposição que, de início, nela só idealmente existe: ou seja, deve pôr a diferença. É a diferença entre a Ideia no seu modo livre e universal, no qual junto de si mesma permanece, e a Ideia como reflexão puramente abstrata em si. Quando a Ideia universal surge assim de um lado, determina o outro lado como formal ser-para-si, como liberdade formal, unidade abstrata da autoconsciência, como infinita reflexão em si, infinita negatividade: um Eu que se contrapõe a toda a realização como átomo, o máximo extremo da oposição, o contrário da integral plenitude da Ideia. A Ideia universal é, pois, plenitude substancial, por um lado, e o abstrato do livre arbítrio, por outro. Deus e tudo encontram-se cindidos e cada um se pôs como outro; mas o cognoscente, o Eu, está de tal modo que, para ele, também existe o outro. Se isto se desenvolver mais, encontra-se nele comida a criação de espíritos livres, do mundo, etc. Este outro, o átomo, que é ao mesmo tempo multiplicidade, é a finidade em geral. E por si somente exclusão do outro, que, por conseguinte, tem nele a sua fronteira, o seu limite, e é assim também finidade. Esta reflexão em si, a [91] autoconsciência individual, é o outro frente à Ideia em geral e, portanto, em absoluta finidade.

Mas este finito, o píncaro da liberdade, este saber formal, em relação à glória de Deus como Ideia absoluta que conhece o que deve ser, é o solo em que cai o momento espiritual do saber enquanto tal, por conseguinte, também a vertente do absoluto, da sua realidade embora apenas formal. A tarefa profunda da metafísica consiste em compreender o nexo absoluto desta oposição. Para o Eu, o outro é o divino, e assim existe a religião; mas, ademais, na figura do outro, como o mundo em geral, é o âmbito universal da finidade. O Eu é, neste âmbito, a sua própria finidade; concebe-se, segundo esta vertente, como finito e, deste modo, é o ponto de partida dos fins finitos, da manifestação. A reflexão em si, esta liberdade, é em geral abstratamente o momento formal da atividade da Ideia absoluta. O que a si mesmo se conhece quer-se, primeiro, a si mesmo em geral e quer-se em tudo; esta sua subjetividade, que a si mesma se conhece, deve existir em toda a objetividade. Tal é a certeza de si mesmo; e porque a subjetividade não tem outro conteúdo, tal deve chamar-se o impulso da razão – como também, na devoção, apenas importa que o sujeito seja salvo. O Eu não se quer primeiramente a si mesmo como ciente, mas como finito segundo a sua imediatidade, e esta é a esfera da sua manifestação. Quer-se segundo a sua particularidade. Tal é o ponto em que incidem as paixões, em que a individualidade realiza a sua particularidade. Se está em estado de realizar a sua finitude, duplicou-se; reconciliando-se deste modo o átomo e o seu outro, os indivíduos têm o que se chama felicidade. Diz-se feliz aquele que se encontra em harmonia consigo próprio. Pode também tomar-se a felicidade como ponto de vista na consideração da história; mas a história não é o terreno para a felicidade. As épocas de felicidade são nela páginas em branco. Na história universal também há, sem dúvida, satisfação; mas esta não é o que se chama felicidade: é a satisfação dos fins que estão acima dos interesses [92] particulares. Os fins que na história universal têm significado devem fixar-se com energia, mediante a vontade abstrata. Os indivíduos de importância na história universal, que perseguiram tais fins, satisfizeram-se, sem dúvida, mas não pretenderam ser felizes.

O momento da atividade abstrata deve considerar-se como o nexo, como o *medius terminus* entre a Ideia universal, que repousa no poço íntimo do espírito, e o exterior, como o que tira a Ideia da sua interioridade e a põe na exterioridade. A universalidade, ao exteriorizar-se, logo se individualiza. O interno por si seria algo de morto, de abstrato; mediante a atividade, torna-se algo de existente. Inversamente, a atividade eleva a objetividade vazia à manifestação da essência que existe em si e para si. Até aqui, considerámos um aspeto na cisão da Ideia; ela segrega-se na ideia e no átomo, mas átomo que se pensa. Este existe para outro, e o outro existe para ele; deve, pois, conceber-se em si como atividade, como infinita inquietude. Como um este, está colocado num lado, na ponta; mas é ao mesmo tempo também o imediato, ao qual incumbe introduzir tudo na matéria, no universal, e tudo daí extrair para que a vontade absoluta seja conhecida e realizada. Este infinito impulso da unidade, da redução da desunião, é o outro lado da cisão. O ponto de vista da finitude em geral consiste na atividade individual que traz o universal à existência, ao realizar as suas determinações. Um lado é aqui a atividade como tal, porquanto os indivíduos visam cumprir a sua vontade finita efetivamente real e obter a fruição da sua particularidade. Mas o outro lado é que aqui transparecem logo fins universais, o bem, o direito, o dever. Onde tal não acontece, temos o ponto de vista da brutalidade, do arbítrio; mas aqui vamos passá-lo por alto. Na universalização do particular é que reside a educação do sujeito em vista do que é ético, e é por seu intermédio que a eticidade chega à vigência. O universal nas particularidades é o bem particular em geral; o que existe como ético. A sua produção é somente uma conservação, já que conservar é sempre produzir, e não simplesmente duração morta [93]. Esta conservação, os costumes, o direito vigente – é algo de determinado, não o bem em geral, o abstrato. O dever exige a defesa desta pátria determinada, não de uma qualquer. Aqui reside a regra para a atividade ética dos indivíduos em geral; aqui se encontram os deveres e as leis que são do conhecimento de cada indivíduo; são o elemento objetivo na posição de cada qual. Com efeito, algo de tão vazio como o bem por mor do bem não tem em geral lugar na realidade efetiva viva. Quando se quer agir, não só se deve querer bem, mas também se deve saber se o bem é isto ou aquilo. O conteúdo bom ou mau, justo ou injusto, para os casos habituais de vida privada, está dado nas leis e nos costumes de um Estado. Não há grande dificuldade em sabê-lo.

O valor dos indivíduos funda-se, pois, na sua conformidade com o espírito do povo, no facto de serem representantes deste espírito e de partilharem, no interior de uma ordem, nos assuntos do todo. E a liberdade no Estado implica que tal dependa do arbítrio do indivíduo, e que não seja uma divisão por castas a determinar qual a função a que cada um se deve votar. A moralidade do indivíduo consiste, além disso, em cumprir os deveres da sua classe. E isto é fácil de saber: os deveres estão determinados pela classe. O substancial de semelhante relação, o racional, é conhecido; está expresso no que justamente se chama o dever. Indagar o que seja o dever constitui uma ruminação inútil; na inclinação para considerar o moral como algo dificultoso deve antes reconhecer-se a mania de se eximir aos seus deveres. Todo o indivíduo tem a sua classe e sabe em geral o que é um modo de conduta justo e honrado. Ter por difícil, nas condições ordinárias da vida privada, a escolha do justo e do bom e considerar como moralidade superior deparar nela com muitas dificuldades e escrúpulos é coisa que se deve atribuir antes à vontade má ou perversa, que busca subterfúgios para iludir os seus deveres, os quais não são difíceis de conhecer; ou deve pelo menos considerar-se como uma ociosidade do ânimo reflexivo ao qual uma vontade raquítica [94] não dá muito que fazer, e que portanto se entretém consigo e se entrega à complacência moral. A natureza de uma relação em que o moral é determinante consiste no que é substancial e no que o dever indica. A natureza da relação entre pais e filhos indica assim simplesmente o dever de se comportar em conformidade com ela. Ou na relação jurídica: se devo dinheiro a alguém, no tocante ao direito, devo agir segundo a natureza da coisa e devolver o dinheiro. Não há aqui qualquer dificuldade. A vida civil constitui o território do dever: os indivíduos têm profissão assinalada e, portanto, também o seu dever está indicado; e a sua moralidade consiste em comportar-se em conformidade com ele.

Por conseguinte, a união de ambos os extremos, a realização da Ideia universal na realidade efetiva imediata e a elevação da individualidade à verdade universal tem lugar, antes de mais, sob o pressuposto da diversidade e indiferença recíprocas de ambas as vertentes. Os sujeitos agentes têm, na sua atividade, fins finitos e interesses particulares; mas são também seres cognoscentes e pensantes. O conteúdo dos seus fins está, pois, repassado de determinações universais e essenciais do direito, do bem, do dever, etc. Os simples apetites, a barbárie e a brutalidade do querer caem efetivamente fora do teatro e da esfera da história universal. Estas determinações universais, que são ao mesmo tempo linhas diretrizes para os fins e as ações, têm um conteúdo determinado. Todo o indivíduo é filho do seu povo num estádio determinado da evolução deste povo. Ninguém pode saltar por cima do espírito do seu povo, como também não consegue saltar por cima da Terra. A Terra é o centro da gravidade; quando se representa um corpo abandonando o seu centro, é representado como flutuando no ar. O mesmo se passa com os indivíduos. Mas o indivíduo é conforme à sua substância por ele mesmo; tem de trazer em si à consciência e à expressão a vontade que tal povo exige. O indivíduo não inventa o seu conteúdo, mas limita-se a realizar em si o conteúdo substancial [95].

Face a este universal, que cada um deve manifestar mediante uma atividade pela qual se conserva o todo da eticidade, existe, porém, um segundo universal, que se expressa na grande história e que origina a dificuldade de se conduzir em consonância com a eticidade. Já antes se indicou, ao falar-se da progressão da ideia, de onde deriva tal universal. Não pode incidir no seio da comunidade ética; ali pode ocorrer algo que é contrário ao seu universal determinado: um vício, um engano, etc., mas que é reprimido. Em contrapartida, por ser algo de limitado, um todo ético tem sobre si um universal superior; por este é ele quebrantado. A transição de uma figura espiritual para outra consiste justamente em que o universal precedente é sobressumido como algo de particular pelo seu pensamento. A figura superior subsequente é, por assim dizer, o género próximo da espécie anterior, existe interiormente, mas ainda não chegou à vigência; eis o que faz vacilar e colapsar a realidade efetiva existente.

A conservação de um povo, de um Estado, e a manutenção das esferas ordenadas da sua vida são um momento essencial no curso da história. E a atividade dos indivíduos consiste em tomar parte na obra comum e ajudar a produzi-la nas suas espécies particulares; tal é a conservação da vida ética. Mas o outro momento é o colapso da consistência do espírito de um povo, porque chegou ao seu pleno desenvolvimento e se esgotou; é a prossecução da história universal, do Espírito do mundo. Não se aflora aqui a posição dos indivíduos no interior do todo ético, nem a sua conduta moral, o seu dever, mas trata-se aqui apenas da continuação, da prossecução e autoelevação do espírito a um conceito superior de si mesmo. Mas esta está ligada a uma decadência, dissolução, destruição do modo prévio da realidade efetiva que o seu conceito para si elaborar. Tal destruição acontece, por um lado, no desenvolvimento interno da Ideia; mas, por outro, ela própria é uma Ideia feita, e os indivíduos é que são os seus autores e levam a cabo a sua realização. Aqui [96] surgem justamente as grandes colisões entre os deveres, leis e direitos existentes e reconhecidos e as possibilidades que são opostas a este sistema, o lesam, mais ainda, destroem o seu fundamento e realidade efetiva e, ao mesmo tempo, têm um conteúdo que pode parecer também bom e, em larga escala, proveitoso, essencial e necessário. Encerram em si um universal de tipo diferente do universal que constitui a base da existência de um povo ou Estado. Este universal é um momento da Ideia produtora, um momento da verdade que tende e aspira a si mesma.

Os grandes indivíduos na história universal são, pois, os que apreendem este universal superior e o convertem em fim seu; são os que realizam o fim conforme ao conceito superior do espírito. Devem, nesta medida, chamar-se heróis. Não vão buscar o seu fim e a sua missão ao sistema tranquilo e ordenado, ao decurso consagrado das coisas. A sua justificação não reside na situação existente, mas vão buscá-la a uma outra fonte. Esta é o espírito oculto, que bate à porta do presente, o espírito ainda subterrâneo, que ainda não chegou a um ser determinado atual e quer surgir, o espírito para o qual o mundo presente é apenas uma casca que contém em si um outro cerne, diferente do cerne a que pertence. Mas tudo quanto se desvia do existente – intenções, fins, opiniões, os chamados ideais – é igualmente diverso do existente. Os aventureiros de toda a índole têm ideais assim, e a sua atividade visa representações que são contrárias às circunstâncias existentes. Mas o facto de que tais representações, tais bons motivos e princípios universais sejam distintos dos existentes ainda os não justifica. Os fins verdadeiros são somente aquele conteúdo a que o espírito interno se elevou mediante o seu absoluto poder; e os indivíduos que contam na história universal são justamente os que não quiseram nem realizaram um devaneio ou opinião, mas algo de justo e de necessário, que sabem que se revelou no seu íntimo o que estava no tempo, o que é necessário [97].

Disto se pode distinguir ainda a conceção segundo a tal tais configurações são apenas momentos na Ideia universal. Semelhante conceção é peculiar à filosofia. Os homens histórico-universais não a devem ter, pois são homens práticos. Mas sabem e querem a sua obra, porque está no tempo. É o que já existe no interior. O seu afazer foi saber este universal, a fase necessária e suprema do seu mundo, convertê-la em fim seu e pôr nela a sua energia. Tiraram de si mesmos o universal que realizaram; este, porém, não foi por eles inventado, mas existe eternamente, realiza-se por meio deles e é com eles honrado. Porque o vão buscar ao íntimo, a uma fonte que antes ainda não existia, parecem tirá-lo simplesmente de si mesmos; e as novas circunstâncias do mundo, os feitos que levam a cabo, aparecem como produtos seus, como interesse e obra sua. Mas têm o direito do seu lado, porque são os clarividentes: sabem o que é a verdade do seu mundo, da sua época, o que é o conceito, o universal iminente; e os outros reúnem-se, como se disse, em torno da sua bandeira, porque eles expressam o que está no tempo. São no seu mundo os mais clarividentes e os que melhor sabem o que importa fazer; e o que fazem é o justo. Os outros devem obedecer-lhes, porque sentem isso. Os seus discursos e as suas ações são o melhor que se podia dizer e fazer. Por isso, os grandes indivíduos históricos só se podem compreender no seu lugar; e a única coisa que neles é digna de admiração é que se tenham convertido em órgãos deste Espírito substancial. Tal é a verdadeira relação do indivíduo com a sua substância universal. Ela é aquilo de que tudo promana, é o único fim, o único poder, a única coisa querida por tais indivíduos, o que neles busca a sua satisfação e se realiza. Por terem poder no mundo, e por serem apenas os que têm um fim que se ajusta ao fim do espírito em si e por si existente, é que justamente o direito absoluto está do seu lado; mas é um direito de natureza inteiramente peculiar.

A situação do mundo ainda não é conhecida; o fim consiste em suscitá-la. Tal é a meta dos homens histórico-mundiais [98], e nisso encontram eles a sua satisfação. Dão-se conta da impotência do que ainda é atual, do que ainda brilha, mas a realidade efetiva só aparentemente é. O espírito, que se transformou no íntimo, que surgiu para o mundo, está a ponto de ir mais além, já não acha satisfatória a sua consciência de si, ainda não encontrou, mediante tal insatisfação, o que quer – tal ainda não existe afirmativamente; – o espírito encontra-se, portanto, na vertente negativa. Os indivíduos histórico-universais são os que disseram aos homens o que estes querem. É difícil saber o que se quer; pode, de facto, querer-se algo e, no entanto, permanece-se no ponto de vista negativo, não há satisfação; pode muito bem faltar a consciência do afirmativo. Aqueles indivíduos, porém, sabiam-no de tal sorte que o afirmativo era o que eles próprios queriam. Antes de mais, tais indivíduos satisfazem-se a si mesmos, não agem para satisfazer os outros. Se tal quisessem, teriam então muito que fazer, pois os outros não sabem o que o tempo quer, nem o que eles próprios pretendem. Mas resistir aos indivíduos histórico-universais é um empreendimento impossível. São irremediavelmente impelidos a realizar a sua obra. O justo é então isto, e os outros, embora não afirmem que tal é o que eles queriam, aderem e concordam; sentem sobre si próprios um poder, embora este lhes apareça como extrínseco e estranho e vá contra a consciência da sua suposta vontade. Com efeito, o espírito progressivo constitui a alma interior de todos os indivíduos, e é também a interioridade inconsciente que os grandes homens trazem consciência. É o que eles verdadeiramente querem e, por isso, exerce um poder a que os demais se entregam, inclusive contradizendo o seu querer consciente. Os outros seguem este condutor de almas, porque sentem o poder irresistível do seu próprio espírito interno, que os confronta.

Se lançarmos um olhar ao destino dos indivíduos histórico-universais, vemos que tiveram a felicidade de serem os executores de um fim que constitui [99] uma fase na marcha progressiva do espírito universal. Mas, enquanto sujeitos distintos desta sua substância, não foram o que comummente se chama feliz. Também o não quiseram ser, mas alcançar a sua meta; e a consecução do seu fim realizou-se graças ao seu trabalho penoso. Souberam satisfazer-se e realizar a sua meta, o fim universal. Tiveram a audácia de tomar sobre si um tão grande fim, contra todas as opiniões dos homens. Por conseguinte, não escolhem a felicidade, mas o esforço, a luta, o trabalho, em prol do seu fim. Quando alcançaram a sua meta, não passaram à fruição tranquila, não se tornaram felizes. O que são foi justamente a sua obra; esta sua paixão constituiu o âmbito da sua natureza, do seu caráter. Alcançado o fim, assemelham-se a cascas vazias que caem ao chão. Tornou-se-lhes talvez amargo levar a cabo o seu fim; e no momento em que tal se conseguiu, morreram jovens como Alexandre, ou foram assassinados como César, ou deportados como Napoleão. Pode perguntar-se: que conseguiram eles para si? Alcançaram o seu conceito, o seu fim, o que realizaram. Nenhum lucro de outra espécie, também não o gozo tranquilo. Os que carecem de consolação podem tirar da história esta consolação horrível: os homens históricos não foram o que se chama felizes; de felicidade só é suscetível a vida privada, que pode encontrar-se em mui diversas e distintas circunstâncias. Necessitada de consolação está, porém, a inveja, a quem o grande e o altaneiro enfada, e que se esforça por empequenecê-lo e encontrar nele defeito, e só acha suportável semelhante superioridade quando sabe que o homem grande não foi feliz. A inveja julga assim encontrar um equilíbrio entre ela e o herói. Por isso, demonstrou-se suficientemente, nos tempos modernos, que os príncipes não são em geral felizes nos seus tronos; por isso os toleramos e achamos suportável que, não nós, mas eles se sentem no trono [100]. O homem livre, pelo contrário, não é invejoso, reconhece de bom grado os grandes indivíduos e alegra-se a seu respeito.

Aos grandes homens aferra-se um séquito inteiro com a sua inveja, a qual em seguida lhes censura como erros as suas paixões. Na realidade, pode aplicar-se à sua aparição a forma da paixão e realçar em particular o lado moral do juízo, ao dizer-se que as paixões os arrastaram. Foram, sem dúvida, homens de paixões, isto é, tiveram justamente a paixão do seu fim, e puseram em tal fim todo o seu caráter, todo o seu génio e natureza. Os grandes homens parecem decerto seguir apenas a sua paixão, o seu arbítrio; mas o que querem é o universal. Eis o seu pathos. A paixão foi precisamente a energia do seu Eu; sem ela, nada teriam podido suscitar.

O fim da paixão e da Ideia é, portanto, um só e o mesmo; a paixão é a unidade absoluta do caráter e do universal. É, por assim dizer, algo de animal, o modo como aqui o espírito, na sua particularidade subjetiva, se identifica com a Ideia.

O homem que realiza algo de excelente põe nisso toda a sua energia; não tem a mesquinhez de querer isto ou aquilo; não se dispersa nuns tantos e quantos fins, mas está totalmente entregue ao seu verdadeiro grande fim; a paixão é a energia deste fim e a determinidade deste querer. Há uma espécie de impulso, quase animal, no facto de o homem pôr assim a sua energia numa coisa. Esta paixão é o que também chamamos arroubo, entusiasmo. No entanto, usamos a expressão entusiasmo só quando os fins são de natureza mais ideal e universal. O homem político não é entusiasta; deve possuir a perspicácia clara que, habitualmente, não se atribui aos entusiastas. A paixão é condição para que algo de grande nasça do homem; portanto, nada é de imoral. Quando é de natureza verdadeira, este arroubo é ao mesmo tempo frio; a teoria tem a visão sinóptica daquilo por cujo intermédio se realizam estes fins verdadeiros [101].

Importa, ademais, observar que os homens histórico-universais, em virtude de terem alcançado o seu grande fim, que é necessário para o espírito universal, não só se satisfizeram a si próprios, mas também adquiriram outras exterioridades. Realizaram simultaneamente o seu fim e o do Espírito universal; eis algo de inseparável: a coisa e o herói por si, ambos se satisfazem. É possível separar este lado da própria satisfação do lado da coisa alcançada; pode demonstrar-se que os grandes homens buscaram o seu fim próprio e continuar a asserir que eles apenas buscaram o seu fim próprio. Na realidade, tais homens alcançaram a fama e a honra, foram reconhecidos pelos seus contemporâneos e pela posteridade, enquanto não foram vítimas da mania crítica, sobretudo da inveja. Mas é absurdo crer que se possa fazer algo sem nisso pretender encontrar satisfação. O subjetivo, como algo de meramente particular, que tem fins simplesmente finitos e particulares, deve decerto sujeitar-se ao universal. Mas na medida em que o subjetivo é a atuação da Ideia é em si mesmo o que conserva o substancial.

A trivialidade psicológica é que se ocupa desta separação; ao dar à paixão o nome de ambição e ao tornar assim suspeita a moral daqueles homens, apresenta as consequências do que fizeram como fins seus e reduz os próprios feitos a meios: agiram somente por afã de glória e de conquista. Assim, por exemplo, a aspiração de Alexandre, enquanto afã da conquista, converte-se em algo de subjetivo e, portanto, não é o bem. Esta consideração, dita psicológica, sabe elucidar todas as ações até ao seu íntimo e trazê-las à figura subjetiva de que os seus autores tudo fizeram por alguma paixão, pequena ou grande, por uma ambição, e, portanto, não teriam sido homens morais. Alexandre de Macedónia conquistou parte da Grécia e, em seguida, a Ásia, portanto, teve a ambição de conquista. Agiu por afã de glória, por afã de conquista, e a prova de que estas paixões o arrastaram é que realizou coisas que proporcionam glória. Que mestre de escola não demonstrou já que Alexandre Magno e Júlio [102] César foram impelidos por tais paixões e, por conseguinte, foram homens imorais? Donde se segue logo que ele, o mestre de escola, é um homem mais excelente do que aqueles, pois não possui semelhantes paixões, e proporciona a prova de que não conquistou a Ásia, nem venceu Dario ou Poro, mas vive tranquilo e deixa viver os demais. Estes psicólogos atêm-se sobretudo à consideração das particularidades, partilhadas pelas grandes figuras históricas enquanto pessoas privadas. Um homem precisa de comer e beber, estar em relação com os amigos e conhecidos, tem sentimentos e explosões do instante. Os grandes homens tiveram igualmente tais particularidades, comeram e beberam, preferiram este manjar ou este vinho a outro ou à água. Para um criado de quarto não há heróis, diz um conhecido refrão; eu acrescento –

e Goethe repetiu-o dois anos depois – não decerto por eles não serem heróis, mas por aquele ser criado de quarto. Este último descalça as botas ao herói, ajuda-o a deitar-se, sabe que gosta de champanhe, etc. Para o criado de quarto não há heróis, só os há para o mundo, para a realidade efetiva, para a história. – As personalidades históricas, quando assistidas por tais camareiros psicológicos na historiografia, saem mal paradas; são por eles niveladas, postas na mesma linha ou antes alguns graus abaixo da moralidade de tão finos conhecedores dos homens. O Tersites de Homero, que critica os reis, é uma figura de todos os tempos. Sem dúvida, não recebe em todas as épocas as bastonadas que levou nos tempos homéricos; mas a sua inveja, a sua obstinação é o espinho que tem cravado na carne; e o verme indestrutível que o corrói é o tormento de ver que as suas excelentes intenções e censurazinhas são de todo infrutíferas no mundo. É possível também ter uma alegria maligna no destino do tersitismo [103].

Em semelhante trivialidade psicológica há, além disso, ainda uma contradição. Censura-se aos homens a honra, a fama, como se tal tivesse sido o seu fim. Por outro lado, afirma-se que o que tais homens pretenderam fazer devia ter a aprovação dos outros, isto é, a sua vontade subjetiva tinha de ser respeitada pelos demais. Ora a honra e a fama contêm justamente a aprovação que se exige, o reconhecimento de que o que aqueles homens quiseram era o justo. Os indivíduos histórico-universais propuseram o objetivo que, na realidade, era a vontade interna dos homens. No entanto, a aprovação dos outros, que é exigida, imputa-se-lhes como censura depois de ter tido lugar, e são acusados de terem pretendido a honra e a fama. Pode, porém, replicar-se que a eles não lhes interessou a honra e a fama, pois teriam justamente desprezado o ordinário, o até então considerado, o que flutua na superfície, e só por isso é que realizaram a sua obra; de outro modo teriam permanecido no modo habitual dos homens e outros teriam levado a cabo o que o Espírito pretendia.

Mas, em seguida, são de novo inculpados por não terem buscado o reconhecimento dos homens, por terem desprezado a sua opinião. Sem dúvida, a sua glória derivou do desprezo pelo que era objeto de consenso. Visto que o novo que trazem ao mundo é o seu próprio fim, tiraram de si mesmos a sua representação, e o que alcançam é o seu fim. Por isso, estão satisfeitos. Quiseram-no contra a oposição dos outros e nisso encontram a sua satisfação. Os grandes homens quiseram o seu fim para a si se satisfazerem, e não para contentarem as boas intenções dos demais. Destas nada souberam; se tivessem admitido o que os outros lhes diziam, teria sido o que há de mais bronco, de mais erróneo; eles sabiam muito melhor. César teve a mais justa representação do que a república romana significava, a saber, que as leis imperativas eram sufocadas pela *auctoritas* e pela *dignitas*, e que era necessário pôr termo a tal, como ao arbítrio particular. E conseguiu levá-lo a cabo porque isso era correto. Se tivesse seguido Cícero, nada teria [104] havido. César sabia que a república era a mentira, que os discursos de Cícero eram vãos e que importava implantar uma outra figura em vez desta já oca, e que a figura que ele suscitara era a necessária. Sem dúvida, os indivíduos histórico-universais, atentos aos grandes interesses, lidaram de um modo frívolo, apressado, momentâneo e inconsiderado, com muitos interesses dignos de consideração e com direitos sagrados; é uma conduta exposta à censura moral. Mas, em geral, deve entender-se de maneira diversa a sua posição. Uma grande figura que caminha emproadamente esmaga muitas flores inocentes, destrói por força muitas coisas no seu caminho.

O interesse particular da paixão é, portanto, inseparável da atuação do universal, pois este resulta do particular, do determinado e da sua negação. O particular tem o seu interesse próprio na história universal; é algo de finito e, como tal, deve desaparecer. O particular é o que entre si se guerreia, e uma parte sua sucumbe. Mas justamente na luta, na ruína do particular, é que se produz o universal. Este não perece. A ideia universal não se entrega à oposição e à luta, não se expõe ao perigo; permanece intangível e ilesa no fundo e envia para a luta o particular da paixão, a fim de ser fustigado. Pode chamar-se astúcia da razão ao seguinte: a razão faz que as paixões atuem por ela e que aquilo graças ao qual ela chega à existência se perca e sofra dano. Tal é, com efeito, a manifestação de que uma parte é nula, e a outra afirmativa. O particular é quase sempre demasiado trivial face ao universal; os indivíduos são sacrificados e abandonados. A Ideia não paga por si o tributo de ser determinado e da caducidade, mas mediante as paixões dos indivíduos. César teve de realizar o necessário, de derrubar a liberdade apodrecida; ele próprio pereceu neste combate, mas o necessário subsistiu: a liberdade sucumbiu, em conformidade com a Ideia, sob o acontecer externo.

Se nos aprouver ver sacrificadas as individualidades, [105] os seus fins e a sua satisfação, se admitirmos que a sua felicidade em geral seja abandonada ao império do poder natural e, portanto, da casualidade a que pertence, e se nos aprouver considerar os indivíduos em geral sob a categoria dos meios, há no entanto neles um aspeto que hesitamos em apreender, inclusive face ao que há de mais elevado, apenas nesta perspetiva, porque não é pura e simplesmente algo de subordinado, mas algo que neles é eterno e em si mesmo divino. Tal é a moralidade, a eticidade, a religiosidade. Já quando se falou da atuação do fim da razão mediante os indivíduos em geral, se indicou igualmente o seu lado subjetivo, o seu interesse em geral, o das suas necessidades e impulsos, da sua opinião e discernimento, decerto como o lado formal, mas que tem o direito infinito a ser satisfeito. Quando falamos de um meio, representamo-lo primeiramente como apenas exterior ao fim, que não tem nele parte alguma. Na realidade, porém, já as coisas naturais em geral, mesmo os seres inanimados mais comuns que são usados como meios, devem ser de índole tal que correspondam ao fim, tenham em si algo que lhes seja comum com o fim. Os homens, nesse sentido inteiramente extrínseco, nunca se comportam como meios para o fim da razão; não só satisfazem, ao mesmo tempo com este e por ocasião dele, também os fins da sua particularidade, fins que são distintos, segundo o conteúdo, do fim da razão, mas participam no próprio fim da razão e são, precisamente por isso, fins em si – fins em si não só formalmente, como os seres vivos em geral, cuja vida individual, segundo o seu conteúdo, é algo de já subordinado à vida humana e usado legitimamente como meio – mas os homens, os indivíduos, são também fins em si, de acordo com o conteúdo do fim. Nesta determinação incide justamente o que exigimos subtrair à categoria de um meio, a moralidade, a eticidade e a religiosidade. O homem é fim em si mesmo unicamente pelo divino que nele há – pelo que desde o início se chamou razão e, na medida em que esta é em si ativa [106], autodeterminante, a liberdade; e dizemos, sem aqui podermos enveredar por um maior desenvolvimento, que a religiosidade, a eticidade, etc., tem justamente aqui o seu solo e a sua fonte e, por isso, se elevam acima da necessidade e da casualidade externas. Mas importa não esquecer que aqui falamos delas só enquanto existem nos indivíduos, por conseguinte, enquanto ficam entregues à liberdade individual; nesta aceção, a debilidade, a ruína e a perda religiosa e ética cabe à culpa dos próprios indivíduos.

O selo da elevada e absoluta vocação do homem é que ele sabe o que é bom e mau, e que seu é justamente o querer ou do bem ou do mal, numa palavra, que pode ter culpa, culpa não só do mal, mas também do bem, e culpa não disto e também daquilo e de tudo o que ele é e nele existe, mas culpa do bem e do mal inerentes à sua liberdade individual. Só o animal é verdadeiramente e de todo inocente. Mas para extirpar ou eliminar todos os mal-entendidos que costumam ocorrer a este respeito (por exemplo, que assim se rebaixa e menospreza o que se chama inocência – a própria ignorância do mal), requerer-se-ia uma exposição extensa, tão extensa que seria por força um tratado completo sobre a própria liberdade.

Mas na consideração do destino que a virtude, a eticidade e também a moralidade têm na história, não precisamos de cair na ladainha das queixas de que aos bons e aos piedosos, muitas vezes ou até quase sempre, lhes correm mal as coisas no mundo e, pelo contrário, aos maus e perversos tudo corre bem. Por "correr bem" costumam entender-se muitas coisas, a riqueza, a honra externa e quejandos. Mas quando se fala do que é um fim em si e por si existente, não se pode nem deve fazer de semelhante correr bem ou mal destes ou daqueles indivíduos singulares um momento da ordem racional universal. Com mais razão do que apenas a felicidade, circunstâncias afortunadas dos indivíduos, exige-se do fim universal [107] que os fins bons, éticos e justos procurem sob ele e nele a sua realização e segurança. O que torna os homens moralmente insatisfeitos – insatisfação de que se orgulham – é que se referem a fins mais gerais pelo seu conteúdo e os têm pelo que é justo e bom, sobretudo hoje em dia os ideais de instituições políticas; ou porque no gosto de inventar ideais e de a si proporcionar em coisas semelhantes um sentimento de exaltação descobrem que o presente não corresponde aos pensamentos, princípios e inteleções a seu respeito; e contrapõem a semelhante ser determinado o seu dever-ser do que constitui o direito da coisa. O que aqui exige a satisfação não é o interesse particular, não é a paixão, mas a razão, o direito, a liberdade; e, armada com este título, semelhante exigência levanta a cabeça e não só facilmente se mostra descontente com a situação e os acontecimentos do mundo, mas também contra eles se subleva. Para apreciar este sentimento e estas convicções seria necessário enveredar pela investigação das exigências expostas, das inteleções e convicções muito assertóricas. Nunca como na nossa época se estabeleceram a este respeito, e com tanta pretensão, proposições e pensamentos gerais. Se habitualmente a história parece exibir-se sobretudo como um combate das paixões, no nosso tempo, embora as paixões não faltem, ela revela, por um lado, predominantemente a luta de pensamentos qualificados entre si e, por outro, a refrega das paixões e interesses subjetivos essencialmente apenas sob o título dessas elevadas competências. As exigências legitimadoras feitas em nome do que se aduziu como determinação da razão, fim absoluto, como a liberdade consciente de si, valem, pois, justamente como fins absolutos, tal como a religião, a eticidade e a moralidade.

Chegaremos em seguida ao Estado, a que se referem aquelas exigências; mas no tocante à atrofia, à lesão e à decadência das circunstâncias e fins religiosos, éticos e morais, importa dizer apenas – voltaremos ulteriormente [108] a um exame mais pormenorizado a este respeito – que aqueles poderes espirituais são, sem dúvida, justificados; mas as suas configurações, o seu conteúdo e o seu desdobramento em realidade efetiva podem ser de natureza limitada, enquanto é infinito o seu Universal é infinito, e se encontram assim numa conexão externa e sob a contingência. Por isso, são, segundo este aspeto, também transitórios, expostos à atrofia e ao dano. A religião e a eticidade, justamente enquanto essencialidades em si universais, têm a propriedade de existir na alma individual em consonância com o seu conceito, ou seja, verdadeiramente, ainda que nela não tenham a extensão da formação e a aplicação a situações evoluídas. A religiosidade, a eticidade de uma vida limitada – de um pastor, de um camponês – na sua concentrada intimidade e no seu confinamento a poucas e muito simples condições da vida, tem um valor infinito, o mesmo valor que a religiosidade e a eticidade de um conhecimento desenvolvido e de uma existência rica pela amplitude das relações e atividades. Este centro interno, esta região simples do direito da liberdade subjetiva, o lar da vontade, da decisão e da ação, o conteúdo abstrato da consciência moral, aquilo em que se encerram a culpa e o valor do indivíduo, o seu eterno tribunal, permanece intacto e subtraído ao ruído clamoroso da história universal, e não só das modificações externas e temporais, mas também daquelas que a absoluta necessidade do próprio conceito de liberdade consigo traz. Em geral, porém, deve estabelecer-se que o que no mundo é legitimamente nobre e magnífico tem sobre si algo de mais elevado. O direito do Espírito universal vai além de todas as justificações particulares; tem parte nelas, mas só condicionalmente, na medida em que pertencem ao conteúdo do Espírito e estão ao mesmo tempo enredadas na particularidade.

Isto pode bastar quanto ao ponto de vista dos meios de que o Espírito universal se serve para a realização do seu [109] conceito. Em sentido simples e abstrato, trata-se da atividade dos sujeitos em que a razão está presente como sua essência substancial, que é em si, mas também como seu fundo que, antes de mais, é ainda obscuro e lhes está oculto. O objeto torna-se mais confuso e difícil quando tomamos os indivíduos, não só como ativos, não apenas com os seus fins particulares, limitados a este indivíduo, mas mais concretamente com o conteúdo determinado da sua religião e eticidade, determinações que têm parte na razão e, portanto, também na sua absoluta justificação. Desaparece aqui a relação de um simples meio com o fim, e os pontos de vista capitais sugeridos a propósito da relação do fim absoluto do Espírito foram examinados com brevidade.

c) [O material da sua realização]

Ora o terceiro ponto é: que fim se deverá com estes meios realizar? Ou seja: qual a sua configuração na realidade efetiva? Falou-se do meio, mas, na realização de um fim finito subjetivo, temos ainda o momento de um material, que deve existir ou produzir-se para a realização do fim. Portanto, a questão seria: qual o material em que se leva a cabo o fim último da razão?

As mudanças na vida histórica pressupõem algo em que se produzem. Mas, como já vimos, instituem-se mediante a vontade subjetiva. Por isso, mais uma vez, uma das vertentes é também aqui, em primeiro lugar, o sujeito, as necessidades do homem, a subjetividade em geral. O racional vem à existência no saber e querer humanos como seu material. Já se abordou a vontade subjetiva; viu-se que tem um fim, que é a verdade de uma realidade efetiva; e, claro está, na medida em que é uma grande paixão histórica. Como vontade subjetiva em paixões limitadas, é dependente e só [110] consegue satisfazer os seus fins particulares no interior de tal dependência. Mas, como mostrámos, tem igualmente uma vida substancial, uma realidade efetiva, onde se move no essencial e o toma por fim do seu ser determinado. Ora, este essencial, a unidade da vontade subjetiva e do universal, é o todo ético e na sua figura concreta, o Estado. Este é a realidade efetiva em que o indivíduo tem e saboreia a sua liberdade, mas enquanto é o saber, a fé e o querer do universal. O Estado é, portanto, o centro das outras vertentes concretas, do direito, da arte, dos costumes, das comodidades da vida. No Estado a liberdade torna-se objetal e realiza-se de modo positivo. No entanto, tal não deve entender-se como se a vontade subjetiva do indivíduo chegasse à sua realização e à sua fruição através da vontade geral, e esta fosse para ela um meio. Também não é uma reunião dos homens em que a liberdade de todos os indivíduos se deveria restringir. A liberdade concebe-se de modo puramente negativo ao imaginar-se que o sujeito ao lado de outros sujeitos restringe de tal modo a sua liberdade que esta comum limitação, este incómodo recíproco de todos, só deixa a cada um pequeno espaço onde se possa mover. Pelo contrário, o direito, a eticidade, o Estado, e apenas eles, são a positiva liberdade efetiva e a satisfação da liberdade. O capricho do indivíduo nem sequer é liberdade. A liberdade que se restringe é o arbítrio, o qual se refere ao particular das necessidades.

Só no Estado é que o homem tem existência racional. Toda a educação aponta para que um indivíduo não permaneça algo de subjetivo, mas se torne objetivo no Estado. Um indivíduo pode, sem dúvida, fazer do Estado o seu meio para alcançar isto e aquilo. Mas o verdadeiro é que cada qual queira a própria coisa e abandone o inessencial. O homem deve ao Estado tudo o que ele é; só nele tem a sua essência. Só pelo Estado tem o homem todo o valor, toda a sua realidade efetiva e espiritual. Com efeito, a sua realidade espiritual consiste em que a sua essência, o racional, seja objetal para ele enquanto ciente; em que tenha para ele uma existência objetiva e imediata; só assim ele é consciência, só assim está inserido no costume, na vida jurídica [111] e ética do Estado. O verdadeiro é a unidade da vontade geral e da vontade subjetiva; o universal está nas leis do Estado, nas determinações universais e racionais.

A vontade subjetiva, a paixão, é o elemento ativo, realizador; a Ideia é o interior: o Estado é a vida ética, presente e efetivamente real. É a unidade da vontade universal, essencial, e da subjetiva, e tal é a eticidade. O indivíduo que vive nesta unidade tem uma vida ética, tem um valor, que consiste unicamente nesta substancialidade. Antígona diz na obra de Sófocles: os mandamentos divinos não são de ontem nem de hoje, não; vivem sem fim, e ninguém saberia dizer de onde vieram. As leis da eticidade não são contingentes, mas constituem o próprio racional. O fim do Estado consiste em que o substancial vigore, exista e se conserve na ação real dos homens e na sua disposição de ânimo. O interesse absoluto da razão é que exista este todo ético; e no interesse da razão reside o direito e o mérito dos heróis fundadores dos Estados, por mais imperfeitos que tenham sido. O Estado não existe por mor dos cidadãos;

poderia dizer-se que o Estado é o fim e os cidadãos os seus instrumentos. No entanto, esta relação de fim e meio não é aqui, em geral, adequada, pois o Estado não é o abstrato que se contrapõe aos cidadãos, mas estes são momentos como na vida orgânica, em que nenhum membro é fim ou meio. O divino do Estado é a Ideia; ela existe sobre a terra.

A essência do Estado é a vitalidade ética. Esta consiste na unificação da vontade da universalidade e da vontade subjetiva. A vontade é atividade e esta, na vontade subjetiva, tem a sua oposição no mundo externo. O princípio da vontade é o ser-para-si; mas a tal está associada a exclusão e a finitude. Da afirmação de que o homem é ilimitado na vontade e limitado no pensar a inversa é que é justamente verdadeira. Se, pelo contrário, se concebe a vontade na figura em que é essencialmente em-si e para-si, deve pensar-se como livre de [112] oposição ao mundo exterior e como inteiramente universal também neste aspeto. A vontade é então poder em si mesma e a essência do poder universal, da natureza e do espírito. Esta essência pode considerar-se como "o senhor", o senhor da natureza e do espírito. Mas este sujeito, o senhor, é somente algo que existe perante outra coisa. Em contrapartida, o poder enquanto absoluto não é senhor sobre outra coisa, mas senhor sobre si mesmo, reflexão em si próprio, personalidade. Esta reflexão em si é simples referência a si, é um ente; o poder, assim refletido em si, é realidade efetiva imediata. Mas esta é um saber e, mais concretamente, o que sabe, e tal é a individualidade humana. O Espírito universal existe essencialmente como consciência humana. O homem é esta existência e este ser-para-si do saber. O espírito que a si se conhece, o espírito que existe para si como sujeito, consiste em ter-se como imediato, como ente: é, portanto, a consciência humana.

O hábito de agir segundo uma vontade universal e de se propor como um fim algo de universal é o que prevalece no Estado. Mesmo no Estado rudimentar tem lugar a submissão da vontade a outra; isto não quer dizer que o indivíduo não tenha por si uma vontade, mas que a sua vontade particular não vigora. Os caprichos e os gostos não têm validade alguma. Já em semelhante situação política grosseira se renunciou à particularidade da vontade, e a vontade geral é o essencial. Por conseguinte, ao ser assim pelo menos reprimida, a vontade particular retoma a si. Tal é o primeiro momento que é necessário para a existência do universal, o elemento do saber, do pensar, que aqui surge no Estado. Só neste solo, isto é, no Estado, é que a arte e a religião podem existir. Os povos que abordamos são os que em si se organizaram de um modo racional. Na história universal, unicamente se pode falar dos povos que constituíram um Estado. Nem sequer podemos imaginar que semelhante Estado poderia surgir numa ilha deserta e, em geral, na solidão. Sem dúvida, todos os grandes homens se formaram no isolamento, mas só enquanto elaboravam para si o que o Estado já criara. O universal não deve ser simplesmente o intentado pelo indivíduo, deve ser o ente; existe [113] como tal justamente no Estado, é o que tem validade. A interioridade é aqui ao mesmo tempo realidade efetiva. Esta última é decerto multiplicidade externa, mas aqui está apreendida na universalidade.

A Ideia universal tem a sua manifestação no Estado. Quanto ao termo manifestação (*Erscheinung*) deve notar-se que não tem aqui o mesmo significado que na sua representação habitual. Nesta separamos a força e a manifestação, como se aquela fosse o essencial, e esta o inessencial, o externo. Mas, na categoria da força, ainda não há qualquer determinação concreta. Pelo contrário, onde está o espírito, o conceito concreto, a própria manifestação é o essencial. O distintivo do espírito é a sua ação, a sua atuosidade. O que o homem é constitui uma ação sua, é a série dos seus atos, é aquilo em que se converteu. Por isso, o espírito é essencialmente energia, e nele não se pode abstrair da manifestação. O aparecer do espírito é o seu determinar-se, e este é o elemento da sua natureza concreta: o espírito que não se determina é abstração do entendimento. A manifestação do espírito é a sua autodeterminação, e esta manifestação considerá-la-emos na figura de Estados e indivíduos.

Chamamos Estado ao indivíduo espiritual, ao povo, na medida em que está em si articulado e constitui um todo orgânico. Esta denominação está exposta à ambiguidade em virtude de os termos Estado e direito do Estado designarem habitualmente apenas o lado político, em contraste com a religião, a ciência e a arte. Mas aqui toma-se o Estado no sentido mais englobante, do mesmo modo que utilizamos também a expressão "reino" quando designamos a manifestação do espiritual. Concebemos, pois, um povo como um indivíduo espiritual e nele não sublinhamos primeiro o lado externo, mas realçamos o que já denominámos o espírito do povo *(Geist des Volkes)*, isto é, a sua autoconsciência acerca da sua verdade, da sua essência, e o que para ele próprio vale como o verdadeiro em geral, as potências espirituais que vivem num povo e o governam. O universal que se destaca e torna consciente no Estado, a forma sob a qual se produz tudo o que existe, é aquilo que em geral constitui a cultura *(Bildung)* de uma nação. Mas o conteúdo determinado [114] que recebe esta forma de universalidade e está contido na realidade efetiva concreta que constitui o Estado é o próprio espírito do povo. O Estado real é animado por semelhante espírito em todos os seus assuntos particulares: guerras, instituições, etc. Este conteúdo espiritual é algo de fixo e de sólido, inteiramente subtraído ao arbítrio, às particularidades, aos caprichos, à individualidade, à contingência. O que foi abandonado a estas forças não constitui em nada a natureza do povo: é como o pó que se agita e flutua sobre uma cidade ou um campo, mas sem o alterar de modo essencial. Este conteúdo espiritual tanto constitui a essência do indivíduo como é o espírito do povo. É o sagrado que une os homens, os espíritos. É uma só e mesma vida, um grande objeto, um grande fim, um grande conteúdo, de que depende toda a felicidade privada, todo o arbítrio privado.

O Estado é, por isso, o objeto mais determinado da história universal em geral; nele alcança a liberdade a sua objetividade e vive na fruição desta objetividade. Com efeito, a lei é a objetividade do espírito e a vontade na sua verdade; e só a vontade que obedece à lei é livre, pois obedece a si mesma e está junto de si e, por isso, é livre.

Porque o Estado, a pátria, constituem uma comunidade de existência, porque a vontade subjetiva do homem se sujeita às leis, esvanece-se a oposição entre liberdade e necessidade. Necessário é o racional enquanto substancial, e nós somos livres porquanto o reconhecemos como a lei e o seguimos como substância da nossa própria essência: a vontade objetiva e a subjetiva reconciliam-se assim e constituem um só e mesmo todo não perturbado. Pois a eticidade do Estado não é a moral, a reflexa, em que domina a própria convicção; essa é mais acessível ao mundo moderno, ao passo que a verdadeira e antiga radica em que cada qual persista no seu dever. Um cidadão ateniense fazia, por assim dizer, por instinto o que lhe incumbia; mas eu reflito sobre o objeto do meu ato, devo, por isso, ter consciência de que a minha vontade se deve acrescentar. Mas a eticidade é o dever, o direito [115] substancial, a segunda natureza, como com razão se denominou; com efeito, a primeira natureza do homem é o seu ser imediato e animal.

A natureza do Estado foi já mencionada; ao mesmo tempo recordou-se que, nas teorias da nossa época, há a tal respeito diversos erros em curso, que passam por verdades feitas e se transformaram em preconceitos. Queremos aduzir apenas algumas delas e sobretudo as que se encontram em relação com o fim da nossa história.

O que primeiro se nos depara é o reverso direto do nosso conceito de que o Estado é a realização da liberdade, ou seja, a visão de que o homem é livre por natureza, mas se deve restringir esta liberdade natural na sociedade e no Estado em que simultaneamente e de modo necessário ingressa. Que o homem seja livre por natureza é inteiramente correto no sentido de que é tal segundo o seu conceito e, justamente por isso, apenas de acordo com a sua determinação, isto é, em si; a natureza de um objeto significa, sem dúvida, tanto como o seu conceito. Mas ao mesmo tempo também se entende, e insere-se naquela proposição, o modo como o homem é na sua existência puramente natural e imediata. Nesta aceção admite-se um estado da natureza em geral, em que o homem se representa como possuidor dos seus direitos naturais, no ilimitado exercício e fruição da sua liberdade. Esta suposição não pretende ter valor histórico; – se alguém a quisesse tomar a sério, seria difícil provar que semelhante estado existe na época presente ou existiu algures no passado. Pode, sem dúvida, demonstrar-se que existem estados de selvagismo, mas revelam-se associados às paixões da crueldade e da violência e ligados ao mesmo tempo, embora sejam ainda tão incultos, a instituições sociais, as quais, conforme se diz, restringem a liberdade. Tal suposição é um dos produtos nebulosos que a teoria engendra, uma representação que dela necessariamente flui e à qual, em seguida, se atribui também uma existência, sem no entanto a justificar de um modo histórico [116].

Costuma iniciar-se a história com um estado da natureza, o estado da inocência. Segundo o nosso conceito de espírito, este primeiro estado do espírito é um estado sem liberdade em que o espírito como tal não é efetivamente real. À outra conceção está subjacente um mal-entendido. Se a palavra "natureza" designa a essência, o conceito de uma coisa, então o estado de natureza, o direito natural é a situação, o direito que, quanto ao seu conceito, quanto ao conceito do espírito, deve advir ao homem. Mas isto não pode confundir-se com o que o espírito é no seu estado natural; este é o estado da falta de liberdade e da intuição sensível: *exeundum est e statu naturae* (Espinosa). Não começaremos, pois, com as tradições que se referem ao estado originário dos homens, como, por exemplo, as mosaicas, mas aflorá-las-emos no instante em que a profecia nelas contida se cumpriu. Só então têm existência histórica; antes não estavam ainda incluídas na cultura dos povos.

O estado da natureza é, no seu conceito, igual ao que encontramos empiricamente na existência. A liberdade como idealidade do imediato e natural não é algo de imediato e de natural, mas, pelo contrário, deve adquirir-se, conquistar-se graças à infindável intervenção da disciplina do saber e do querer. Por isso, o estado de natureza é antes o estado da injustiça, da violência, do impulso natural desenfreado, dos feitos e sentimentos desumanos. Tem, sem dúvida, lugar uma limitação por meio da sociedade e do Estado, mas é uma limitação desses obtusos sentimentos e impulsos grosseiros, bem como ainda do capricho reflexivo e das necessidades procedentes da educação, do arbítrio e da paixão. Esta restrição desvanece-se na mediação pela qual apenas é suscitada a consciência e o querer da liberdade, tal como esta verdadeiramente é, ou seja, racionalmente e segundo o seu conceito. De acordo com este, pertencem à liberdade o direito e a eticidade, e estes são em si e por si essencialidades, objetos e fins universais, que devem ser encontrados apenas pela atividade do pensar, a qual se distingue da sensibilidade e se desfralda [117] perante ela; e devem, por seu turno, forjar-se e incorporar-se antes de mais à vontade sensível e, claro está, contra ela própria. Eis o eterno equívoco de conhecermos a liberdade só no sentido formal e subjetivo, abstraindo dos seus objetos e fins essenciais; por isso, o impulso, o apetite, a paixão, que constituem somente um conteúdo inerente ao indivíduo particular enquanto tal, o arbítrio e o capricho tomam-se pela liberdade, e a sua restrição por uma restrição da liberdade. Pelo contrário, uma tal restrição é pura e simplesmente a condição de que promana a libertação; a sociedade e o Estado são as situações em que a liberdade se realiza.

Importa, em segundo lugar, mencionar uma outra representação que se opõe a que o direito se constitua em forma legal. A condição patriarcal é considerada ou em conjunto ou, pelo menos, em alguns dos seus ramos particulares como a relação em que o elemento ético e anímico, juntamente com o jurídico, encontram a sua satisfação, e em que a própria justiça se exerce verdadeiramente apenas em conexão com o elemento ético, e também segundo o seu conteúdo. A condição patriarcal está subjacente a relação familiar, que expressa a primeiríssima eticidade. A do Estado é a segunda, desenvolvida com a consciência. A condição patriarcal é a situação de uma transição em que a família prosperou até se converter em tribo ou povo, e o vínculo já deixou de ser apenas um vínculo do amor e de confiança e se transformou numa conexão de serviço. – Importa, antes de mais, referir a eticidade familiar. A família é somente uma pessoa; os seus membros ou alienaram reciprocamente a sua personalidade (os pais) (portanto, também a relação jurídica e os demais interesses e egoísmos particulares) ou ainda a não alcançaram (os filhos, que se encontram ainda no estado de natureza, antes indicado). Encontram-se, portanto, numa unidade em que [118] há reciprocidade de sentimento, no amor, na confiança e na fé; no amor, um indivíduo tem a consciência de si na consciência do outro, alienou-se e, nesta alienação recíproca, tanto conquistou o outro como se ganhou a si mesmo enquanto um só com o outro. Os ulteriores interesses das necessidades, dos assuntos externos da vida, bem como o treino no seu seio em vista dos filhos constituem um fim comum. O espírito da família, os penates, são um ser tão substancial como o espírito de um povo no Estado, e a eticidade não consiste, em nenhum dos casos, no sentimento, na consciência e na vontade da personalidade e dos interesses individuais. Mas esta unidade é na família essencialmente uma unidade sentimental, que permanece no interior do modo natural. A piedade da família deve ser sumamente respeitada pelo Estado; graças a ela, tem por membros indivíduos que são já por si como tais éticos (pois enquanto pessoas não o são) e que trazem ao Estado o sólido fundamento de se sentirem como uma só coisa com um todo. Mas a ampliação da família até formar um todo patriarcal vai além do laço de consanguinidade, da vertente natural do fundamento; e para além deste os indivíduos devem entrar necessariamente no estado da personalidade.

Considerar a relação patriarcal no seu âmbito mais vasto levar-nos-ia, entre outras coisas, a examinar a forma da teocracia; a cabeça da tribo patriarcal é também o seu sacerdote. Quando a família ainda não está em geral separada da sociedade e do Estado, também não teve ainda lugar a separação da religião e da família, e tanto menos quanto a sua piedade é uma intimidade do sentimento.

Sem dúvida, há no mundo tais situações; também os Estados surgem em parte da união de famílias. A família é igualmente um todo ético; mas aqui o amor enquanto tal é o modo como o espírito está presente. Aqui também cada membro se sabe como membro do todo e não trabalha egoisticamente para si, mas para toda a família. Mas o espírito do Estado é diferente desta [119] eticidade, do espírito dos penates. Não é o espírito na forma do amor, do sentimento, mas da consciência, do querer e do saber. O Estado tem diante de si este universal como um mundo natural; os costumes surgem como um modo imediato do ser ético. Um Estado, porém, implica leis, e tal significa que os costumes não existem meramente na forma imediata, mas como algo conhecido, na forma do universal. O espiritual do Estado consiste em conhecer-se o universal. O indivíduo obedece às leis e sabe que tem a sua liberdade nesta obediência; refere-se, pois, nelas à sua própria vontade; existe, portanto, aqui uma unidade querida e conhecida. No Estado existe, pois, a autonomia dos indivíduos; são efetivamente cientes, isto é, contrapõem o seu Eu ao universal. Na família não existe tal autonomia; é um impulso natural que vincula os seus membros. Só no Estado existem como em si reflexos. No Estado surge a separação segundo a qual o que é objetal para os indivíduos se lhes contrapõe e eles têm, em contrapartida, a sua autonomia. O momento da racionalidade consiste em que o Estado é algo em si de concreto.

Importa considerar mais em pormenor a ulterior determinação do espírito do povo; como em si se diferencia e é manifestação essencialmente necessária em que o espírito se põe em movimento e se determina a si mesmo e graças à qual é espírito em geral. Ao falar de um povo, temos de explicitar as potências em que o seu espírito se particulariza. Estas potências particulares são a religião, a constituição, o sistema jurídico com o direito civil, a indústria, o comércio, as artes, a ciência e o lado militar, o lado da valentia, pela qual cada povo se distingue dos outros. Na nossa abordagem geral integra-se de preferência a conexão destes diferentes momentos. Todos os aspetos que sobressaem na história de um povo encontram-se na mais estreita ligação. A história de um povo nada mais é do que a expressão do conceito que o espírito de si tem nas distintas esferas em que ele em geral se [120] expõe. Quer dizer, o seu Estado, a sua religião, a sua arte, o seu direito, a sua relação com as outras nações – tudo isto são as vertentes em que se realiza o conceito que o espírito tem de si mesmo; são as esferas em que o espírito chega a ver-se, a conhecer-se como um mundo presente; a ter-se diante de si, tal como o artista tem o impulso a ter diante de si a sua essência e a saborear-se a si mesmo na sua obra. Aos produtos do espírito do povo pertence, como se disse, a religião, etc. Mas entre eles contam-se também os seus destinos e os seus feitos: estes nada mais são do que a expressão deste seu conceito. A religião de um povo, as suas leis, a sua eticidade, a situação das ciências, das artes, das relações jurídicas, as suas restantes habilidades, a sua indústria, a satisfação das suas necessidades físicas, todos os seus destinos e as suas relações de paz e guerra com os seus vizinhos – tudo isto se encontra na mais íntima relação. Eis um ponto de vista a que Montesquieu aderiu de modo particular e que com grande talento tentou desenvolver e expor. É muito importante em vários aspetos. Assim, por exemplo, a religião indiana é incompatível com a liberdade espiritual dos europeus; e constituições políticas que, muitas vezes, estão muito afastadas umas das outras são igualmente incompatíveis com outra religião. Por outro lado, trata-se de uma proposição trivial. Habitualmente, usa-se deste modo uma grande quantidade de expressões e enchem-se com elas páginas e livros sem que tenham um conteúdo real. Há povos em que muitas artes se encontram num elevado grau de perfeição, como os Chineses e os Indianos. Aqueles inventaram a pólvora, mas não souberam utilizá-la; e nestes a poesia produziu flores magníficas, sem que tenham progredido na arte, na liberdade e no direito. Se a partir daquelas produções singulares se pretendesse julgar superficialmente que a sua cultura deveria ter sido igual em todos os aspetos, revelar-se-ia como pode ser mal entendida aquela proposição geral. Importa é determinar que relação efetivamente existe. Não se atendeu, porém, a este aspeto, como se as diversas determinações em geral apenas se encontrassem em conexão. Mas há um princípio que lhes é subjacente [121], o espírito de uma determinidade, o espírito que enche as vertentes. O princípio de um povo é a sua autoconsciência, a força que atua nos destinos dos povos. As vertentes da cultura de um povo são as relações do espírito consigo mesmo; ele próprio configura os povos, e só quando o conhecemos podemos conhecer estas relações. O substancial do espírito do povo deve considerar-se como Hermes, que guia as almas aos infernos, o guia e condutor de todos os indivíduos do povo. Tal é o conteúdo da representação, segundo a qual é importante ter diante de si os indivíduos.

A vitalidade do Estado nos indivíduos chamou-se eticidade. O Estado, as suas leis, as suas instituições são suas; seus são os direitos, e também a propriedade exterior na sua natureza, no seu solo, nas montanhas, no ar e nas águas como seu território, sua pátria. A história deste Estado, os seus feitos e os feitos dos seus antepassados são seus, vivem na sua memória, fizeram deles o que são e pertencem-lhes. Tudo isso é seu, mas pertencem-lhe também porque é a sua substância, o seu ser. A sua representação está repleta de tudo isso, e a sua vontade é o querer destas leis e desta pátria. Se se interrogar um inglês responderá, acerca de si e dos seus concidadãos, que são senhores das Índias orientais e do oceano, que possuem o comércio mundial, que têm um parlamento e tribunais de jurados, etc. Estes feitos constituem o sentimento que um povo tem de si. Esta totalidade espiritual é que constitui uma essência, o espírito de um povo. Por ser espiritual e abranger todas as suas determinações numa essencialidade simples, deve fixar-se como uma potência, uma essência; Atenas, por exemplo, tem o duplo significado de ser a própria cidade na sua totalidade, e a deusa como espírito de tal totalidade. Os indivíduos pertencem-lhe; cada um é filho do seu povo e simultaneamente, porque o seu Estado se encontra em evolução, é filho do seu tempo; nenhum fica atrás dele nem, menos ainda, salta por cima dele. Esta essência espiritual é a sua; ele é um seu representante, promana dela e nela reside. [122] Eis o que constitui a objetividade em cada indivíduo; tudo o mais é formal.

    O espírito de um povo é um espírito determinado e, como acabou de se dizer, determinado também segundo a fase histórica do seu desenvolvimento. Este espírito constitui, em seguida, o fundamento e o conteúdo das outras formas da consciência já indicadas. Com efeito, o espírito, na sua consciência de si, deve ser para si objetal, e a objetividade implica imediatamente a emergência de diferenças que constituem a totalidade das distintas esferas do espírito objetivo em geral, da mesma maneira que a alma só existe enquanto sistema dos seus membros, que a produzem reunindo-se na sua unidade simples. O espírito é uma individualidade que, na sua essencialidade, é representada, venerada e fruída como a essência, como Deus na religião, exibida como imagem e intuição na arte, conhecida e apreendida no pensamento, na filosofia.

Esta observação é sobremaneira importante devido à loucura da nossa época de pretender inventar e desenvolver constituições políticas independentemente da religião. A religião católica, embora unida à protestante dentro da religião cristã, não admite a justiça e a eticidade do Estado, que residem na interioridade do princípio protestante. A rotura em relação ao direito político, à constituição, é necessária em virtude da peculiaridade daquela religião, que não reconhece o direito e a eticidade como em si existentes, como substanciais; mas separados assim da interioridade, do derradeiro santuário da consciência, do lugar sereno onde a religião tem a sua sede, os princípios e instituições jurídico-políticos não chegam a um centro efetivamente real e permanecem na abstração e na indeterminidade [123].

Já expusemos os dois momentos: o primeiro, a ideia da liberdade como o fim último absoluto; o segundo, o seu meio, a vertente subjetiva do saber e do querer com a sua vitalidade, o seu movimento e a sua atividade. Ficámos a reconhecer no Estado o todo ético e a realidade da liberdade e, portanto, a unidade objetiva destes dois momentos. Embora distingamos os dois aspetos da abordagem, importa observar que eles se correlacionam exatamente e que tal correlação reside em cada um dos dois, quando individualmente os estudamos. Conhecemos, por um lado, a ideia na sua determinidade como a liberdade que se conhece e se quer a si mesma, que apenas a si própria se tem por fim: eis ao mesmo tempo o simples conceito da razão e também o que chamámos sujeito, a autoconsciência, o espírito que existe no mundo. Se, por outro lado, considerarmos agora a subjetividade, descobrimos que o saber e o querer subjetivo é o pensar. Mas porque ao conhecer e ao querer sou pensante, quero o objeto universal, o substancial do que em si e por si é racional. Vemos, portanto, uma união em si, entre a vertente objetiva, o conceito, e a vertente subjetiva. A existência objetiva desta união é o Estado, que constitui assim o fundamento e o centro de todas as outras vertentes concretas da vida do povo: arte, direito, costumes, religião, ciência. Toda a atividade espiritual tem por fim único tornar-se consciente desta união, isto é, da sua liberdade. Entre as figuras de tal união consciente encontra-se à cabeça a religião. Nela o espírito existente, o espírito mundano, torna-se consciente do espírito absoluto e nesta consciência da essência que é em-si e para-si a vontade do homem abdica do seu interesse particular; deixa este de lado na devoção, na qual já não se pode lidar com algo de particular. Pelo sacrifício, o homem expressa que se despoja da sua propriedade, da sua vontade, dos seus sentimentos particulares. A concentração religiosa do ânimo surge como sentimento, no entanto, transita também para a reflexão: o culto é uma exteriorização da reflexão. A segunda figura da unificação do objetivo e do subjetivo no espírito [124] é a arte: penetra mais na realidade efetiva e na sensibilidade do que a religião; na sua atitude mais digna, deve representar; não decerto o espírito de Deus, mas a figura de Deus, em seguida, o divino e o espiritual em geral. O divino deve tornar-se intuitivo por meio dela, que o apresenta à fantasia e à intuição. – O verdadeiro, porém, não chega apenas à representação e ao sentimento como na religião, e à intuição como na arte, mas também ao espírito pensante; obtemos assim a terceira figura da unificação – a filosofia. Esta é, portanto, a mais elevada, a mais livre e a mais sábia configuração.

O conteúdo do Estado em si e por si existente é o próprio espírito do povo. O Estado efetivamente real está animado por este espírito; mas no Estado real lida-se com interesses determinados, com assuntos particulares, com guerras, instituições, etc. No entanto, o homem não deve saber meramente destes interesses, mas também de si mesmo neles, e deve a si proporcionar a consciência expressa da unidade com o espírito universal, que existe originariamente. O espírito efetivamente real desta consciência, o centro deste saber, é a religião. Ela é o primeiro modo da autoconsciência, a consciência espiritual do espírito do próprio povo, do espírito universal, em si e para si existente, segundo a determinação que ele a si fornece no espírito de um povo; a consciência do que é verdadeiro, na sua determinação mais pura e mais íntegra. O que ademais se determina como verdadeiro vale para mim, porquanto é conforme ao seu princípio na religião. A religião, a representação de Deus, constitui portanto o limite universal, o fundamento do povo. A religião é o lugar onde um povo proporciona a si mesmo a definição do que ele tem por verdadeiro. A definição de um objeto, de uma lei, contém tudo o que em si pertence ao objeto, segundo a sua essencialidade; é o todo do objeto, a sua natureza reduzida a uma simples determinação intelectual a partir da qual se pode então, diz-se, elucidar o individual de modo que ela constitui a alma de todo o particular. Pelo que das leis do movimento dos corpos celestes inferimos todas as suas posições particulares [125].

A religião é a consciência que um povo tem do que ele é, da essência do supremo. Este saber é a essência universal. Assim como um povo representa Deus, assim representa também a sua relação a Deus, ou assim se representa a si mesmo; a religião é igualmente o conceito que o povo tem de si mesmo. Um povo que considera como seu Deus a natureza não pode ser um povo livre; só quando considera Deus como um espírito que está acima da natureza se torna ele próprio espírito e livre. Na consideração da religião espiritual, importa saber se se conhece o verdadeiro, a Ideia, só na sua separação ou na sua verdadeira unidade; na sua separação, isto é, Deus como ser abstrato supremo, senhor do céu e da terra, que reside mais além e está excluído de toda a realidade humana; na sua unidade, isto é, Deus como unidade do universal e do particular, porquanto nele é intuído também o particular, na ideia da encarnação. Na Ideia divina, encontra-se o ser da unidade, da universalidade do espírito e da consciência existente; diz-se nela que o infinito está unido ao finito. Quando os dois estão separados, reina a infinitude do entendimento. Na religião cristã, a Ideia divina revelou-se como a unidade das naturezas divina e humana. Eis a verdadeira ideia da religião. A ela pertence o culto; este consiste apenas em a consciência individual proporcionar a si a sua unidade com o divino. A inteligência dos tempos modernos fez de Deus algo de abstrato, um além da autoconsciência humana, um muro calvo e férreo no qual o homem apenas rompe a sua cabeça. Mas a razão tem ideias inteiramente diversas das abstrações do entendimento.

O objeto da religião é o verdadeiro, a unidade do subjetivo e do objetivo. Na religião determinada, o absoluto, com muita frequência, é de novo separado do finito, mesmo onde ele se chama já espírito; mas então permanece um nome vazio. Assim acontece entre os Judeus, os Maometanos e na hodierna religião do entendimento que, a este respeito, se transformou na representação turca. Este universal abstrato pode, decerto, representar-se também simplesmente como mera obra da natureza [126], por exemplo, como fogo; pode igualmente representar-se como universal espiritual, à maneira dos Judeus. Se o homem concebe o universal como natureza, temos o panteísmo. Mas neste não há conteúdo algum. Deus, o sujeito, desaparece, porque já não se distingue. O outro modo é a unidade de Deus e do mundo. Aqui se inclui a encarnação entre os Indianos, a arte grega e, no sentido muito mais puro, a religião cristã em que a unidade das naturezas divina e humana se manifesta em Cristo. Esta é uma encarnação que já não está exposta de um modo antropomórfico e indigno da divindade, mas de tal modo que conduz à verdadeira ideia de Deus.

Na filosofia da religião, deve assinalar-se com o maior pormenor o aspeto do desenvolvimento da consciência religiosa sobre o que constitui a essência do espírito; a tal nos devemos aqui restringir. Com efeito, temos aqui a ver essencialmente também com as outras vertentes, as outras formas em que se diferencia o espírito de um povo. O espírito efetivamente real desta consciência é a religião; a arte e a ciência podem olhar-se como vertentes e formas de tal consciência. A arte tem o mesmo conteúdo que a religião; só que o seu elemento é a intuição sensível. A ciência $\chi\alpha\tau'$ $\dot{\epsilon}\xi o\chi\dot{\eta}v$, a filosofia, trata também do mesmo objeto, mas no elemento do pensamento. As outras ciências não têm um conteúdo absoluto e, para o Estado, encontram-se sob o conteúdo finito que se refere às necessidades. Por conseguinte, na religião é que se expressa o princípio de um povo de um modo mais simples, como é também na religião que se funda toda a existência do povo.

Segundo este aspeto, a religião encontra-se na mais íntima relação com o princípio do Estado. É uma representação do espírito do Estado em universalidade incondicionada, mas de tal modo que o espírito efetivamente real, o espírito representante, se despojou de todas as contingências externas. A liberdade consciente só existe quando cada individualidade é conhecida positivamente na essência divina e a subjetividade é intuída nessa mesma essência. Esta liberdade consciente existe entre os Gregos e, mais desenvolvida ainda, no mundo cristão. Diz-se a este respeito com razão que o Estado se funda na religião. O nexo consiste em que [127] o ser mundano tem de ser temporal, um ser que se move em interesses particulares, portanto, é um ser relativo e injustificado que só alcança a sua justificação quando se encontra absolutamente justificada a sua alma universal, o seu princípio; e tal só acontece quando se torna consciente como determinidade e ser determinado da essência de Deus. É por isso que o Estado se baseia na religião. O princípio do Estado deve ser o imediatamente justificado; os interesses finitos, pelo contrário, são algo de relativo. A justificação absoluta do princípio universal consiste em ser conhecido como momento, como determinação da própria natureza divina. Por isso, o princípio do Estado, o universal, que ele exige, torna-se consciente como absoluto, como determinação da própria essência divina. Ouvimos muitas vezes, na nossa época, repetir que o Estado se funda na religião e, na maioria das vezes, apenas se quer dizer que os indivíduos, enquanto tementes de Deus, estão inclinados e dispostos a fazer o seu dever porque a obediência ao príncipe e à lei facilmente se pode associar ao temor de Deus. Sem dúvida, o temor de Deus, porque eleva o universal sobre o particular, pode também virar-se contra o último, tornar-se fanático e atacar o Estado, incendiando e destruindo os seus organismos e instituições. O temor de Deus deve, pois, diz-se, ser discreto e manter-se em certa frieza, a fim de não se sublevar contra o que se deve proteger e manter, e o não fazer soçobrar. Tem, pelo menos em si, a possibilidade de o fazer.

Ora, em virtude de se ter adquirido a justa convicção de que o Estado se baseia na religião, atribui-se a esta uma situação segundo a qual existiria o Estado, mas não a religião, de modo que, para manter o Estado, se julga necessário introduzir nele a religião, aos baldes e em grande quantidade, a fim de a inculcar nos ânimos. É de todo exato que os homens devem ser educados na religião, mas não como em algo que ainda não existe. O homem é educado no que é, e não no que não é. Com efeito, se se disser que o Estado se funda na religião, que tem nela as suas raízes, isto significa essencialmente que promanou dela e dela deriva agora e sempre: o Estado determinado sai da religião determinada [128], os princípios do Estado devem considerar-se, segundo se disse, como em si e por si válidos; e só o são quando se conhecem como determinações da própria natureza divina. Por conseguinte, conforme for a religião assim será o Estado e a sua constituição. O Estado promanou efetivamente da religião e de tal modo que o Estado ateniense e o romano só eram possíveis no paganismo específico destes povos, tal como um Estado católico tem um espírito diferente e uma constituição diversa de um Estado protestante.

Se esse apelo, essa tendência e urgência em implantar a religião fosse um grito de angústia e de necessidade, como muitas vezes assim parece, em que se expressa o perigo de que a religião já tenha desaparecido do Estado ou esteja em vias de inteiramente se desvanecer, isso seria mau, e até pior do que o que indica aquele grito de angústia; com efeito, este julga ainda ter na sua implantação e inculcação um meio contra o mal. Mas a religião não é em geral algo que se possa manufaturar, o seu criar-se tem raízes muito mais profundas.

O Estado tem com a religião um mesmo princípio comum; esta não se lhe acrescenta a partir de fora, para regular o edifício do Estado e a conduta dos indivíduos, a sua relação com o Estado, mas é a primeira interioridade que nele se determina e realiza. Os homens devem ser educados na religião; a religião deve manter-se sempre, exatamente como a ciência e a arte devem ser ensinadas. Mas não deve conceber-se esta relação como se a religião houvesse de posteriormente sobrevir; o sentido, como se disse, é que o Estado brotou de uma religião determinada, que ele tem com a religião o mesmo princípio comum e que, se possui uma vida política, artística e científica, é porque tem a religião.

Facilmente se podem a este respeito fazer objeções superficiais. Mas não se deve lançar mão ao que está mais próximo e a que se dá o nome de povo para ver se nele se pode encontrar esta relação. Deve recorrer-se a Estados que alcançaram a maturidade e a povos que prosperaram até ao seu completo desenvolvimento; não, porém, por exemplo [129], povos de pastores, cuja constituição é a mesma nas religiões mais diversas. Em situações tão imperfeitas não existe o desenvolvimento em que o princípio do espírito de um povo se realiza e se dá a conhecer de um modo determinado. Um povo assim constituído tem em si unidas todas as esferas e modos de vida que podem, em seguida, existir também separadamente, porquanto um povo se encontra ainda num estado mais simples e muitos povos não têm autonomia, independência ou, pelo menos, não devem a esta a sua constituição e poder. Tais povos, em parte, não avançaram até à rica perfeição de si mesmos, em parte, não têm por si independência. Atenas tinha uma constituição democrática, mas Hamburgo, por exemplo, tem igualmente uma; a religião é em ambos os Estados sumamente distinta, a constituição, porém, é a mesma. Parecem aqui residir as instâncias contra o que denominámos relação essencial da religião determinada com uma constituição determinada. Mas o fenómeno explica-se considerando que o comércio predomina em Hamburgo; a cidade é independente graças a tal, não como um grande Estado europeu. Importa também não considerar povos que têm capacidade externa, mas ainda não chegaram ao livre desenvolvimento. Os Estados norte-americanos começaram pelo mar, pelo comércio; estendem-se cada vez mais para dentro, mas ainda não atingiram o desenvolvimento, a maturidade que apenas advém aos velhos Estados europeus.

Por conseguinte, a religião deve considerar-se como algo que se converte necessariamente em constituição, em governo mundano e em vida do mundo. O princípio universal existe no mundo e, por isso, deve também neste realizar-se, pois conhece o mundo. Quanto mais profundamente o princípio espiritual em si mergulha, quanto mais pura é, pois, a religião, tanto menos se preocupa com o mundo; assim acontece, por exemplo, na religião cristã. A religião distingue-se da sabedoria do mundo porque aquela ordena a indiferença para com as honras, a coragem, a propriedade, mas esta participa mais no mundo, aspira à honra, enaltece a coragem e a valentia: eis em que consiste a mundanidade. A religião [130] pode ser muito infecunda; eis uma coisa bem conhecida. Por isso se diz que a religião não deve existir somente na cabeça do homem, mas também no seu coração; que, ao mesmo tempo, toda a sua vida efetiva deve expressar a religião, que ele deve possuir essencialmente eticidade e religiosidade. Embora a propósito dos indivíduos tenhamos a conceção de que é possível que o princípio da verdade se não imprima na realidade efetiva, a respeito dos povos temos a de que tal não é possível. O princípio universal da verdade introduz-se aqui nas esferas particulares da vida de tal modo que esta, enquanto consciência religiosa prática, é penetrada pela verdade. A manifestação da verdade na esfera particular é então o que sobressai como constituição política, como relação jurídica, como eticidade em geral, como arte e ciência. O espírito – já muitas vezes se afirmou – deve realizar a sua consciência de si; deve tornar-se objetal. Só é espírito na medida em que sabe de si e é objetivo. Mas a objetividade implica a finitização e, deste modo, a emergência de diferenças que se instituem como os membros particulares da organização. O espírito relaciona-se com o seu objeto, e assim surge a diferença; e por se relacionar consigo, se explicitar e ser a única alma viva nos membros, é em si consciente de si mesmo, como expressão das suas partes particulares na sua esfera particular. O espírito não se pode apreender simplesmente como incipiente; mas produz-se a si mesmo, é o seu fim, o seu resultado, de modo que o que emerge nada mais é do que o que começa. Mas graças à mediação da objetivação é que ele proporciona a si mesmo a realidade efetiva. A religião como tal deve essencialmente realizar-se; deve constituir para si um mundo para que o espírito se torne consciente de si, para que seja um espírito efetivamente real.

O que de modo essencial importa na religião é até que ponto nela está efetivamente contida a consciência que o espírito tem do que ele de facto é. Se na consciência do que o espírito é se contém a consciência do que é a verdade, do que segundo o seu conceito é o espírito, então todas as vertentes da sua existência estão estabelecidas na verdade [131] e alcançaram assim a determinação do verdadeiro – mas isto só pode acontecer na verdadeira religião. As outras vertentes devem ter o lado religioso por seu fundamento, de outro modo permanecem infrutíferas porque não são determinadas pela verdade. Mas há também aspectos que estão abandonados ao arbítrio e caem na barbárie, que ainda não foi trazida à verdade. A nossa abordagem deve ter por fim elucidar como é que a religião é o selo fundamental das esferas particulares.

Afirmou-se que a religião como tal se mostra muitas vezes infrutífera no indivíduo; por isso, o sistema da vitalidade do povo deve, em contrapartida, configurar-se de acordo com a religião. A religião distingue-se essencialmente conforme o seu princípio for de tal sorte que tudo o que pertence ao conceito de espírito se encontra harmonizado no espírito religioso e alcançou o seu próprio princípio determinado. Se o espírito não é apreendido na sua verdadeira profundidade, há, como se disse, aspectos na vida de um povo em que ela é irracional, se encontra abandonada ao arbítrio ou se conduz de qualquer modo sem liberdade. Assim uma deficiência da religião grega ou do princípio do espírito grego, ou do conceito que o espírito fez de si mesmo enquanto espírito grego, residiu no facto de os Gregos recorrerem a oráculos nos assuntos públicos – conclusão de tratados – e nos assuntos privados. Há que explicar tal asserindo que concerne a um aspecto essencial do espírito, mas que se satisfez de um modo invertido e não livre, ainda antes de tal vertente ter alcançado a sua posição no princípio substancial da religião. Assim também na religião maometana. O seu fanatismo impeliu os seus prosélitos a conquistar o mundo; mas é incapaz de levar à constituição de um Estado com uma vida política articulada e orgânica, de uma ordem legal para a liberdade. Quando, pois, uma religião como o Cristianismo tem por princípio seu o conceito absoluto do espírito, é necessário então que constitua o seu mundo mediante o conceito. A elaboração da realidade efetiva segundo esse princípio é um trabalho longo e não pôde acontecer de modo imediato; já no princípio da era cristã encontraremos a [132] ingente contradição entre o seu princípio e a rudeza e a barbárie que, no começo, existia nos povos cristãos.

A arte, quer quando se esforça por elaborar o material para as necessidades quer quando a sua aspiração visa produzir obras belas, está intimamente conexa com a determinidade da religião. O entendimento não pode ter arte alguma ou, quando muito, a do sublime onde a figura está de tal modo fermentada que o indivíduo se esvanece. Onde o espírito, como entre os Judeus e os Maometanos, é apreendido por oposição ao homem como o desprovido de figura, não resta lugar algum para a arte plástica. O que vigora como o verdadeiro não tolera nenhuma configuração. O seu modo de se estabelecer não deve ser nenhuma configuração externa. A fantasia não é aqui o órgão para conceber o que para o espírito tem verdadeira validade. Mas a arte é essencialmente arte bela; deve, pois, ter existido onde a fantasia, a capacidade de configurar, é o órgão mais elevado, onde Deus não é conhecido como espírito universal. Assim teve de ser entre os Gregos, onde a universalidade divina foi intuída na forma da subjetividade natural. Em semelhante povo é necessário apreender e exibir o universal, o divino, na intuição sensível. Também a religião cristã tem essencialmente arte porque, para ela, o divino não é o abstrato do entendimento. No entanto, entre nós, a arte não pode ser, como entre os Gregos, o modo supremo de se representar e apreender o verdadeiro; só pode ter uma posição subordinada. A configuração que unicamente é proporcionada pela arte não tem para nós uma verdade incondicionada, não é a forma em que aparece o absoluto. A configuração na arte é apenas algo de finito, algo de inadequado ao conteúdo infinito que se deve representar.

As ciências aproximam-se mais da religião; têm, sem dúvida, o mais diverso conteúdo que, muitas vezes, apenas constitui uma coletânea de conhecimentos; mas para as ciências em geral vigora pelo menos o princípio do pensar, do conhecer. São úteis para todas as vertentes da realidade efetiva; também a religião, o Estado, o direito, são [133] úteis – o verdadeiro presta-se igualmente a outros fins. Pode, pois, dizer-se também que Deus é útil; é uma expressão profana e inadequada: a sua utilidade é a sua bondade, pela qual deixa livres as demais coisas e a elas se entrega. Mas é essencial não considerar as ciências sob o aspeto subordinado da utilidade; como a religião, são um fim em si e por si, são para si mesmos um fim último. Visto que as ciências, e em particular a do livre pensar, a filosofia, pertencem ao pensar, encontram-se no elemento e no terreno peculiares do espírito. Um povo apreende o conceito que tem de si e da verdade, através do pensar na forma científica, isto é, na forma que corresponde ao conceito do próprio espírito. Pensar é apreender abstratamente o mais profundo do espírito. O objetal é, pois, aqui adequado à natureza do espírito. As ciências constituem assim o mais elevado ponto de culminação de um povo; o seu supremo impulso é apreender-se e realizar por toda a parte este seu conceito. O elemento mais importante não é a necessidade física, seja ela qual for, nem o direito formal, mas o pensar, a inteligência enquanto tal. A floração do povo é a consciência livre, desinteressada, sem apetites; assim acontece igualmente na arte. O conteúdo desta consciência não reside, porém, num elemento sensível como na arte, mas o material em que expressa o seu conceito é o pensar. Um povo conquista a honra quando cultiva as ciências. A ciência da filosofia em particular é a que pensa e compreende o conteúdo que existe na religião, sob a forma da representação sensível e espiritual. No Cristianismo tal expressa-se asserindo que Deus gerou o seu Filho. Não se expressa assim uma relação de pensamento, mas uma relação natural. Ora o que na religião se apreendeu representativamente na relação da vitalidade é apreendido na ciência de modo conceptual, pelo que o conteúdo é o mesmo, mas na sua figura mais elevada, mais viva e mais digna. A ciência é o modo mais elevado como um povo chega à consciência da verdade, como realiza o que constitui o modo absoluto do espírito. Por isso, passa-se com a filosofia, no seio da história [134] universal, o mesmo que com as artes plásticas. Só entre os Gregos e os cristãos pode haver uma filosofia concreta; a abstrata encontra-se também nos orientais, mas nesta não se chega à unidade do finito e do divino.

Face a estes modos ideais, o Estado tem ainda outra vertente da existência, segundo o conteúdo da manifestação externa. Neste conteúdo, seja qual for a sua índole particular, transparece também o universal.

A primeira matéria desta índole é o que se chama costumes e usos dos povos. Aqui se inclui a eticidade natural, a relação familiar; ambas são determinadas pela natureza do Estado, seja qual for, por exemplo, o tipo de casamento: poligamia, poliandria, monogamia. Nos Estados cristãos, porém, só pode existir o casamento que um homem contrai com uma mulher, porque só aí cada parte obtém o seu pleno direito. Inclui-se, além disso, aqui a relação dos filhos aos pais, na medida em que são escravos ou podem ter livre propriedade. O outro modo ético concerne mais ao comportamento dos indivíduos entre si, mesmo onde ele se revela como cortesia. Pense-se apenas na diferença das demonstrações de cortesia que, por exemplo, o europeu e o asiático têm para com os seus superiores. Estes usos remontam a relações substanciais e expressam os pensamentos que os homens sobre si têm. São algo de simbólico, mas encerram, sem dúvida, muito de acidental; nem tudo neles tem significado.

Um outro ponto na vertente da manifestação é o comportamento prático do homem relativamente à natureza e à satisfação das suas necessidades finitas. Inclui-se aqui a diligência industriosa; dá-nos a conhecer como os homens se comportam na sua dependência em relação à natureza, como satisfazem as suas necessidades nesta direção a fim de conseguirem os gozos correspondentes. O impulso natural de que aqui se trata concerne à particularidade do homem; o lado essencial como tal, a religião, a constituição política, está, portanto, numa relação longínqua com esta esfera. Mas o princípio universal do espírito intervém também essencialmente no modo [135] como o senso do povo se comporta perante os negócios, a indústria e o comércio. O fim desta atividade é que o indivíduo cuide de si mesmo, aplique a sua diligência, o seu entendimento, o seu esforço e a sua arte na aquisição do que se requer para as suas necessidades, as quais, de resto, ele pode multiplicar e refinar até ao infinito. A agricultura traz consigo a necessária dependência da natureza. O que em sentido próprio se chama indústria recolhe o material bruto para o elaborar e encontra a sua subsistência no que é suscitado pelo entendimento, pela reflexão e pela diligência. Este ramo concerne ao particular; mas precisamente no particular não há nenhum limite imanente. A acumulação da riqueza e o refinamento podem prosseguir até ao ilimitado. Ora é muito diferente se a indústria está limitada, adscrita a certas castas, sem poder ter lugar qualquer ampliação, ou se o indivíduo é de todo isento de limites e se pode alargar sem medida. Esta situação pressupõe o espírito de um povo totalmente diverso, por conseguinte, também uma religião e uma constituição diferentes das de uma situação em que a diligência é, decerto, também necessária, mas o campo da sua atuação está fechado de uma vez por todas. – Neste âmbito se inserem as armas dos homens contra os animais e para o mútuo ataque, e igualmente os barcos. Segundo uma antiga lenda, o ferro foi descoberto pelos asiáticos. A invenção da pólvora não pode considerar-se como casual, mas foi possível inventá-la e utilizá-la somente nesta época e sob esta cultura. Uma quantidade inteira de objetos semelhantes é, no entanto, independente da índole particular do espírito do povo, por exemplo, os objetos de luxo que podem surgir aproximadamente do mesmo modo em todas as épocas e sob todas as culturas.

O terceiro ponto *é o direito privado*, o direito relativo às necessidades finitas. O desenvolvimento da liberdade pessoal chega aqui à expressão, por exemplo, asserindo-se que a escravatura não pode ter lugar ou que a propriedade é livre. Uma plena liberdade pessoal e uma propriedade inteiramente livre só podem existir em Estados que se fundam num princípio determinado. O princípio jurídico encontra-se justamente numa conexão imediata com o princípio universal. Na religião cristã, por exemplo, é princípio universal, primeiro, que [136] existe um Espírito que é a verdade; segundo, que os indivíduos têm um valor infinito e devem ser acolhidos na graça da espiritualidade absoluta. Uma consequência daqui derivada é que o indivíduo se reconhece como infinito na sua personalidade, como autoconsciência em geral, como livre. O princípio de que o homem enquanto homem tem valor infinito não existe nas religiões orientais. Por isso, só no Cristianismo são os homens pessoalmente livres, isto é, aptos para possuir a propriedade e uma propriedade livre.

Por último, importa ainda mencionar também a ciência do finito. A matemática, a história natural e a física exigem também um certo ponto de vista da formação. Só quando o indivíduo para si conseguiu a liberdade interior é que deixa preservar o objeto e já não se comporta perante ele apenas segundo o apetite, mas de um modo teorético. Também aqui existe uma diferença entre o mundo antigo e o mundo novo. Aquele não conheceu o interesse pela natureza e pelas suas leis. É-lhe peculiar uma segurança superior mais concreta, uma força do espírito, para se ocupar com os objetos na sua finidade. Para que o espírito chegue a esta abstração é necessária uma superior intensidade da autoconsciência.

São estas as esferas capitais em que o espírito se distingue, ao realizar-se num Estado. Num Estado desenvolvido em que as vertentes se distinguem, cada uma alcançou o seu direito e todas se devem articular em classes diferentes. Por um lado, o indivíduo pode participar em todas estas vertentes; por outro, participa necessariamente na religião, no direito, na constituição, na ciência, pelo menos de modo indireto. Estas esferas dividem-se, além disso, em ordens particulares pelas quais se repartem os indivíduos. Tais ordens constituem o que é a vocação do indivíduo. As diferenças que se encontram nestas vertentes devem efetivamente manifestar-se em esferas particulares e configurar-se em ocupações peculiares. Tal é o fundamento da diferença das ordens que se encontram num Estado organizado. O Estado é um todo orgânico e estas articulações são nele tão necessárias como no organismo. É, pois, um todo orgânico de natureza ética [137]. O livre não é invejoso; permite aos seus momentos que se construam, e o universal conserva ainda a força de manter na unidade consigo estas determinações.

d) *[A sua realidade efetiva]*

Os pontos até aqui expostos diziam respeito a momentos abstratos que ocorrem no conceito de Estado. Mas proporcionar ao mesmo conceito a realização e encontrar instituições para que quanto aconteça no interior do Estado lhe seja adequado é obra da constituição. Há quem julgue supérfluo que um povo tenha uma constituição e pense que a sua forma política se compreende por si mesma. Quer isto dizer apenas: a falta da constituição concebe-se também como constituição, da mesma maneira que uma esfera se considera como figura.

Quando o princípio da vontade individual, enquanto determinação única da liberdade política, se toma por base de modo que todos os indivíduos devem prestar o seu assentimento a tudo o que é feito pelo e para o Estado, não existe em rigor constituição alguma. A única instituição requerida seria apenas um centro sem vontade que observasse as necessidades que lhe parecessem próprias do Estado e fizesse conhecer a sua opinião; e, em seguida, o mecanismo de convocação dos indivíduos, do seu voto e da operação aritmética da contagem e comparação das quantidades de votos favoráveis às distintas proposições; e com isto já estaria determinada a decisão.

O próprio Estado é um abstrato que tem a sua realidade, puramente universal, nos cidadãos; mas é real, e a existência puramente universal deve determinar-se na vontade e atividade individuais. Sobrevém a necessidade do governo e da administração estatal, de um isolamento e de uma seleção dos que dirigem os negócios do Estado; sobre eles decidem e determinam a forma da sua execução e mandam aos cidadãos que devem levar a cabo semelhante execução. Nas democracias, por exemplo, [138] o povo decide sobre a guerra, por isso importa pôr à cabeça um general que a dirija. Pela constituição política é que o abstrato do Estado adquire vida e realidade efetiva; mas com ela surge igualmente a distinção entre os que mandam e os que obedecem, os governantes e os governados. Obedecer, porém, não parece conforme à liberdade; e os que mandam parecem inclusive fazer o contrário do que corresponde ao fundamento do Estado, ao conceito de liberdade. Se a distinção entre mandar e obedecer é necessária, porque a coisa não se poderia dar de outro modo – e, sem dúvida, parece tratar-se aqui apenas de uma urgência, de uma necessidade exterior e contraria à liberdade, se se tomar esta num sentido abstrato –, então, deveria pelo menos deparar-se (pensa-se) com uma instituição tal que seja o menos possível simplesmente obedecida pelos cidadãos e se abandone em geral ao ato de mandar tão pouco arbítrio quanto possível; o seu conteúdo, para o qual o mandar é necessário, será, no essencial, determinado e resolvido pelo povo, pela vontade de muitos ou de todos os indivíduos, retendo, no entanto, o Estado, enquanto realidade efetiva como unidade individual, a sua força e robustez.

A primeira de todas as determinações é, em geral, a distinção entre governantes e governados; e com razão se dividiram as constituições em monarquia, aristocracia e democracia. Importa advertir somente, primeiro, que a própria monarquia se deve dividir em despotismo e na monarquia enquanto tal; segundo, que em todas as classificações tiradas do conceito se deve realçar somente a determinação fundamental e, deste modo, não se diz que essa mesma determinação tenha de se esgotar mediante uma figura, género ou espécie no seu desdobramento concreto; terceiro, e sobretudo, que o conceito admite uma quantidade de modificações particulares não só dos ordenamentos gerais em si mesmos, mas também de outros que são mesclas de vários destes ordenamentos essenciais, portanto, são configurações informes, em si insustentáveis e inconsequentes. [A primeira determinação é, pois, [139] a distinção entre governantes e governados], bem como a sua ulterior instituição, em que sentido e com que fim se deve fazer. O problema nesta colisão é, por conseguinte, o de qual será a melhor constituição, isto é, mediante que instituição, organização ou mecanismo do poder estatal se alcança, com maior segurança, o fim do Estado.

Semelhante fim pode, decerto, apreender-se de modo diverso, por exemplo, como fruição tranquila da vida civil, felicidade geral. Tais fins originaram os chamados ideais de governos políticos, principalmente os ideais de educação dos príncipes (Fenelon)([2]) ou dos governantes em geral, dos aristocratas (Platão). Em tais ideais, o essencial colocou-se na índole dos sujeitos que estão à frente [do governo] e, neles, nem sequer se pensou em instituições políticas orgânicas. O problema da melhor constituição põe-se, com frequência, no sentido de que não só a teoria a tal respeito é um afazer da livre reflexão subjetiva, mas também de que a introdução efetiva de

---

([2]) 1651-1715, arcebispo de Cambrai. Precetor do príncipe. *Les aventures de Télémaque* (1699).

uma constituição reconhecida como a melhor ou melhor do que todas as conhecidas pode ser uma consequência de uma decisão tomada teoricamente – o tipo de constituição que é objeto de uma eleição totalmente livre e só determinada pela reflexão. Neste sentido totalmente ingénuo deliberaram, não decerto o povo persa, mas os grandes da Pérsia, que conspiraram para derrubar o falso Esmerdis e os magos. Levado a cabo o seu empreendimento e não restando já nenhum rebento da família de Ciro, discutiram sobre que constituição pretendiam introduzir na Pérsia; e Heródoto narra com igual ingenuidade esta deliberação.

Hoje em dia, não se concebe que a constituição de um país e de um povo se deixe tão inteiramente à livre eleição. A determinação subjacente, mas abstratamente defendida, da liberdade tem como consequência o facto de que a república surja, de modo muito geral na teoria, como a única constituição justa e verdadeira, e até um grande número de homens [140] que ocupam postos elevados na administração pública das constituições monárquicas, por exemplo Lafayette([3]), não contradizem semelhante conceção ou até a ela aderiram – unicamente discernem que uma tal constituição, ainda que fosse a melhor, não se poderia, na realidade, introduzir em toda a parte e, dada a índole dos homens, é preferível menos liberdade, pelo que a constituição monárquica é a mais útil nestas circunstâncias dadas e na situação ética do povo. Também segundo esta opinião a necessidade de uma determinada constituição política se faz depender da situação enquanto contingência puramente externa. Esta representação funda-se na separação que a reflexão intelectual estabelece entre o conceito e a sua realidade, ao ater-se simplesmente a um conceito abstrato e, por conseguinte, inverdadeiro, não apreende a ideia ou, o que é a mesma coisa quanto ao conteúdo, embora não quanto à forma, não possui intuição concreta de um povo e de um Estado. Já antes se indicou que a constituição de um povo é uma só substância,

---

([3]) 1759-1834; fundador da Guarda nacional francesa em 1789; chefe dos Feuillants durante a Revolução; emigrante de 1792 a 1797; desde então em Paris; partidário de Louis Philippe, em 1830.

um só espírito com a sua religião, com a sua arte e a sua filosofia ou, pelo menos, com as representações e pensamentos da sua cultura em geral, para não mencionar os outros poderes exteriores do seu clima, dos países vizinhos, da sua posição no mundo. Um Estado é uma totalidade individual da qual não se pode separar um aspeto particular, embora sumamente importante, como a constituição política, para o discutir e escolher isoladamente segundo uma consideração apenas a ele concernente. Não só a constituição é um elemento intimamente conexo com os outros poderes espirituais e deles dependente, mas a determinidade de toda a individualidade espiritual com inclusão de todas as suas potências é apenas um momento na história do todo e é predeterminado no seu decurso o que constitui a suprema sanção da constituição e a sua suprema necessidade [141].

Nesta consideração, deve advertir-se que, ao falarmos de constituições, não nos detemos em distinções abstratas, como são as já conhecidas e mencionadas de democracia, aristocracia e monarquia. Concedemos, além disso, que não é fácil existir uma democracia sem mescla, sem um princípio aristocrático. A monarquia é, ademais, uma constituição em que estão compreendidos, incluídos, os outros momentos. São inteiramente diversas as determinações que interessam na consideração das constituições, da situação política essencial num povo.

A determinação essencial da constituição política, dada a diversidade das vertentes da vida política, expressa-se dizendo que o melhor Estado é aquele em que reina a maior liberdade. Mas aqui levanta-se a seguinte questão: onde é que a liberdade tem a sua realidade? Há quem conceba a liberdade de maneira que a vontade subjetiva dos indivíduos tome parte nos mais importantes negócios do Estado. A vontade subjetiva considera-se aqui como o último e decisivo. Mas a natureza do Estado é a unidade da vontade objetiva e da vontade geral; a vontade subjetiva elevou-se a ponto de renunciar à sua particularidade. Quando se concebe um Estado facilmente se põe de um lado o governo e, do outro, o povo; aquele é a atividade concentrada do universal, este é a atividade de muitas e singulares vontades subjetivas. Separa-se, pois, o povo e o governo. Pensa-se ver uma boa constituição política onde ambas as partes estão reciprocamente asseguradas; por um lado, o governo na sua eficácia do universal e, por outro, o povo na sua vontade subjetiva; ambos se devem mutuamente limitar. Esta forma tem decerto o seu lugar na história; mas semelhante oposição é ab-rogada no conceito do Estado. Há algo de maléfico na contraposição de povo e governo, um ardil da vontade má, como se o povo, separado do governo, constituísse o todo. Enquanto assim se falar, não pode dizer-se que exista já o Estado, unidade da vontade geral e da vontade particular. Trata-se ainda então de criar a existência do Estado. O conceito racional do Estado deixou atrás de si semelhante oposição abstrata; os que dela falam como de uma oposição necessária [142] não sabem absolutamente nada da natureza do Estado. O Estado tem esta unidade por seu fundamento, ela é o seu ser, a sua substância.

Mas deste modo não é ainda em si a substância evolvida. Como tal, ele é um sistema de órgãos, de círculos, de universalidades particulares, que são em si autónomas, mas cuja eficácia consiste em produzir o todo, em ab-rogar a sua autonomia. Na vida orgânica, não pode falar-se de semelhante oposição das independências particulares; no animal, por exemplo, o universal da vida está presente em cada partícula, e quando dela é extraído resta apenas algo de inorgânico. As diferenças entre as constituições políticas referem-se então à forma em que a totalidade está configurada. O Estado é a racionalidade mundana, as diferentes constituições seguem-se, pois, umas às outras na diversidade dos seus princípios, e o que acontece é sempre que as primeiras são ab-rogadas pelas seguintes.

O Estado é a ideia espiritual na exterioridade da vontade humana e da sua liberdade. É por isso que nele em geral incide essencialmente a transformação da história, e os momentos da Ideia existem no Estado como princípios distintos. As constituições em que os povos histórico-universais alcançaram a sua floração são-lhes peculiares, portanto, não são um fundamento universal, de maneira que a diferença consista apenas no modo determinado da configuração e do desenvolvimento, mas consiste na diversidade dos princípios. Por conseguinte, da história nada se pode aprender para a atual configuração da constituição política. O último princípio da constituição, o princípio dos nossos tempos, não se encontra incluído nas constituições dos anteriores povos históricos. O caso é inteiramente diverso na ciência e na arte. Os princípios anteriores são aqui o fundamento absoluto do seguinte; por exemplo, a filosofia dos antigos é o fundamento da filosofia mais recente, de tal modo que deve pura e simplesmente estar nela contida e constitui o seu solo. A relação surge aqui como um desenvolvimento ininterrupto do mesmo edifício em que a primeira pedra, os muros e o telhado continuam a ser os [143] mesmos. Na arte, o modelo supremo é ainda a arte grega, tal como é. Mas relativamente à constituição as coisas são muito diferentes, o antigo e o novo não têm aqui em comum nenhum princípio essencial. As especificações e doutrinas abstratas sobre o governo justo, em que o discernimento e a virtude devem predominar, são, sem dúvida, comuns. Mas nada há de tão inepto como pretender tomar exemplos dos Gregos e Romanos, ou dos orientais, para as instituições constitucionais da nossa época. Ao Oriente podem ir buscar-se formosos quadros da condição patriarcal, do governo paternal, da abnegação dos povos; aos Gregos e aos Romanos, descrições da liberdade pública. Entre estes encontramos, com efeito, o conceito de uma constituição livre expresso de tal modo que todos os cidadãos devem tomar parte nas deliberações e resoluções sobre os negócios e as leis gerais. Esta é também, nos nossos tempos, a opinião geral, apenas com a modificação de que, por os nossos Estados serem tão grandes e tantos os indivíduos, estes já não podem expressar diretamente a sua vontade, na resolução dos negócios públicos, mas só indiretamente, mediante representantes; isto é, o povo deve estar representado por deputados na legislação em geral. A chamada constituição representativa é a especificação a que associamos a representação de uma constituição livre, de modo tal que tal se converteu num preconceito sólido. – O essencial é que a liberdade, enquanto determinada pelo conceito, não tem por princípio a vontade e o arbítrio subjetivos, mas o discernimento da vontade geral, e que o sistema da liberdade é o livre desenvolvimento dos seus momentos. A vontade subjetiva é uma determinação inteiramente formal, na qual não reside o que a vontade quer. Só a vontade racional é este universal que em si se determina e desenvolve, desdobrando os seus momentos como membros orgânicos. Mas isto é o último, a liberdade racional, um edifício gótico, que tem por matéria sua o universal. Os antigos nada souberam de semelhante catedral gótica. Trata-se de uma realização da época cristã. O importante é ter chegado a uma diferença infinita, que se dissolve quando os indivíduos sabem possuir a sua liberdade [144], independência e essencialidade na unidade com o substancial, de tal maneira que têm a forma de atuar para esse princípio substancial; o importante é esta expansão do substancial. Aqui reside a superior diferença entre os povos e as suas constituições.

Do princípio superior extrai-se uma distinção subalterna, indiferente, que é ordinariamente considerada como essencial numa constituição, a saber, se os indivíduos lhe deram ou não a sua aprovação subjetiva. Em primeiro lugar, há que ver se os indivíduos são concebidos como pessoas, se a substancialidade existe como espírito, como essência por eles conhecida. Entre os Chineses, por exemplo, não existe modo algum de semelhante aprovação; para eles seria tão disparatado questioná-los acerca dessa suposta deficiência como consultar também as crianças de qualquer idade num conselho de família. Os Chineses ainda não se conhecem como subjetividade livre; nesta ainda não se encerra para eles a essencialidade do ético e do jurídico, tal não é ainda para eles o seu fim, a sua obra e o seu objeto. Por outro lado, divisamos no Turco a vontade subjetiva num estado completamente indómito. Os Janízaros, por exemplo, têm vontade e exercem-na, mas é uma vontade selvagem determinada em parte pela religião e também indómita nos seus apetites. Aqui, a vontade pessoal é livre segundo uma representação inexata; mas não está incorporada na vontade concreta racional. O Turco nada sabe desta vontade, não a tem por objeto, não faz dela o seu interesse e também não a toma por móbil; e quando entra em contacto com a universalidade, esta é algo de abstrato, de não orgânico, é puro fanatismo que destrói tudo o que se organiza, a eticidade, o direito de toda a espécie. Nos estados europeus, existe uma situação diversa; o discernimento é aqui algo de universal. A cultura científica, a fixação de fins universais, a determinação de princípios gerais é um bem comum que os cidadãos compartem com o governo e o governo com os cidadãos, na medida em que todas as esferas que pertencem à administração estão compreendidas no conceito. Em semelhante situação, a aprovação dos indivíduos particulares é mais ou menos indiferente, porque não poderia trazer nenhuma sabedoria particular; pelo contrário, saberiam menos do que aqueles [145] que expressamente se ocupam dos assuntos públicos. Tão pouco trariam boas intenções com os seus interesses particulares; o determinante é que existe aqui um bem comum a que devem ceder aqueles interesses. Se, por suposição, a verdade consiste em que todos os indivíduos dão a sua aprovação, facilmente se vê que não poderia vigorar lei alguma a não ser quando todos concordam. Aqui chega-se logo à determinação de que a minoria deve ceder à maioria; por conseguinte, a maioria decide. Mas já J. J. Rousseau observou que então deixa de haver liberdade, pois a vontade da minoria não é atendida. Na Dieta polaca, cada indivíduo devia dar a sua aprovação e, por causa desta liberdade, o Estado foi à ruína. Além disso, é perigoso e falso supor que só o povo tem razão e discernimento e que só ele vê o justo; pois cada fação do povo pode erigir-se como povo, e o que constitui o Estado é a fazer do conhecimento culto e não do povo.

As diferenças entre as constituições políticas concernem à forma em que a totalidade da vida estatal se manifesta. A primeira forma é aquela em que esta totalidade ainda se encontra oculta e os seus círculos particulares ainda não chegaram à autonomia; a segunda é aquela em que estes círculos e, por isso, os indivíduos, se tornam livres; por fim, a terceira é aquela em que eles têm a sua autonomia e a sua eficácia consiste em produzir o universal. Vemos todos os impérios e toda a história universal percorrer tais formas. Em primeiro lugar, assistimos em todo o Estado a uma espécie de monarquia patriarcal, pacífica ou guerreira. Esta primeira produção de um Estado é despótica e instintiva. Mas a obediência, a violência e o medo face a um déspota são já também uma conexão da vontade. Sobressai em seguida a particularidade; dominam os aristocratas, círculos individuais, os democratas, os indivíduos. Nestes indivíduos cristaliza-se uma aristocracia acidental e transita-se em seguida para um novo reino, uma monarquia. A conclusão é constituída pela submissão desta particularidade a um poder que pura e simplesmente não pode ser outro a não ser o que deixa fora de si as particulares esferas [146] independentes; e tal é o poder monárquico. Importa, pois, distinguir uma primeira e uma segunda realeza. – Eis o curso abstrato, embora necessário, na evolução dos Estados verdadeiramente autónomos, um curso tal que nele deve surgir em cada momento a constituição determinada que não é afazer da eleição, mas somente aquela constituição que é adequada ao espírito do povo.

Numa constituição interessa acima de tudo a realização da condição racional, isto é, política em si; importa que os momentos do conceito se desprendam uns dos outros de modo que os distintos poderes se diferenciem e se aperfeiçoem por si, mas também na sua liberdade colaborem para um fim e por ele sejam sustentados, isto é, constituam um todo orgânico. O Estado é, portanto, a liberdade racional que objetivamente se conhece e para si existe. De facto, a sua objetividade consiste precisamente em que os seus momentos não existam de um modo ideal, mas em peculiar realidade e, na sua eficácia a eles próprios referida, transitem pura e simplesmente para a atividade, graças à qual se suscita e resulta o todo, a alma, a unidade individual.

Deve ainda acrescentar-se que o Estado tem também uma relação com outros Estados, que é independente e que possui autonomia. A honra de um povo consiste em ser independente. Para tal determinar com maior pormenor haveria que dizer muitas mais coisas; mas abstemo-nos aqui de as mencionar, porque podem dispensar-se. Interessa-nos, no entanto, fazer uma distinção entre os princípios que vigoram nas relações dos Estados e o princípio que rege as suas relações na história universal. Aqui apenas vigora o direito do espírito absoluto, e unicamente se podem tomar em consideração as relações que fazem prevalecer um princípio superior do espírito. Mas nenhum Estado pode invocar tal direito. Os Estados singulares pressupõem-se uns aos outros como indivíduos autónomos, e a independência de um apenas é respeitada enquanto se pressupõe a autonomia dos outros Estados. Semelhantes relações podem estabelecer-se mediante tratados, e os princípios jurídicos devem então decidir. Mas na história universal prevalece um direito superior [147]. Sem dúvida, este vigora igualmente na realidade efetiva quando se trata da relação dos povos cultos com as hordas bárbaras. Também nas guerras religiosas um dos lados afirma um princípio sagrado, frente ao qual os direitos dos outros povos são algo de subordinado, não têm igual direito. Assim foi outrora entre os maometanos e, na teoria, igualmente hoje. Os cristãos, ao guerrearem os povos pagãos para os converter, defendiam também que a sua religião lhes dava um direito superior. Em tais circunstâncias, não prevalece um direito abstrato ou a ausência de direito, mas elas só têm lugar quando ainda não surgiu qualquer condição jurídica genuína. O que vigora sob tais circunstâncias não é aplicável a uma situação de verdadeira e recíproca independência dos Estados. Inversamente, o que vigora sob o pressuposto de uma situação jurídica não se pode aplicar a uma situação que ainda não é possível apelidar de situação jurídica. Por isso, os princípios dos Estados, o que vigora como direito estatal, não nos interessam aqui. Iremos ter em atenção o direito do espírito universal face aos Estados [148].

C

O curso da história universal

a) [O Princípio do Desenvolvimento]

A alteração abstrata em geral que ocorre na história foi há muito concebida de um modo universal como implicando ao mesmo tempo uma progressão para algo de melhor e de mais perfeito. As mudanças na natureza, apesar de serem infinitamente diversas, mostram apenas um círculo que sempre se repete; na natureza, nada de novo acontece debaixo do Sol e, por isso, o jogo multiforme das suas configurações traz consigo o tédio. Só nas transformações que acontecem no terreno espiritual surge algo de novo. Esta manifestação no espiritual permite ver no homem uma determinação diferente da que tem lugar nas coisas simplesmente naturais – nestas manifesta-se sempre uma só e mesma determinação, um caráter estável para sempre, a que retrocede toda a modificação e em cujo seio se encerra como algo de subordinado –, a saber, uma efetiva capacidade de modificação e, claro está, como se disse, para o melhor e o mais perfeito – um impulso de perfetibilidade. Este princípio que converte a própria modificação em algo de legal foi mal recebido pelas religiões, como a católica, e igualmente pelos Estados, porquanto sustentam um verdadeiro direito a ser estáticos ou, pelo menos, estáveis. Embora se admita em geral a mutabilidade das coisas mundanas, como dos Estados, excetua-se de tal, em parte, a religião enquanto religião da verdade, e, em parte, permanece em aberto atribuir as transformações, as revoluções e destruições do juridicamente estabelecido quer a casualidades, quer a torpezas, mas sobretudo à ligeireza, à corrupção e às más paixões dos homens. A perfetibilidade é, de facto, quase algo tão indeterminado como a variabilidade em geral; carece de fim e de meta: o melhor [149] o mais perfeito para que se deve caminhar é algo de inteiramente indeterminado.

É essencial observar que o curso do espírito é uma progressão, representação aliás conhecida, mas também frequentemente atacada, como já se afirmou. Pode, efetivamente, afigurar-se contrária à disposição anímica da existência tranquila, da constituição e legislação vigentes. Esta existência merece, sem dúvida, o mais alto respeito e toda a atividade deve cooperar na sua conservação. A noção de progressão é insatisfatória porque se afirma sobretudo na forma de que um homem tem uma perfetibilidade, isto é, possui uma possibilidade real e também a necessidade de se tornar sempre mais perfeito. A existência não é aqui olhada como o mais elevado, mas o mais elevado parece ser a variação. Nesta representação, não há nenhuma outra determinação a não ser a do aperfeiçoamento, que é muito indeterminado e atrás de si deixa apenas a variabilidade; não há qualquer critério para a alteração, nem também critério algum para o existente, a fim de apreciar até que ponto ele é o justo, o substancial. Não há nenhum princípio de exclusão, nenhuma meta, nenhum fim último determinado; a variação, o resíduo que permanece, é a única coisa que constitui a determinidade. – A noção de educação do género humano (Lessing) é engenhosa, mas só aflora de longe aquilo de que aqui se fala. A progressão tem em geral, nestas representações, a forma do quantitativo. Sempre mais conhecimentos, uma cultura mais refinada – somente comparativos como estes. Pode assim continuar a falar-se longamente sem se indicar qualquer determinidade, sem enunciar algo de qualitativo. A coisa, o qualitativo existe já, mas não se mencionou qualquer meta que importe alcançar; tal meta permanece inteiramente indeterminada. Mas o quantitativo – se quisermos falar com precisão do progresso – é justamente o desprovido de pensamento. O fim que importa alcançar deve ser conhecido. Na sua atividade, o espírito é, em geral, tal que as suas produções e transformações se devem conceber e conhecer como alterações qualitativas [150].

O princípio do desenvolvimento implica, ademais, que se encontre subjacente uma determinação interna, um pressuposto presente em si, que assim se traz à existência. Esta determinação formal é essencial; o espírito, que tem a história universal por seu cenário, sua propriedade e campo da sua realização, não é algo que vagabundeie no jogo externo das contingências, mas é, pelo contrário, em si o absolutamente determinante; a sua determinação peculiar é absolutamente firme face às contingências que ele domina e em seu proveito emprega. A evolução, porém, dá-se também nas coisas da natureza orgânica: a sua existência não se apresenta como uma existência apenas imediata, variável somente a partir de fora, mas como aquela que emana de si mesma, de um íntimo princípio invariável, de uma essencialidade simples, cuja existência enquanto germe é de início igualmente simples e, em seguida, traz a partir de si ao ser determinado diferenças que se relacionam com outras coisas e vivem, assim, um contínuo processo de transformação; este processo, porém, inverte-se permanentemente no contrário, isto é, transforma-se na conservação do princípio orgânico e da sua configuração. O indivíduo orgânico produz-se assim a si próprio: converte-se no que ele em si é; por isso, também o espírito é apenas aquilo em que ele se transforma a si mesmo e converte-se no que ele em si é. Mas semelhante desdobramento verifica-se de um modo imediato, sem oposições, sem obstáculos; entre o conceito e a sua realização, entre a natureza em si determinada do germe e a adequação da existência a essa mesma natureza nada se pode introduzir. Mas no espírito é diferente. A passagem da sua determinação à sua realização é mediada pela consciência e pela vontade: também estas se encontram, de início, mergulhadas na sua vida natural imediata; o seu objeto e o seu fim são, no começo, a determinação natural enquanto tal, que, em virtude de ser o espírito quem a anima, tem infinitas pretensões, infinita força e riqueza. Por isso, em si mesmo o espírito é a si oposto; tem de vencer-se a si mesmo [151] como o verdadeiro obstáculo hostil ao seu fim: o desdobramento que, enquanto tal, é um sereno produzir – pois é um permanecer ao mesmo tempo igual a si e em si na exteriorização – é, no espírito, uma luta dura e infinita contra si mesmo. O que o espírito pretende alcançar é o seu próprio conceito; mas ele mesmo a si o oculta, é orgulhoso e sente plena fruição nesta alienação de si próprio.

O desenvolvimento não é, deste modo, o simples produzir inócuo e pacífico, como o da vida orgânica, mas constitui o duro e importuno trabalho contra si mesmo; além disso, não é o simplesmente formal do evoluir em geral, mas a realização de um fim de conteúdo determinado. Estabelecemos, desde o começo, que fim é este: é o espírito e, claro está, segundo a sua essência, o conceito da liberdade. Eis o objeto fundamental e, portanto, o princípio condutor da evolução, o princípio pelo qual esta obtém o seu sentido e significado; como, na história romana, Roma é o objeto e, por conseguinte, a diretriz na consideração do acontecido, e como, inversamente, o acontecido brota deste objeto e só na referência ao mesmo e nele tem um sentido e o seu conteúdo. Há na história universal vários grandes períodos de desenvolvimento que, aparentemente, transcorreram sem terem perseverado; pelo contrário, depois deles foi aniquilado todo o ingente lucro da cultura e, infelizmente, foi necessário recomeçar outra vez para, com alguma ajuda, porventura das ruínas salvas daquele tesouro, com um renovado e imenso dispêndio de forças e de tempo, de crimes e de dores, recuperar alguma das regiões, já há muito adquiridas, daquela cultura. Há igualmente desenvolvimentos perduráveis, edifícios ricos e acabados em todos os aspetos e sistemas de cultura em elementos peculiares. O princípio formal do desdobramento em geral não pode nem dar preferência a uma figura sobre as outras, nem tornar compreensível a meta da decadência dos períodos mais antigos [152] do desenvolvimento; mas deve considerar tais processos ou, em particular, os retrocessos, como casualidades externas, e só pode julgar as prioridades de acordo com pontos de vista indeterminados, os quais constituem fins relativos e não absolutos, precisamente porque a evolução é o derradeiro.

É conforme ao conceito do espírito que o desenvolvimento da história incida no tempo. O tempo contém a determinação do negativo. Um acontecimento é algo de positivo para nós; mas a existência do seu contrário, a referência ao não ser é o tempo; não só pensamos esta referência, mas também a intuímos. O tempo é este sensível inteiramente abstrato. Quando o não ser não irrompe em algo, dizemos que este dura. Se compararmos as transformações do espírito e da natureza, vemos que aqui o individual está sujeito à mudança, mas que os géneros persistem. O planeta deixa, pois, este e aquele lugar, mas a trajetória total é permanente. O mesmo acontece com os géneros dos animais. A variação é um círculo, uma repetição do idêntico. Tudo se move assim em círculos e só no interior destes, em algo de individual, é que há variação. Na natureza, a vida que promana da morte é também, por seu turno, apenas vida individual; e se o género se considerar nesta alteração como o substancial, então a decadência do individual é uma recaída do género na individualidade. A conservação do género constitui somente a repetição uniforme do mesmo modo de existência. Com a figura espiritual, as coisas são diferentes; a transformação não ocorre aqui simplesmente na superfície, mas no conceito. O próprio conceito é o que resulta retificado. Na natureza, o género não faz progresso algum, mas no espírito toda a transformação é progresso. Sem dúvida, também a série das figuras naturais constitui uma escala que vai da luz até ao homem, de maneira que cada grau seguinte é uma remodelação do precedente, um princípio superior, nascido graças à ab-rogação e ao colapso do anterior. Na natureza, há uma separação recíproca e todos os rebentos singulares coexistem lado a lado; a transição surge apenas ao espírito pensante, que compreende tal conexão. A natureza [153] não se apreende e, por isso, não existe para ela o negativo das suas configurações. Na esfera espiritual, pelo contrário, descobre-se que a configuração superior brotou mediante a reelaboração da precedente e inferior. Esta, portanto, deixou de existir; e se tal se manifesta, a saber, se uma configuração é a transfiguração da precedente é porque a aparição das configurações espirituais incide no tempo. A história universal é, portanto, em geral a explicitação do Espírito no tempo, do mesmo modo que a Ideia se desdobra no espaço como natureza.

Além disso, os povos, como configurações espirituais, são também, em certo sentido, seres naturais. Por isso, os distintos produtos revelam-se também como coexistindo e perdurando no espaço, indiferentes uns aos outros. Se lançarmos um olhar sobre o mundo, descobrimos nas suas partes antigas três configurações principais: o princípio asiático interior, que é também na história o primeiro (o mongólico, o chinês e o indiano); o mundo maometano, em que existe o princípio do Espírito abstracto, do Deus único, mas a que se contrapõe o arbítrio desenfreado; e o mundo cristão, europeu ocidental; aqui se alcançou o princípio supremo, o conhecimento pelo Espírito de si mesmo e da sua profundidade. Esta série universal encontra-se aqui exposta no modo como perdura; na história universal, deparamos com fases sucessivas. Os grandes princípios, por subsistirem perenemente lado a lado, não exigem a continuação de todas as figuras que transcorreram no tempo. Poderíamos, porventura, desejar a existência atual de um povo grego, com o seu belo paganismo, etc., ou de um povo romano. Mas estes povos desapareceram. No seio de cada povo, há igualmente configurações que, embora continuem a existir, se desvaneceram. Porque desaparecem e não perduram no espaço? Tal só pode explicar-se por meio da sua natureza particular; mas tal explicação só na história universal tem o seu lugar. Ali se verá que unicamente as configurações mais universais persistem, e que as configurações determinadas desaparecem necessariamente, quando se mostram em intranquila vitalidade [154].

A progressão determina-se em geral de modo a constituir a série de fases da consciência. O homem começa por ser uma criança com uma abafada consciência do mundo e de si mesmo; sabemos que, desde a consciência empírica, ele tem de percorrer vários estádios até chegar a saber o que é em si e para si. A criança começa com a sensação; daí passa o homem ao estado das representações gerais, em seguida, ao estado do conceito e chega então a conhecer a alma das coisas, a sua verdadeira natureza. – Quanto ao espiritual, a criança vive, de início, na confiança para com os seus pais, para com os que a rodeiam, para com os que se esforçam por iniciá-la no que é justo; isto parece ser-lhe prescrito de um modo arbitrário. Uma outra fase é a da juventude; a sua característica é que o homem busca em si a sua autonomia; se funda em si, descobre na sua consciência o que é justo e ético, o que é essencial fazer e levar a cabo. A consciência do homem adulto encerra ainda outras determinações acerca do que é essencial. A progressão é, deste modo, uma formação da consciência, e não é simplesmente quantitativa, mas uma série de fases de diferentes referências ao que é essencial.

Ora a história universal representa a gradação do desenvolvimento do princípio cujo conteúdo é a consciência da liberdade. Semelhante desenvolvimento tem graus porque aqui não existe a imediatidade do espírito, mas sim em geral a mediação, embora seja uma mediação de si consigo mesmo; semelhante desenvolvimento é em si diferenciado, porque é partição e diferenciação do espírito em si mesmo. A determinação pormenorizada é, na sua natureza geral, lógica, mas, na sua natureza mais concreta, deve aduzir-se na filosofia do espírito. O que aqui se deve indicar a propósito deste abstrato é que a primeira fase, enquanto fase imediata, cai dentro da já mencionada submersão do espírito na naturalidade, em que ele existe apenas [155] em individualidade sem liberdade (é livre um só). Mas a segunda é o seu êxodo para a consciência da sua liberdade. Esta primeira libertação é, porém, imperfeita e parcial (são livres alguns), porquanto promana da naturalidade mediata, por conseguinte, a ela se refere e nela se encontra, enquanto momento, ainda enredada. A terceira fase é a elevação desta liberdade ainda particular à sua pura universalidade (o homem é livre enquanto homem) – à autoconsciência e ao sentimento de si próprio da essência da espiritualidade.

A primeira época em que consideramos o espírito é comparável, portanto, ao espírito infantil. Reina aqui a chamada unidade do espírito com a natureza, que encontramos no mundo oriental. Este espírito natural é o que ainda se encontra na natureza, e não junto de si mesmo; por isso, ainda não é livre, não saiu vitorioso do processo da liberdade. Também nesta situação do espírito encontramos Estados, artes, começos das ciências; mas todos eles se encontram no terreno da natureza. Neste primeiro mundo patriarcal, o espiritual é algo de substancial a que se acrescenta o indivíduo somente como acidente. À vontade de um pertencem os outros como crianças, como subordinados.

A segunda condição do espírito é a da separação, da reflexão do espírito em si, a saída da simples obediência e confiança. Tal situação divide-se em duas. A primeira é a juventude do espírito; este tem uma liberdade por si, mas ainda conexa substancialidade. A liberdade não renasceu ainda da profundidade do espírito. Tal é o mundo grego. A outra situação é a da idade viril do espírito, em que o indivíduo tem os seus fins para si, mas só os alcança ao serviço de um universal, do Estado. Eis o mundo romano. Aqui se encontra a oposição entre a personalidade do indivíduo e o serviço perante o universal.

Em quarto lugar, segue-se então a época germânica, o mundo cristão. Se aqui se pudesse comparar também o espírito com o indivíduo deveria chamar-se a esta época a senectude do espírito. O peculiar [156] da velhice é viver apenas da recordação, do passado, e não no presente; e, por isso, a comparação é aqui impossível. O indivíduo, segundo a sua negatividade, pertence ao elemento e desvanece-se. Mas o espírito retoma aos seus conceitos. Na época cristã, o Espírito divino veio ao mundo, pôs a sua sede no indivíduo, que agora é perfeitamente livre, tem em si uma liberdade substancial. Tal é a reconciliação do espírito subjetivo com o objetivo. O espírito reconciliou-se, fez-se um com o seu conceito, no qual se cindira em vista da subjetividade, saindo para tal do estado da natureza. – Ora tudo isto é o *a priori* da história, a que a experiência deve corresponder.

Estas fases são os princípios fundamentais do processo universal; reservar-se-á para uma exposição pormenorizada o modo como cada uma destas fases é, por seu turno, no interior de si mesma, um processo da sua configuração, e como é a dialética da sua transição.

Aqui importa apenas observar que o espírito começa pela sua infinita possibilidade, mas só possibilidade que contém o seu absoluto conteúdo como em si, como o fim e a meta que o espírito só alcança no seu resultado; este é, então a sua realidade efetiva. – A progressão surge assim na existência como avançando do imperfeito para o mais perfeito; aquele, porém, não deve conceber-se na abstração somente como o imperfeito, mas como algo que tem em si como germe, como impulso, o seu contrário, a saber, o chamado perfeito: tal como a possibilidade aponta, pelo menos de modo reflexo, para algo que se deve tornar efetivamente real e, mais especificamente, a *dynamis* aristotélica é também *potentia*, força e poder. Por isso, o imperfeito, enquanto contrário em si mesmo, é a contradição que decerto existe, mas tem igualmente de ser ab-rogada e resolvida; é o ímpeto, o impulso da vida espiritual em si mesma para romper a casca da naturalidade, da sensibilidade, da alienação de si mesmo e chegará luz da consciência, ou seja, a si mesmo [157].

b) [O começo da história]

Em geral, a observação de como se deve conceber o começo da história do espírito segundo o conceito já se fez relativamente à representação de um estado da natureza, em que a liberdade e o direito existem ou existiram de um modo perfeito. No entanto, tal conceção era apenas uma suposição de uma existência histórica, feita à luz crepuscular da reflexão hipotética. Uma pretensão de índole inteiramente diversa, fruto de uma suposição não originada no pensamento, mas derivada de um facto histórico e, ao mesmo tempo, de uma sua autenticação superior, apresenta uma outra conceção, muito difundida hoje em dia a partir de certa vertente. Retomou-se de novo nessa conceção o primeiro estado paradisíaco do homem, já antes desenvolvido, à sua maneira, pelos teólogos, por exemplo, que Deus falara em hebreu com Adão, mas o remodelou de harmonia com outras necessidades. Asseriu-se a existência de um povo primitivo que nos transmitira toda a ciência e a arte. (Schelling; e de Schlegel, *A Linguagem e a Sabedoria dos Indianos*). Este povo primordial seria anterior ao género humano propriamente dito e fora eternizado pelas antigas lendas, sob a imagem dos deuses; encontraríamos restos desfigurados da sua alta cultura nas lendas dos mais antigos povos. A condição dos povos mais antigos, como a conhece a história, será então a da queda desse estado de elevada cultura. Afirma-se tudo isto, pretendendo que a filosofia o exige e que também existem vestígios históricos. A alta autoridade a que aqui em primeiro lugar se recorre é a narração bíblica. Mas esta descreve o estado primitivo – em parte apenas nos escassos rasgos conhecidos, em parte na sua modificação – ou como representado no homem em geral (e seria então a natureza humana universal) ou, na medida em que se tomar Adão como individual e, portanto, como uma pessoa ou duas, como dado e perfeito neste um ou apenas num casal humano. Mas não há justificação alguma para a representação de um povo e de um estado histórico [158] seu que tenham existido naquela figura primitiva e, menos ainda, da preparação para um puro conhecimento de Deus e da natureza. No começo – magica-se – a natureza estava aberta, transparente, diante do olhar puro do homem, como um claro espelho da criação de Deus([1]); e a divina verdade era-lhe igualmente patente. Aponta-se, mas deixando ao mesmo tempo as coisas numa obscuridade indeterminada, que este primeiro estado se encontrava na posse de um conhecimento definido, e já em si extenso, das verdades religiosas e, claro está, imediatamente reveladas por Deus. Todas as religiões teriam, em sentido histórico, saído igualmente deste estado, de maneira que macularam e obscureceram ao mesmo tempo aquela primeira verdade com os frutos do erro e da perversão. Em todas as mitologias do erro, porém, existem e se podem reconhecer vestígios da origem e das primeiras doutrinas religiosas da verdade. Por isso, atribui-se essencialmente à investigação da história dos povos antigos o interesse de remontar a um ponto em que se possa deparar ainda com fragmentos desse primeiro conhecimento revelado na sua máxima

---

([1]) Fr. v. Schlegel, *Philosophie der Geshichte* I, p. 44 (1.ª ed.).

pureza(²). Temos de agradecer ao interesse destas investigações muitas preciosidades [159]; mas tal indagação testemunha imediatamente contra si própria. Interessa-lhe, de facto, comprovar historicamente só o que por ele é pressuposto como algo de histórico. Além disso, os dados históricos depressa se começaram a amalgamar e, em seguida, acabaram por desaparecer

---

(²) Devemos a este interesse muitas descobertas estimáveis sobre a literatura oriental e o renovado estudo seu sobre os tesouros já antigamente acumulados acerca dos antigos Estados asiáticos, a sua mitologia, a sua religião e a sua história. O governo católico não pôde subtrair-se por mais tempo, nos países cultos, às exigências do pensamento e, por conseguinte, à necessidade de se aliar à erudição e à filosofia. O Abbé Lamennais (ª), eloquente e imponente, enumera entre os critérios da verdadeira religião, o de ela ter de ser *universal*, isto é, católica e a *mais antiga*; e a *Congregação* (ᵇ) trabalhou com zelo e diligência na França para que tais afirmações não mais figurem, conforme era hábito e, aliás, com suficiência, como tiradas oratórias e asseverações fundadas na autoridade. Em particular, a tão difundida religião de *Buda* atraíra a atenção. A Trimurti indiana, bem como a abstracção chinesa da Trindade, tinha um conteúdo de per si mais claro. Os eruditos Senhor Abel Rémusat (ᶜ) e Senhor Saint Martin (ᵈ) empreenderam, por seu lado, as mais meritórias investigações na literatura chinesa e, a partir desta, mongólica, e se fosse possível, na literatura tibetana. O barão von Eckstein (ᵉ), a seu modo, isto é, com ideias superficiais de filosofia natural, bebidas na Alemanha, e com procedimentos imitados de F. v. Schlegel, embora com mais talento do que este – cujo estilo não teve o menor efeito em França – favoreceu no seu jornal *Le Catholique* aquele catolicismo primitivo; mas em especial orientava o apoio do governo para o lado erudito da *Congregação*, a fim de ela empreender viagens ao Oriente e descobrir finalmente os tesouros ainda ocultos, a cujo respeito se prometiam ulteriores esclarecimentos sobre as profundas doutrinas, principalmente, sobre a mais alta antiguidade e as fontes do budismo e fomentar assim a causa do catolicismo com este largo, mas para os eruditos, interessante desvio.

(ª) Lammenais, 1782-1824, líder da democracia católica na França, editor da revista *L'Avenir*, 1830-1832.

(ᵇ) Trata-se da *Congregatio de propaganda fide*, fundada pelo Papa Gregório XV, em 21 de junho de 1622, de ordinário chamada sem mais a Propaganda.

(ᶜ) Rémusat, Jean Pierre Abel, 1788-1832, Professor de Sinologia no Collège de France.

(ᵈ) Saint-Martin, Marquês de, 1743-1803, teósofo: *L'homme de désir*, 1790, *De l'esprit des choses*, 1800.

(ᵉ) Eckstein, Ferdinand, Barão de, 1790-1861, partidário da restauração e do ultramontanismo, até 1830, historiador do Ministério francês dos Negócios Estrangeiros.

de todo. Esse estado do conhecimento de Deus, e também de outros conhecimentos científicos, por exemplo, astronómicos (assim os que foram fabulosamente atribuídos aos Índios, até por astrónomos como, por exemplo, Bailly([3])), a hipótese de que teria existido semelhante estado no pico da história universal e de que [160] as religiões dos povos teriam em tal estado um ponto de partida tradicional e, através da degeneração e da deterioração (como se concebe de um modo grosseiro no chamado sistema da emanação), haveriam chegado à plena formação – tudo isso são pressupostos que nem têm fundamento histórico nem o podem vir a ter, porquanto sempre podemos opor o conceito a essa arbitrária origem derivada apenas da opinião subjetiva.

O que de filosófico existe na representação de um estado primitivo de perfeição é que o homem não pode ter começado com a estupidez animal. Isto é correto: ele não podia desenvolver-se a partir da imbecilidade animal, mas sim da obtusidade humana. A humanidade animal é algo inteiramente diverso da animalidade. O começo é o espírito que o suscita; mas este existe primeiro em si, é espírito natural, no qual está, porém, totalmente estampado o caráter da humanidade. A criança não tem nenhuma racionalidade, mas a real possibilidade de ser racional. O animal, pelo contrário, não tem possibilidade alguma de se tornar consciente. Já no simples movimento da criança reside algo de humano; o seu primeiro movimento, o seu choro é já algo de inteiramente distinto do animal. O homem sempre foi uma inteligência; mas se, por isso, se pretender ficar em que ele, naquele primeiro estado, deve ter vivido na pura consciência de Deus e da natureza, por assim dizer no centro de tudo o que nós só com labor conseguimos, no meio de toda a ciên-

---

([3]) Bailly [*Histoire de l'astronomie ancienne*, 1775] referiu-se com um conhecimento superficial à astronomia dos Indianos. Mas na nossa época vê-se, por exemplo, em Lambert que os Indianos possuíam decerto conhecimentos astronómicos; por exemplo, os brâmanes calculavam os eclipses do Sol segundo fórmulas utilizadas de um modo inteiramente inconsiderado. O espírito, que certamente existia nestas fórmulas embora só de caráter mecânico, desapareceu delas há muito. Os métodos entre eles tradicionais não possuem em geral a superioridade que antes lhes fora atribuída.

cia e de toda a arte, então não se saberá o que é inteligência, o que é pensar. Não se saberá que o espírito é o movimento infinito, ἐνέργεια ἐντελέχεια (energia, atividade), que nunca descansa, algo que abandonou o primeiro e, em seguida, se moveu para um outro, o elabora e, no seu trabalho, a si mesmo se encontrou: só por meio deste trabalho é que o espírito [161] põe diante de si o universal, o seu conceito, e se tornou assim efetivamente real. Logo, tal não é o primeiro, mas o último. Usos, leis, instituições, símbolos de povos antigos são decerto invólucros de ideias especulativas, porquanto são produções do espírito. Mas esta interna realidade efetiva da Ideia é algo de totalmente diverso do facto de ela se ter conhecido e apreendido na forma da Ideia. A Ideia especulativa discernida não pode ir à frente, mas fruto do mais intenso e abstrato esforço do espírito.

À consideração filosófica é unicamente adequado e digno apreender a história onde a racionalidade começa a aparecer na existência mundana; não onde ela é ainda uma possibilidade só em si, mas onde existe um estado em que ela ingressa na consciência, na vontade e na ação. A existência inorgânica do espírito e da liberdade, isto é, do bem e do mal e, portanto, incônscia das leis, seja ela obtusidade selvagem ou branda ou, como se quiser, superioridade, não é objeto da história. A eticidade natural, mas ao mesmo tempo também religiosa, é a piedade familiar. Nesta sociedade, o ético consiste justamente em que os membros se não comportam entre si como indivíduos de vontade livre, como pessoas; precisamente por isso, a família está em si subtraída ao desenvolvimento de que brota a história. Mas se a unidade espiritual sair do círculo da sensação e do amor natural e chegar à consciência da personalidade, aparece o tenebroso e áspero centro em que nem a natureza nem o espírito se abrem e são transparentes, e para o qual a natureza e o espírito se podem patentear e tornar diáfanos só mediante o trabalho de uma formação longínqua e muito afastada no tempo, a formação que se tornou autoconsciente. Só a consciência é o aberto e aquilo a que Deus – e qualquer outra coisa – se pode revelar; e só se pode revelar na sua verdade, na sua universalidade em si e para si, à consciência que se tornou reflexiva. A liberdade consiste somente em conhecer e querer os objetos substanciais e universais, como a lei e o direito [162], e em produzir uma realidade efetiva que lhes é adequada – o Estado.

Povos há que, sem Estado, levaram uma vida longa antes de chegarem a alcançar esta sua determinação – e de assim terem alcançado um desenvolvimento significativo em certas direções. Esta pré-história situa-se, aliás, segundo o já indicado, fora do nosso propósito; embora se lhe tenha seguido uma história efetiva ou os povos não tenham conseguido formar um Estado. A grande descoberta, como de um mundo novo na história, foi a que se fez há vinte e poucos anos sobre a língua sânscrita e, em seguida, sobre a sua relação com as línguas europeias; tal descoberta proporcionou-nos uma perspetiva sobre a união histórica dos povos germânicos em particular com os Indianos, com a máxima segurança que em tais matérias exigir se pode. Ainda hoje sabemos de povos que dificilmente constituem uma sociedade e, muito menos ainda, um Estado; mas a sua existência é já há muito conhecida; outros, cuja situação cultural nos deve de preferência interessar, têm uma tradição que vai além da história da fundação do seu Estado, e foram muitas as transformações que nele tiveram lugar antes desta época. Na relação indicada entre as línguas de povos tão distantes e diversos entre si, e não apenas na época presente mas já nos tempos antigos em que os conhecemos, diversos pela religião, pela constituição, pela eticidade e por toda a sua cultura espiritual e também física, temos um resultado que nos revela, como um facto irrefutável, a dispersão destas nações a partir da Ásia e, ao mesmo tempo, o desenvolvimento divergente de uma afinidade primitiva. Tal facto não promana da combinação argumentadora em voga de circunstâncias e circunstanciazinhas, que enriqueceu a história com numerosas congeminações em vez de factos e a continuará a enriquecer, visto que sempre são possíveis outras combinações das mesmas e de outras circunstâncias. Mas o acontecido que em si tão vasto se mostra cai fora da história: é por esta precedido [163].

[O termo] História reúne, na nossa língua, os lados objetivo e subjetivo e significa tanto a *historiam rerum gestarum* como as próprias *res gestas*, tanto a genuína e diversa narração histórica como o próprio acontecido, os feitos e os acontecimentos. Devemos considerar esta união dos dois significados como algo mais do que uma casualidade externa: importa sustentar que a narração histórica aparece ao mesmo tempo com os feitos e acontecimentos propriamente históricos; o que os faz conjuntamente brotar é um fundamento intrínseco comum. A memória familiar, as tradições patriarcais têm um interesse dentro da família, da tribo. O curso uniforme da sua condição não é objeto da recordação; mas os diversos feitos ou mudanças do destino podem incitar a Mnemósine a conservar tais imagens, do mesmo modo que o amor e o sentimento religioso convidam a fantasia a configurar o impulso que, de início, é informe. Mas o Estado é que, pela primeira vez, fornece um conteúdo que não só é apropriado à prosa da história, mas a engendra. Em vez das ordens puramente subjetivas do chefe, suficientes para a necessidade do instante, uma coletividade que se consolida e eleva à altura de um Estado exige preceitos, leis, determinações gerais e universalmente válidas e suscita deste modo não só o relato, mas o interesse dos feitos e acontecimentos inteligíveis, determinados em si e perduráveis nos seus resultados – feitos a que Mnemósine tende a acrescentar a duração da memória em prol do fim perpetuador da configuração e da estrutura ainda presentes do Estado. O sentimento profundo em geral, como o do amor e, em seguida, a intuição religiosa, com as suas criações, são também em si mesmos atuais e satisfatórios; mas a existência externa do Estado, com as suas leis e os seus costumes racionais, é um presente imperfeito, cuja inteligência necessita da consciência do passado para a sua integração.

Os espaços de tempo que transcorreram para os povos antes da historiografia, imaginemo-los de séculos ou de milénios, e ainda que estejam repletos de revoluções, [164] de migrações, das mais violentas transformações, carecem de história objetiva, porque não acusam nenhuma história subjetiva, nenhuma narração histórica. E não foi porque esta última se tenha afundado casualmente ao longo desses espaços de tempo; não a temos, porque não pode existir. Só no Estado existem, com a consciência das leis, feitos claros e, com estes, a claridade de uma consciência a seu respeito, que proporciona a capacidade e a necessidade de os preservar. É surpreendente para todo aquele que começa a travar conhecimento com os tesouros da literatura indiana descobrir que um território tão rico em produções espirituais, e decerto da máxima profundidade, não tenha história, contrastando assim do modo mais enérgico com a China, império que possui uma historiografia excelente e abundante, a qual remonta aos tempos mais antigos. A Índia não só tem antigos livros religiosos e obras brilhantes de poesia, mas também velhos códigos – coisa que antes se exigia como uma condição da cultura histórica; e, no entanto, não tem história. Mas neste país a organização, que começou a diferenciar a sociedade, petrificou-se de imediato em determinações naturais (nas castas); de forma que as leis, embora digam respeito aos direitos civis, tornam esses direitos dependentes das diferenças baseadas na natureza e definem sobretudo as competências recíprocas (não tanto os direitos como a falta de direitos) dessas classes, isto é, das superiores face às inferiores. O elemento da eticidade encontra-se, pois, banido da magnificência da vida indiana e dos seus reinos. Em virtude da falta de liberdade da permanência, baseada na natureza, do ordenamento, todo o vínculo da sociedade é arbítrio selvagem, impulso passageiro ou, pelo contrário, furor, sem um fim último de progresso e de desenvolvimento: não existe, pois, nenhuma memória pensante, nenhum objeto para a Mnemósine, e uma fantasia, embora profunda, mas apenas desordenada, vagabundeia no solo que deveria ter tido em si um fim firme – da realidade efetiva, pertencente à liberdade, se não ainda simultaneamente subjetiva, ao menos à substancial, isto é, em si racional [165] – e, portanto, se poderia ter feito apto para a história.

Semelhante condição de uma história foi a causa de que tenha ocorrido a obra tão rica, mais ainda, imensa, do incremento das famílias em tribos, das tribos em povos e a sua difusão suscitada por este aumento, que permite presumir grandes complicações, guerras, revoluções e decadências. Mais ainda, assim se explica que a difusão e a constituição concomitantes do reino da palavra tenham ficado emudecidas e acontecido em silêncio e de um modo furtivo. É um facto atestado pelos monumentos que as línguas se desenvolveram muito na condição inculta dos povos que falavam; que a inteligência teve de se desenvolver minuciosamente neste solo teorético. – A extensa gramática consequente é a obra do pensar que nela toma percetíveis as suas categorias. É, além disso, um facto que, com a progressiva civilização da sociedade e do Estado, se embota este sistemático desenvolvimento do entendimento; e a língua torna-se desde então mais pobre e informe – fenómeno peculiar este, o de o progresso, ao fazer-se mais espiritual, ao produzir mais racionalidade, descurar a precisão e a exatidão intelectual, a considerar embaraçosa e dispensável. A linguagem é a obra da inteligência teorética no sentido genuíno, pois é a sua manifestação externa. As atividades da memória e da fantasia são, sem a linguagem, simples manifestações internas. Mas esta obra teorética, bem como a sua ulterior evolução e o aspeto mais concreto, a ela associado, da dispersão dos povos, a sua separação recíproca, a sua mescla, a sua migração, permanecem envoltos na névoa de um passado mudo; não são os feitos da vontade autoconsciente, nem da liberdade que a si proporciona outra exterioridade, uma genuína realidade efetiva. Por não pertencerem a este elemento verdadeiro, tais transformações, apesar do seu desenvolvimento linguístico culto, não conseguiram história alguma. A precipitação da linguagem, a dispersão e a migração das nações só alcançaram importância e interesse para a razão concreta, em parte, no contacto com Estados, em parte [166], graças ao início da sua própria formação estatal.

c) *[O curso da evolução]*

Após estas observações, referentes à forma do começo da história universal e à pré-história, que dela se infere, é necessário indicar aqui o modo do seu decurso, embora só sob o aspeto formal; a determinação ulterior do conteúdo concreto é tarefa da divisão.

A história universal, como antes se afirmou, representa o desdobramento da consciência que o espírito tem da sua liberdade e da realização suscitada por semelhante consciência. O desdobramento implica uma gradação, uma série de ulteriores determinações da liberdade que brotam mediante o conceito da coisa, ou seja, aqui da natureza da liberdade, ao tornar-se consciente de si. A natureza lógica e, mais ainda, dialética do conceito em geral, segundo a qual o conceito se determina a si mesmo, põe em si determinações e de novo as ab-roga e, graças a tal ab-rogação, consegue uma determinação afirmativa, decerto mais rica e concreta – esta necessidade e a série necessária das puras determinações abstratas do conceito são estudadas na Lógica. Aqui temos apenas de estabelecer que cada fase, enquanto distinta das outras, tem o seu princípio peculiar determinado. Semelhante princípio é, na história, a determinidade do espírito de um povo. Nela, o povo expressa concretamente todas as vertentes da sua consciência e da sua vontade, de toda a sua realidade efetiva; ela é o selo comum da sua religião, da sua constituição política, da sua eticidade, do seu sistema jurídico, dos seus costumes, e também da sua ciência, arte e habilidade técnica, da direção da sua atividade industrial. Estas peculiaridades especiais devem compreender-se a partir daquela peculiaridade geral, do princípio particular [167] de um povo, tal como inversamente o universal da particularidade se deve inferir do pormenor factual com que na história se depara. O lado que se deve tomar empiricamente e demonstrar de um modo histórico é que uma determinada particularidade é que constitui, de facto, o princípio peculiar de um povo. Fazer isto não só supõe uma faculdade de abstração bem exercitada, mas também já um trato familiar com as ideias; importa estar *a priori* familiarizado com o círculo dentro do qual, se assim se quiser dizer, caem os princípios, do mesmo modo que Kepler, para mencionar o maior homem neste tipo de conhecimento, teve já antes de estar familiarizado com as elipses, os cubos e os quadrados, e com os pensamentos acerca das suas relações *a priori*, antes de conseguir descobrir, a partir dos dados empíricos, as suas leis imortais, que consistem em determinações derivadas desse círculo de representações. Quem, nestes conhecimentos, ignora as determinações elementares universais não pode também entender aquelas leis, por muito que contemple o céu e o movimento das suas estrelas; também não conseguirá descobri-las. Do desconhecimento dos pensamentos referentes à configuração evolutiva da liberdade promana uma parte das censuras que se fazem à abordagem filosófica de uma ciência que, aliás, se tem por empírica, em virtude da chamada aprioridade e da introdução de ideias naquele material. Semelhantes determinações intelectuais surgem então como algo de estranho que não reside no objeto. Para a formação subjetiva, que não tem nem o trato nem o hábito dos pensamentos, são elas algo de estranho e não residem na representação e no entendimento que uma tal deficiência para si faz de objeto. Daí deriva a expressão de que a filosofia não compreende essas ciências. Deve, de facto, admitir que não tem o entendimento que naquelas ciências reina, isto é, não atua segundo as categorias de tal entendimento, mas segundo as categorias da razão em que, porém, conhece o entendimento, e também o seu valor e a sua posição. – Em semelhante procedimento da inteligência científica trata-se [168] igualmente de separar e realçar o essencial do chamado inessencial. Mas para tal conseguir importa conhecer o essencial; e quando importa abordar a história universal no seu conjunto, o essencial é, como antes se aduziu, a consciência da liberdade e as determinidades desta consciência no seu desenvolvimento. A direção para estas categorias é a direção para o verdadeiramente essencial.

Parte das instâncias do tipo direto de contradição contra uma determinidade, apreendida na sua universalidade, provém habitualmente da deficiência de apreender e compreender ideias. Quando, na história natural, um exemplar monstruoso, malogrado, ou uma criação híbrida, se apresenta como instância contra os géneros e classes – tão patentes –, pode aplicar-se com razão o que muitas vezes se diz de modo indeterminado: que a exceção confirma a regra, isto é, que na exceção se revelam, ou as condições sobre as quais ela tem lugar, ou o que há de defeituoso, de híbrido, no desvio do normal. A impotência da natureza não consegue manter as classes e géneros universais contra outros momentos e ações elementares. Mas assim como, por exemplo, concebendo a organização do homem na sua configuração concreta e em vista da sua vida orgânica, o cérebro, o coração e quejandos se divisam como essencialmente necessários, assim poderá porventura apresentar-se um triste aborto ou qualquer monstro que tenha uma figura humana em geral ou partes dela e que tenha sido gerado e vivido num corpo humano, dele tenha nascido e respirado, mas seja desprovido de cérebro ou de coração. Se semelhante exemplar se utilizar como uma instância contra a estrutura necessária de uma verdadeira organização humana, ficar-se-á pelo termo abstrato "homem" e pela sua determinação superficial; perante esta, a representação de um homem concreto e efetivo é, sem dúvida, algo de diferente: este homem deve ter um cérebro na cabeça e um coração no peito.

De igual modo se procede quando com razão se diz que o génio, o talento, as virtudes e os sentimentos morais, [169] a piedade, podem ter lugar em todas as zonas, constituições e condições políticas, e de que não podem faltar exemplos em grande quantidade. Mas se a diferença, que se refere à autoconsciência da liberdade, houver de figurar como sem importância ou como inessencial, face às qualidades aduzidas, então a reflexão permanece nas categorias abstratas e renuncia ao conteúdo determinado, para o qual decerto não existe, em tais categorias, princípio algum. A posição da formação que se move em semelhantes pontos de vista formais proporciona um campo imenso para uma indagação subtil, para opiniões eruditas, comparações surpreendentes, reflexões e declamações aparentemente profundas, que podem ser tanto mais brilhantes quanto mais à sua disposição se encontra o indeterminado e que tanto mais incessantemente se podem renovar e modificar quanto menos resultados grandes conseguem obter nos seus esforços e chegar a algo de sólido e racional. Neste sentido, as conhecidas epopeias indianas podem comparar-se, se se quiser, às homéricas e colocar-se até por cima delas, porque é pela grandeza da fantasia que se demonstra o génio poético; como também há quem se sinta autorizado, graças à semelhança de alguns rasgos ou atributos das formas divinas, a reconhecer figuras da mitologia grega nas indianas. Em sentido análogo, a filosofia chinesa, por ter como base o uno, foi considerada idêntica ao que mais tarde surgiu como filosofia eleata e sistema espinosista; porque se expressa com números e linhas abstratos, também nela se divisou a filosofia pitagórica e ainda o dogma cristão. Os exemplos de ousadia, de ânimo perseverante, os rasgos de nobreza, de autoabnegação e autossacrifício, etc., que se encontram nas nações mais selvagens, como também nas mais débeis, consideram-se suficientes para sustentar que há nelas tanta e, porventura, mais eticidade e moralidade do que nos Estados cristãos mais cultos, etc. Levantou-se a este respeito a dúvida de se os homens [170] se tornaram melhores com o progresso da história e, com ela, da cultura de toda a índole; de se terá aumentado a sua moralidade, porquanto esta se funda na intenção e no discernimento subjetivos – no que o agente considera como justo ou criminoso, como bom ou mau, e não no que é considerado como justo e bom ou como criminoso e mau em si e por si ou numa determinada religião, tida por verdadeira.

Podemos aqui dispensar-nos de elucidar o formalismo e o erro de semelhantes abordagens e de estabelecer os verdadeiros princípios da moralidade ou, antes, da eticidade face à falsa moralidade. Com efeito, a história universal move-se num plano mais alto do que aquele em que a moralidade tem a sua sede peculiar, ou seja, a disposição de ânimo privada, a consciência dos indivíduos, a sua peculiar vontade e modo de agir; estes têm o seu valor, imputação, prémio ou castigo, por si. O que o fim último existente em si e por si do espírito exige e leva a cabo, o que a Providência faz, situa-se por cima das obrigações, da imputabilidade e da exigência que recaem sobre a individualidade, no tocante à sua eticidade. Os que na determinação ética e, deste modo, com nobre disposição de ânimo, se opuseram ao que o progresso da ideia do espírito tornava necessário sobrepujam em valor moral aqueles cujos crimes, num ordenamento superior, se converteram em meios de levar à efetuação a vontade de tal ordenamento. Mas nas revoluções deste tipo, ambos os partidos se encontram em geral apenas dentro do mesmo círculo de destruição, e o que defendem os adeptos da autoridade legal é apenas um direito puramente formal, condenado já pelo espírito vivo e por Deus. Os feitos dos grandes homens, que são indivíduos da história universal, aparecem assim justificados, não só no seu significado interno, deles incônscio, mas também do ponto de vista mundano. A partir deste, porém, os círculos morais a que não pertencem os feitos da história universal e os seus autores não devem contra eles elevar pretensão alguma. A ladainha [171] das virtudes privadas – modéstia, humildade, amor ao próximo, mansidão, etc. – não deve contra eles esgrimir-se. A história universal poderia passar inteiramente por alto o âmbito em que incide a moralidade e a discrepância – tantas vezes e tão tortuosamente formulada – entre moral e política, não só porque se poderia abster de todo o juízo – os seus princípios e a necessária referência das ações aos mesmos é já o juízo –, mas deixar os indivíduos sem menção e inteiramente fora do jogo; com efeito, o que ele deve relatar são os feitos do espírito dos povos, e as configurações individuais que o mesmo revestiu no solo externo da realidade efetiva poderiam deixar-se para a historiografia propriamente dita.

Um formalismo idêntico ao moral deambula com as noções vagas de génio, de poesia, também de filosofia, e encontra-as de igual modo por todo o lado. Tais noções são produtos da reflexão pensante, e a capacidade de se mover com prontidão em semelhantes generalidades – que realçam e designam diferenças essenciais, sem descer à verdadeira profundidade do conteúdo – é o que em geral se chama cultura (*Bildung*); esta é algo de formal porquanto, seja qual for o seu conteúdo, consiste só em dividi-lo em componentes e em apreender estas em determinações e configurações do pensar. O que pertence à cultura como tal não é a livre universalidade que importa converter por si em objeto da consciência. Uma tal consciência do próprio pensar e as suas formas, isoladas de toda a matéria, é a filosofia, a qual tem certamente a condição da sua existência na cultura. Mas esta consiste apenas em revestir ao mesmo tempo o conteúdo já existente com a forma da universalidade de maneira que a sua posse mantém os dois juntos, e tão inseparavelmente que o conteúdo que se dilata em riqueza incalculável mediante o desmembramento de uma representação numa multidão de representações ela o toma por um conteúdo meramente empírico, por um conteúdo no qual o pensar não tem parte alguma.

Mas fazer de um objeto, que em si é um conteúdo concreto e rico, uma representação simples (como terra, homem, etc., ou Alexandre, César) e designá-lo com uma palavra, é obra do pensar e, claro está, do entendimento [172], como igualmente o é decompô-lo, isolar na representação as determinações nele incluídas e dar-lhes um nome particular. – Não queria deixar de tal advertir, para evitar vaguidades e dizer coisas vazias acerca da cultura. Mas, no tocante à opinião que originou a ocasião para advertência, vê-se claramente que assim como a reflexão produz as generalidades de génio, de talento, de arte, de ciência, etc., e as considerações gerais sobre elas, assim a cultura formal não só pode, mas deve também sobressair, prosperar e alcançar uma elevada floração em cada uma das fases das configurações espirituais, porquanto semelhantes fases se desenvolvem num Estado e, neste fundamento da civilização, chegam à reflexão intelectual, às leis e também, para tudo, às formas da universalidade. A vida do Estado enquanto tal implica a necessidade da cultura formal e, por conseguinte, o nascimento das ciências, bem como de uma poesia e de uma arte cultas em geral. As artes, compreendidas sob o nome de plásticas, exigem a convivência civilizada dos homens, aliás, já em virtude da vertente técnica. A arte poética, que precisa menos de meios exteriores e tem por seu material o elemento do ser determinado imediatamente produzido pelo espírito, a voz, pode nascer com grande audácia e expressão culta já na situação de um povo que ainda se não encontra reunido numa vida jurídica, pois, como antes se observou, a linguagem alcança por si uma elevada formação intelectual, antes da civilização.

Também a filosofia deve aparecer na vida do Estado, pois, um conteúdo é culto, como há pouco se afirmou, quando tem a forma própria do pensar; mas a filosofia é unicamente a consciência desta forma, é o pensar do pensar, portanto, o material peculiar das suas construções já está preparado na formação geral, e, na evolução do próprio Estado, ocorrem necessariamente períodos em que o espírito das naturezas nobres se sente impelido a fugir do presente para as regiões [173] ideais, a fim de nelas encontrar a reconciliação consigo que já não pode saborear na realidade efetiva em si dividida; períodos em que o entendimento reflexivo atacou, destruiu e dissipou em generalidades abstratamente ateias todo o sagrado, toda a profundidade que, de um modo ingénuo, estava depositada na religião, nas leis e nos costumes dos povos. O pensar é assim impelido a transformar-se em razão pensante e, no seu elemento genuíno, deve buscar e levar a cabo o restabelecimento da perdição a que ele foi induzido.

Há, pois, em todos os povos da história universal poesia, artes plásticas, ciência e também filosofia; são diferentes, porém, não só o tom, o estilo e a direção em geral, mas ainda mais o conteúdo, e este conteúdo concerne à suprema diferença, à diferença da racionalidade. De nada serve que uma crítica estética autodenominada superior exija que a matéria, a saber, o substancial do conteúdo, não deva determinar o nosso gosto e afirme que a forma bela enquanto tal, a grandeza da fantasia e quejandos são o que a arte bela tem em vista e o que deve ser tido em conta e saboreado por um ânimo liberal e por um espírito cultivado. Quando o teor é insignificante ou grosseiro e fantástico, ou insensato, o bom senso do homem não deve dele abstrair para ajustar a sua fruição a tais obras. Ainda que se pretendesse equiparar as epopeias indianas às homéricas em virtude de um certo número de qualidades formais – grandeza da invenção, imaginação, vivacidade das imagens e sentimentos, beleza da dicção, etc. –, a diferença no conteúdo, e por conseguinte o substancial e o interesse da razão, que se orienta exclusivamente pela consciência do conceito de liberdade e pela sua implantação nos indivíduos, continuaria a ser infinita. Não só há uma forma clássica, mas também um conteúdo clássico e, ademais, a forma e o conteúdo encontram-se tão estreitamente ligados na obra de arte que aquela só pode ser clássica enquanto este também o for; e com um conteúdo fantástico, ilimitado em si mesmo – e o racional é o que em si possui medida e meta – [174] a forma torna-se ao mesmo tempo desmedida e informe, ou meticulosa e mesquinha.

Pode igualmente estabelecer-se um paralelo entre as filosofias chinesa e indiana com a metafísica eleata e pitagórica, além disso, com a espinosista, ou até com toda a metafísica moderna, porquanto todas têm por fundamento o uno ou a unidade, o universal inteiramente abstrato; mas semelhante comparação ou identificação é sumamente superficial. Nela passa-se por alto justamente a única coisa importante, a determinidade de tal unidade; e a diferença essencial consiste precisamente em que aquela unidade é concebida como abstrata ou como concreta – concreta até à unidade em si, que é espírito. Mas essa identificação prova precisamente que se conhece apenas a unidade abstrata e, ao fazer um juízo sobre as filosofias, ignora o que constitui o interesse da filosofia.

Mas há também círculos que permanecem os mesmos em toda a diversidade do conteúdo substancial de uma cultura. A diversidade mencionada concerne à razão pensante; a liberdade, cuja autoconsciência é a razão pensante, constitui, juntamente com o pensar, esta mesma raiz única. Assim como não é o animal, mas somente o homem que pensa, assim também só o homem, e unicamente ele, tem liberdade, por ser pensante. A consciência desta última implica que o indivíduo se compreende como pessoa, isto é, como em si universal na sua individualidade, como capaz de abstração, de superação de tudo o que é particular, portanto, como algo de em si infinito. Os círculos que deste modo caem fora desta apreensão são algo de comum àquelas diferenças substanciais. A própria moral, que tão estreitamente está associada à consciência da liberdade, pode ser muito pura e, apesar de tudo, carecer dessa consciência da liberdade, enquanto expressa somente os deveres e os direitos universais como mandamentos objetivos ou persiste na elevação formal, na renúncia do sensível e de todos os motivos sensoriais como em algo de simplesmente negativo. A moral chinesa, desde que os europeus travaram conhecimento com ela e com os escritos de Confúcio, merece o maior louvor, com o reconhecimento da sua excelência, por parte dos que, no entanto, estão familiarizados com a moral cristã; e também é reconhecida a sublimidade [175] com que a religião e a poesia indianas (a que, no entanto, se deve porventura acrescentar: a superior) e, em particular, a sua filosofia expressam e exigem a extirpação e o sacrifício do sensível. Estas duas nações carecem inteiramente, há que dizer, da autoconsciência essencial do conceito de liberdade. Para os Chineses, as regras morais são como leis naturais, mandamentos positivos externos, direitos e deveres coercivos ou regras de mútua cortesia. Falta-lhes a liberdade, graças à qual somente as determinações substanciais da razão se convertem em disposição de ânimo ética; a moral é afazer do Estado e é administrada por funcionários e pelos tribunais. As suas obras de moral, que não são códigos de Estado, mas se dirigem à vontade subjetiva e à disposição de ânimo, leem-se, de modo análogo aos escritos morais dos Estoicos, como uma série de preceitos necessários para o fim da felicidade, de tal maneira que o arbítrio de os poder ou não seguir defronta os que se decidem por tais mandamentos; igualmente a representação de um sujeito abstrato, do sábio, constitui entre os Chineses, como entre os moralistas estoicos, o ápice de tais doutrinas. – Na doutrina indiana da renúncia à sensibilidade, aos apetites e aos interesses terrenos, o fim e o termo não é uma liberdade afirmativa e ética, mas o nada da consciência, a ausência de vida, no sentido espiritual e até físico.

Um povo só é em geral histórico-universal quando, no seu elemento e fim fundamental, possui um princípio universal; só enquanto a obra que semelhante espírito suscita é uma organização ética e política. Quando apenas o apetite impele os povos, semelhante impulso passa sem deixar vestígios, por exemplo, o fanatismo; não existe obra alguma. Os seus vestígios são, pelo contrário, apenas a perdição e a destruição. Por isso, os Gregos falam do domínio de Cronos, do Tempo, que devora os seus filhos, os feitos, que ele gerou – era a [176] idade de ouro, sem obras éticas. Só Zeus, o deus político, de cuja cabeça nasceu Palas Atena e a cujo círculo pertence Apolo, juntamente com as Musas, realizou uma obra sábia e ética, criando o Estado.

O elemento objetivo na obra consiste, pois, unicamente em esta ser sabida. No elemento de uma obra, está encerrada a determinação da universalidade, do pensar; sem o pensamento, não há objetividade alguma, pois ele é a base. O povo deve conhecer o universal em que se funda a sua eticidade e pelo qual se desvanece o particular, portanto, deve conhecer as determinações do seu direito, da sua religião. O espírito não pode contentar-se com a existência de uma ordem e de um culto; o que ele pretende é o conhecimento das suas determinações. Só assim é que o espírito se institui na unidade da sua subjetividade com o universal da sua objetividade. O seu mundo é, sem dúvida, ao mesmo tempo um mundo de recíproca exterioridade, e o espírito relaciona-se com ele no intuir externo, etc.; mas também a unidade da sua intimidade com este seu mundo deve para ele existir. Tal unidade é a sua libertação suprema, porque o pensar é o mais íntimo do espírito. O ponto supremo da cultura de um povo consiste em apreender o pensamento da sua vida e da sua condição, a ciência das suas leis, do seu direito e da sua eticidade; com efeito, nesta unidade reside a mais íntima unidade em que o espírito pode consigo estar. O que na sua obra lhe importa é ter-se como objeto; mas o espírito só se tem como objeto na sua essencialidade ao pensar-se a si mesmo. Neste ponto, o espírito conhece, pois, os seus princípios, o universal do seu mundo efetivo. Se, portanto, quisermos saber o que foi a Grécia, encontramo-la em Sófocles e em Aristófanes, em Tucídides e Platão; aqui, tornou-se histórica a essência da vida grega. Nestes indivíduos, o espírito grego apreendeu-se a si mesmo na representação e no pensar.

Esta consciência espiritual que o povo de si mesmo tem é o supremo; mas, de início, é também só ideal *(ideell)*: esta obra do pensar é a mais profunda satisfação; mas, enquanto universal, é ao mesmo tempo ideal e, segundo a forma, distinta da autêntica realidade efetiva, da obra e da vida efetivamente reais, [177] pelas quais semelhante obra teve lugar. Agora, há um ser determinado real e outro ideal (*ideell*). Nesta época, vemos, pois, um povo encontrar satisfação na representação e no discurso acerca da virtude, discurso que, em parte, se põe ao lado da virtude e, em parte, no seu lugar. O espírito produziu--a e sabe trazer à reflexão o irrefletido, o puramente fáctico. Adquire assim, em parte, a consciência da limitação de tais determinidades – como a fé, a confiança, o costume – e torna--se consciente dos motivos para se separar delas, das suas leis. Tal acontece em geral na exigência de motivos; quando tais razões se não encontram, isto é, quando não se encontra algo de inteiramente abstrato como base para as leis, a conceção da virtude torna-se vacilante, o absoluto já não vale como tal, mas só enquanto se funda em motivos. Emerge assim simultaneamente o isolamento dos indivíduos entre si e em relação ao todo, surge o seu egoísmo destruidor, a vaidade, a busca do próprio proveito e a sua satisfação à custa do todo. Pois a consciência é subjetividade, e esta tem em si a necessidade de se isolar. Aparecem então a vaidade e o egoísmo; despontam, por isso, as paixões e os interesses próprios, desgarrados, como uma perdição. Isto não é, porém, a morte natural do espírito do povo, mas a desunião em si.

Zeus, que assinalou uma meta à voracidade do Tempo e deteve a sua passagem, depois de ter fundado algo de sólido, foi devorado com todo o seu reino justamente pelo princípio do pensamento, progenitor do conhecimento, do raciocínio, do discernimento a partir de razões e da exigência de razões. O Tempo é o negativo no sensível; o pensamento é a negatividade, mas a própria forma mais íntima, a forma infinita em que todo o ente se dissolve e, antes de mais, o ser finito, a figura determinada. Sem dúvida, o Tempo é o corrosivo do negativo, mas o espírito também o é, porque destrói todo o conteúdo determinado. O espírito é o universal, o ilimitado, a própria forma infinita mais íntima; acaba com tudo o que é restrito. Mesmo quando o elemento objetivo não surge como [178] finito e restrito pelo seu conteúdo, aparece, no entanto, como dado, como imediato, como autoridade, portanto, como algo que não pode traçar limites ao pensamento, não pode permanecer erigido em si como fronteira para o sujeito pensante e a reflexão infinita.

Ora a destruição mediante o pensamento é necessariamente ao mesmo tempo a produção de um novo princípio. O pensamento enquanto universal é destruidor; mas nesta destruição está, de facto, incluído o princípio precedente, só que já não na sua determinação originária. Conservou-se a essência universal, mas a sua universalidade foi enquanto tal eliminada. O princípio anterior transfigurou-se graças à universalidade; importa, ao mesmo tempo, considerar o modo atual como diferente do precedente, em que aquele existia apenas no interior e só tinha um ser determinado externo num complexo de circunstâncias múltiplas. O que antes existia apenas na individualidade concreta é agora elaborado na forma da universalidade; mas existe também algo de novo, uma outra determinação ulterior. O espírito, como agora se encontra em si determinado, tem outros interesses e fins mais amplos. A transformação da forma do princípio acarreta igualmente outras determinações ulteriores do conteúdo. Toda a gente sabe que o homem culto tem exigências totalmente distintas do homem inculto do mesmo povo, que vive na mesma religião e na mesma eticidade, cuja condição substancial é inteiramente idêntica. A cultura parece ser, de início, puramente formal, mas suscita também uma diferença de conteúdo. O cristão culto e o inculto parecem, por um lado, exatamente iguais, mas têm, no entanto, necessidades totalmente diversas. O mesmo se passa nas relações da propriedade. O servo tem também propriedade, mas vinculada a encargos pelos quais outro se torna coproprietário. Ora, se se pensar no que é a propriedade, segue-se que só um pode ser o senhor. O pensamento realça o universal e, deste modo, surgiu um outro interesse, despontaram outras necessidades.

O elemento determinado da passagem consiste em que, nesta transformação, o existente é pensado e, por conseguinte, elevado à universalidade. O espírito consiste em aí [179] apreender o universal, o que é essencial. A universalidade apreendida tal como é verdadeiramente é a substância, a essencialidade, o verdadeiramente ente. Semelhante universal é, por exemplo, no escravo o homem; a particularidade dissolve-se aqui na universalidade. Se, pois, a particularidade é ab-rogada num povo pelo pensamento – como, por exemplo, nos Atenienses –, se o pensamento se desdobra no sentido de que o princípio particular deste povo já não é essencial, então tal povo já não pode subsistir; surgiu um outro princípio. A história universal passa então para outro povo. Na história, os princípios existem como espíritos dos povos; mas estes são ao mesmo tempo existências naturais. A fase que o espírito alcançou existe como princípio natural do povo, como nação. O espírito aparece em figuras distintas, segundo os tipos do seu desdobramento neste elemento natural determinado. Assim a sua ulterior e mais elevada determinação apresenta-se num espírito do povo, sem dúvida, ainda como negação, como ruína do seu existente anterior, mas o seu lado negativo emerge como um povo novo. Um povo não pode percorrer várias fases, não pode duas vezes fazer época na história universal. Para que num povo surgissem interesses verdadeiramente novos, o espírito desse povo deveria pretender algo de novo – mas donde proviria semelhante novidade? Só poderia ser uma representação superior e mais universal de si mesmo, um ter-ido-além do seu princípio, um anelo por um princípio mais universal – mas é justamente assim que surge em cena um outro princípio determinado, um novo espírito. Um povo só pode uma vez ser dominante na história universal, porque só lhe pode ser confiada uma função no processo do espírito.

Esta progressão, esta gradação, parece ser um processo infinito, conforme à representação da perfetibilidade, um progresso que permanece eternamente longe da meta. Embora na progressão para um novo princípio o conteúdo do anterior seja apreendido de um modo mais universal, também é certo que a nova figura é, por seu turno, uma figura determinada. A história tem, aliás, a ver com a realidade efetiva em que o universal se deve apresentar como um modo determinado. Nenhuma figura restrita se pode consolidar face ao pensamento, face [180] ao conceito. Se houvesse algo que o conceito não conseguisse digerir e dissolver, isso seria decerto a maior dilaceração e infelicidade. Mas se houvesse algo assim, seria unicamente o próprio pensamento, tal como ele a si mesmo se apreende. Com efeito, só ele é o em si ilimitado, e toda a realidade efetiva está nele determinada. Cessaria assim a dilaceração, e o pensamento ficaria em si satisfeito. Seria então o fim último do mundo. A razão conhece o verdadeiro, o ente em si e para si, que não tem limitação alguma. O conceito do espírito é o retorno a si mesmo, o fazer de si objeto; logo, a progressão não é um avançar indeterminado para o infinito, mas existe uma meta, a saber, o retorno a si mesmo. Por conseguinte, existe também um certo ciclo, o espírito busca-se a si mesmo.

Diz-se que o fim último é o bem. Trata-se, antes de mais, de uma expressão indeterminada. Poderia e deve recordar-se aqui a forma religiosa. Na filosofia, não devemos em geral comportar-nos de maneira a evitar por timidez outras intuições veneráveis. Segundo a intuição religiosa, o fim consiste em o homem se santificar. Tal é o fim genuíno, no tocante aos indivíduos. O sujeito consegue enquanto tal o cumprimento do seu fim, na instituição religiosa. Mas, assim entendido, o fim pressupõe já o conteúdo de caráter universal em que as almas encontram a sua salvação. Poderia pensar-se que esta representação da salvação em nada nos afeta, por ser o fim futuro, ultramundano. Mas então a existência cismundana permaneceria ainda, apesar de tudo, como a preparação para esse fim. Em geral, porém, esta distinção só tem valor no seu aspeto subjetivo; aos indivíduos apenas restaria considerar simplesmente como um meio aquilo que os leva à salvação. Mas não é esse o caso; tal fim deve conceber-se como o absoluto. Ora, o fim do ser determinado natural e da atividade espiritual é, segundo a visão religiosa, a glorificação de Deus. Este é, de facto, o fim mais digno do espírito e da história. O espírito é este fazer-se e apreender-se a si mesmo como objetal. Só então existe efetivamente como produto de si mesmo, como resultado. Apreender-se significa apreender-se pensando. Tal não significa, porém [181], apenas o conhecimento de determinações arbitrárias, caprichosas e passageiras, mas a apreensão do próprio absoluto. O fim do espírito é, portanto, proporcionar a si a consciência do absoluto de modo que esta sua consciência surja como a única e exclusiva verdade, de modo que tudo se deva instituir e esteja efetivamente instituído para que ela reja e tenha deveras regido a história universal. Conhecer realmente tal significa dar honra a Deus ou exaltar a verdade. Este é o absoluto fim último, e a verdade é o próprio poder que suscita a glorificação da verdade. Na honra de Deus tem também o espírito individual a sua honra; não certamente a sua honra particular, mas a honra que lhe proporciona o conhecimento de que o absoluto é a sua atividade para a honra de Deus. O espírito encontra-se aqui na verdade, tem a ver com o absoluto; por isso, está junto de si. Em seguida, suprimiu-se aqui a oposição com que se depara no espírito restrito, o qual só conhece a sua essência como limite e se eleva acima dele mediante o pensamento. Aqui, pois, também não pode sobrevir a morte natural.

Ao conceber a história universal, tratamos da história, antes de mais, como de um passado; mas temos também de lidar simplesmente com o presente. O que é verdadeiro é eterno em si e para si, não é nem de ontem nem de amanhã, mas pura e simplesmente presente, "agora", no sentido do presente absoluto. Na Ideia conserva-se eternamente o que também se afigura passado. A Ideia é presente, o Espírito é imortal; não há outrora algum em que ele não existisse ou não existiria; não passou, não pode dizer-se que ainda não é, mas é absolutamente agora. Afirmou-se já assim que o mundo e a figura presentes do espírito, a sua autoconsciência, compreendem em si todos os estádios anteriores da história. Estes desenvolveram-se sucessivamente como autónomos; mas o espírito foi em si sempre o que é e a diferença é somente o desdobramento deste em si. O espírito do mundo atual é o conceito que o espírito de si mesmo elaborou; ele é que sustenta e rege o mundo; é o resultado dos esforços de 6000 anos, o que o espírito produziu mediante o trabalho da história universal e o que tinha de brotar deste trabalho. [182] Assim devemos apreender a história universal; nela depara-se-nos o trabalho do espírito, o modo como este chega ao conhecimento do que ele é e o realizou nas distintas esferas por ele condicionadas.

Pode a este respeito recordar-se que todo o indivíduo, na sua formação, deve percorrer distintas esferas que fundam o seu conceito do espírito em geral e tiveram a forma de, numa época precedente, cada qual ter autonomamente de se configurar e desenvolver. Mas o espírito foi sempre o que é agora; e é agora apenas a consciência mais rica, o conceito de si mesmo mais profundamente em si elaborado. O espírito tem ainda em si todos os estádios do passado, e a vida do espírito na história é um ciclo de fases distintas, em parte atuais, em parte surgidas numa configuração passada. Por termos de lidar com a ideia do espírito e de considerar na história universal tudo apenas como manifestação sua, ao percorrermos o passado, por grande que ele seja, ocupamo-nos unicamente do presente. A filosofia tem a ver com o presente, com o efetivamente real. Os momentos que o espírito parece ter atrás de si tem-nos também na sua profundidade atual. E assim como percorreu os seus momentos na história, assim igualmente os deve percorrer no presente – no conceito de si [183].

Apêndices

1. O contexto natural ou o fundamento geográfico da história universal

a) Determinações gerais

Partimos da generalidade de que a história universal representa a Ideia do Espírito tal como se revela na realidade efetiva enquanto série de configurações externas. A fase da consciência que o Espírito de si tem surge na história universal como o espírito existente de um povo, como um povo atual. Semelhante fase incide assim em geral no tempo e no espaço, no modo da existência natural. Os espíritos particulares, que temos de considerar simultânea e sucessivamente, são particulares graças ao seu princípio determinado; e a cada povo da história universal está adjudicado o afazer de um princípio. Tem, sem dúvida, de percorrer vários princípios para que o seu princípio chegue à maturidade; mas, na história universal, tem sempre apenas uma figura. Pode decerto ocupar várias posições na relação histórica; mas nunca na história universal se encontra com várias à cabeça. Pelo contrário, constitui-se no interior de outro princípio, mas este, segundo a sua originaridade, não é para ele adequado. Aquele princípio particular do povo existe, porém, como uma determinidade natural, como um seu princípio natural. Os distintos espíritos dos povos separam-se no espaço e no tempo; e a este respeito faz-se valer a influência do contexto natural, da conexão entre o espiritual e o natural, o temperamento, etc. Semelhante contexto, face à universalidade do todo ético e da sua individualidade ativa singular, é algo de extrínseco; mas enquanto solo, onde se move o espírito, é um fundamento essencial e necessário.

O espírito, ao ingressar no ser determinado, expõe-se ao modo da finitude e, assim, ao modo da naturalidade em geral. As configurações particulares diversificam-se, pois a forma da naturalidade é a recíproca [187] exterioridade, que consiste em as determinidades particulares surgirem como individualidades. Esta determinação abstrata contém o fundamento da necessidade de que aquilo que no espírito aparece como estádio particular surja como figura particular natural, excluindo as outras e existindo por si. Esta particularidade, ao exibir-se na natureza, é a particularidade natural, ou seja, existe como princípio natural, como determinidade natural singular. Daqui se depreende que todo o povo, por ser a representação de um estádio particular do desdobramento do Espírito, constitui uma nação; a sua contextura natural corresponde ao que o princípio espiritual é na série das configurações espirituais.

Com esta vertente natural, entramos na determinidade geográfica; esta contém o que pertence ao estádio da natureza. No ser determinado natural encerram-se logo os dois aspetos desta determinidade: por um lado, a vontade natural do povo ou a índole subjetiva dos povos; por outro, esta existe também como natureza exterior e particular. O homem, na medida em que é não livre e natural, diz-se sensível – o sensível divide-se em duas vertentes, a naturalidade subjetiva e a exterior. Esta última é a vertente geográfica que, segundo a representação imediata, pertence em geral à natureza exterior. Por conseguinte, o que temos de considerar são diferenças naturais. Devem, antes de mais, divisar-se como possibilidades particulares, das quais se desprende o espírito e, por isso, proporcionam o fundamento geográfico. Não nos propomos conhecer o solo como local externo, mas o tipo natural da localidade que corresponde exatamente ao tipo e ao caráter do povo, que é filho de semelhante solo. Este caráter é justamente o modo como os povos emergem na história universal e nela ocupam um lugar. A conexão da natureza com o caráter dos homens parece contrária à liberdade da vontade humana. Chamamos a tal o elemento sensível, e poderia pensar-se que o homem tem em si a verdade independentemente da natureza. Não deve igualmente supor-se uma relação de dependência, de modo que o caráter dos povos seja constituído pela determinidade natural do solo. [188] Não há que pensar o espírito como algo de abstrato, que só posteriormente receba o seu conteúdo da natureza. Os que na história irrompem são espíritos particulares, determinados; a ideia especulativa mostra como o particular está contido no universal, e este nem por isso é embaciado. Visto que os povos são espíritos com um tipo peculiar de configuração, a sua determinidade é uma determinidade espiritual, mas a que, por outro lado, corresponde a determinidade da natureza. O que primeiramente em si é existe de modo natural, tal como a criança é homem em si e, por ser criança, é primeiro homem natural, que só possui as disposições para ser em si e para si como homem livre.

Esta consideração parece coincidir com o que se afirma acerca da influência do clima sobre as circunstâncias. É uma conceção geral e corrente supor que o espírito do povo particular coincide com o clima da nação; que a nação é um povo enquanto nascido. Trata-se de um palavreado muito vulgar. Por necessária que seja a conexão entre o princípio espiritual e o natural, não devemos persistir no palavreado geral e atribuir ao clima efeitos e influências particulares. Assim, fala-se muito e com frequência do suave céu jónico, que terá suscitado Homero. Sem dúvida, este céu contribuiu em muito para a graça dos poemas homéricos. Mas a costa da Ásia Menor foi sempre a mesma e continua hoje a sê-lo; no entanto, do povo jónico unicamente saiu um Homero. O povo não canta, somente um faz um poema, um indivíduo – e se houve vários que criaram os cantos homéricos, também foram sempre indivíduos; não obstante a amenidade do céu, não tornaram a desabrochar outros Homeros, em especial sob o domínio dos Turcos. O clima determina-se em virtude de pequenas particularidades;

mas nada temos a ver com estas, que também não exercem influência alguma.

O clima tem, sem dúvida, influência, porque nem a zona quente nem a fria constituem o solo para a liberdade do homem, para os povos da história universal. No seu primeiro despertar, o homem é consciência natural imediata em relação com a natureza em geral. Existe [189] necessariamente uma relação entre ambos: todo o desenvolvimento contém uma reflexão do espiritual sobre si mesmo face à natureza. É uma particularização do espiritual em si frente a esta sua imediatidade, que é justamente a natureza. Nesta particularização incide também o momento da naturalidade, por esta ser justamente uma particularização; sobressai a oposição do espiritual ao externo. A naturalidade é, por isso, o primeiro ponto de vista a partir do qual o homem pode em si alcançar uma liberdade. Na medida em que ele é, antes de mais, sensível, é indispensável que, na conexão sensorial com a natureza, possa alcançar a liberdade mediante a reflexão sobre si. Mas quando a natureza é demasiado poderosa, é-lhe dificultada tal libertação. O seu ser sensível e o seu recuo face ao sensível constituem o seu modo natural; este tem em si, enquanto tal, a determinação da quantidade. Por isso, desde o princípio, não deve ser demasiado poderosa a conexão com a natureza.

A natureza em geral, comparada ao espírito, é algo de quantitativo, cujo poder não deve ser tão grande que se possa considerar apenas como omnipotente. Os extremos não são favoráveis ao desenvolvimento espiritual. Já Aristóteles diz: Quando a pressão da necessidade se encontra satisfeita, o homem vira-se para o universal e o mais alto[1]. Mas nem a zona quente nem a fria permitem ao homem elevar-se a um movimento livre, a uma riqueza de meios que lhe permitam ser ativo em interesses mais elevados e espirituais. O homem mantém-se aí em grande embotamento; é deprimido pela natureza e, por isso, não pode dela separar-se – o que constitui a primeira condição de uma cultura espiritual mais elevada. A violência dos elementos é demasiado grande para que o homem os possa vencer na luta

---

[1] Met. A, 2, 982 b.

e tornar-se suficientemente poderoso para impor a sua liberdade espiritual ao poder da natureza. O gelo que faz encolher os Lapões ou o calor de África são poderes demasiado grandes perante o homem para que, sob o seu peso, o espírito consiga adquirir o livre movimento e obter a riqueza necessária para a configuração de uma realidade efetiva culta [190] e que ela em si encerra. Naquelas zonas, a necessidade pode muito bem ser incessante e nunca se conseguir evitar; o homem é permanentemente solicitado a dirigir a sua atenção para a natureza. Utiliza esta para os seus fins mas, quando a natureza é demasiado poderosa, ela não se oferece ao homem como meio. Por isso, as zonas quente e fria não são, como tais, algo da história universal. Estes extremos são excluídos desta vertente pelo espírito livre.

Por isso, a zona temperada é que em geral deve proporcionar o palco para o drama da história universal. Entre as zonas temperadas, porém, a nórdica é, por seu turno, a mais adequada. O Continente forma aqui um amplo peito, como dizem os Gregos, um compêndio das partes terrestres. Nesta formação há que reconhecer a diferença do pensamento segundo o qual a Terra se desenvolve, para norte, em largura e se reparte e desfaz, para sul, em múltiplas pontas, como são a América, a Ásia e a África. O mesmo momento se revela nos produtos da natureza. Na região setentrional, onde as terras são mais coesas, existe uma quantidade de produtos naturais comuns, como se explica na visão da história natural; nas pontas que se alastram depara-se com a maior particularização. Assim, na perspetiva botânica e zoológica, a zona setentrional é a mais importante, encontra-se nela a maior parte das espécies animais e vegetais; no Sul, em que a Terra se reparte em pontas, também as figuras naturais se individualizam mais entre si.

Se abordarmos agora as diferenças determinadas, a cujo respeito se deve indicar o que interessa para a diversidade dos espíritos dos povos, deve observar-se que nos devemos ater às diferenças essenciais gerais, as quais se dão necessariamente no pensamento e são ao mesmo tempo empíricas. A determinidade impõe-se justamente face à multiplicidade que, em parte, é casual. Realçar estas diferenças determinantes é afazer da consideração filosófica; é necessário acautelar-se de se perder na pluralidade informe. Esta manifesta-se relativamente ao que se entende pela palavra indeterminada "clima" – ponto que já foi resolvido [191]. Temos agora de aduzir mais pormenores sobre as diferenças naturais de ordem geral.

A relação geral da determinidade natural que à história interessa é a relação entre o mar e a terra. Quanto ao território, surgem três diferenças fundamentais. Deparamos, primeiro, com países montanhosos sem água; em segundo lugar, com vales sulcados por rios e, em terceiro, com litorais. Estes três momentos são os mais essenciais que se oferecem ao conceito discriminativo e a que se podem reduzir todas as ulteriores determinações.

O primeiro momento é o mais determinado, rígido, que permanece indiferente, fechado, inculto; é o planalto com as suas grandes estepes e planuras, que pode proporcionar impulsos, os quais, porém, são mais da natureza mecânica e selvagem. Estas planuras sem água constituem de preferência a residência dos nómadas; no mundo antigo, dos povos mongólicos e arábicos. Os nómadas têm de per si um caráter suave, mas constituem o princípio flutuante e oscilante. Não estão agarrados ao solo e nada sabem dos direitos que de imediato vinculam a convivência à agricultura. Este princípio instável tem uma constituição patriarcal, mas irrompe em guerras e rapinas, bem como em assaltos a outros povos que, de início, são subjugados, mas com os quais se misturam em seguida os invasores. A vagabundagem dos nómadas é somente formal, porque se limita a um círculo uniforme. Esta restrição, porém, é só de facto; existe a possibilidade de a romper. O solo não é cultivado, e posso encontrá-lo em toda a parte; por isso, um impulso de tipo externo ou interno pode levar os povos a deslocar-se. No entanto, não reside neles em rigor o espírito da inquietação. Nas planuras baixas, limitadas por territórios pacíficos, estes povos são induzidos ao roubo, ao passo que as mais elevadas, delimitadas por altas montanhas, são habitadas por um povo forte. Com as tribos das planuras baixas tropeçam os habitantes hostis que com elas entram em conflito, de maneira que a determinação dos nómadas a um estado de guerra em relação ao exterior é que os isola. Desenvolve-se assim uma personalidade e uma autonomia [192] indomável e impávida, mas também um isolamento abstrato. A montanha é a pátria da vida pastoril; mas a variedade do solo permite igualmente a agricultura. O clima altamente variável, inverno áspero, verão ardente, e os múltiplos perigos fomentam a ousadia. Mas a vida permanece encerrada na sua localidade. Quando a localidade se torna demasiado estreita para semelhante povo, precisa então de um chefe e precipita-se sobre os vales férteis. Não se trata de um ir-além incansável, mas é suscitado por uma meta determinada. Os conflitos naturais da Ásia persistem em semelhantes oposições.

Trata-se, portanto, aqui de uma concatenação de solo elevado, que está rodeado por uma cintura de montanhas. A segunda característica consiste em que esta massa montanhosa é rasgada e as correntes que brotam das terras altas se despenham dali e fendem a cintura de montanhas. Um planalto encontra-se habitualmente rodeado de montanhas; as correntes fendem-nas e podem, além disso, formar vales com declives mais suaves, se a distância até ao mar for suficientemente grande. Percorrem então uma superfície mais ou menos vasta, até desaguarem no mar. Interessa aqui é se estes despenhamentos se situam ou não perto do mar, se têm, pois, à sua disposição apenas uma orla estreita ou se deparam com um apoio amplo de que precisam para formar um longo curso líquido, se as correntes passam por entre colinas moderadas ou por um grande vale. Na África, a cintura de montanhas é também rasgada por correntes de água, mas estas depressa chegam ao mar e o litoral é em geral muito estreito. O mesmo acontece em parte na América do Sul, no Chile e no Perú, bem como em Ceilão. Chile e Perú são litorais estreitos; não têm nenhuma cultura. Quanto ao Brasil, o caso é diferente. Além disso, pode ocorrer também uma outra circunstância, a saber, que o planalto seja inteiramente formado por cadeias de montanhas que podem decerto ter superfícies, mas não muitas.

Semelhante altiplano vemo-lo na Ásia Central habitado pelos Mongóis (tomando a palavra numa aceção geral); do Mar Cáspio estendem-se para norte estepes semelhantes, em direção ao Mar Negro. Haveria [193] igualmente que mencionar aqui os desertos da Arábia, os desertos da Berbéria em África, e os que existem na América do Sul, à volta do Orenoco e no Paraguai. Característica nos habitantes de semelhante altiplano, que, por vezes, é apenas irrigado pela chuva ou pela inundação de um rio (como as planuras do Orenoco) é a vida patriarcal, a disseminação em famílias individuais. O solo em que se encontram é infrutífero ou só momentaneamente frutífero; os habitantes têm o seu património, não na terra, de que tiram apenas um escasso rendimento, mas nos animais que com eles migram. Durante algum tempo, estes encontram os seus pastos nas planuras e, após o seu esgotamento, são levados para outras regiões. Reina a imprevidência e não se acumula para o inverno; por isso, perece muitas vezes metade do rebanho. Entre os habitantes do altiplano, não há relações jurídicas; depara-se, pois, neles com os extremos da hospitalidade e do roubo; com este último, sobretudo, quando eles estão rodeados por povos cultos, como os Árabes, que são então apoiados pelos seus cavalos e camelos. Os Mongóis alimentam-se de leite de égua e, por isso, o cavalo é para eles ao mesmo tempo alimento e arma. Embora seja esta a figura da sua vida patriarcal, acontece que muitas vezes se reúnem em grandes massas e se põem em movimento para fora, levados por qualquer impulso. Dotados anteriormente de um ânimo pacífico, irrompem então, como uma torrente devastadora, sobre os países civilizados, e a revolução que agora sobrevém não tem nenhum outro resultado a não ser a destruição e a desolação. Em movimentos assim se envolveram os povos sob o comando de Gengiscão e de Tamerlão: destruíram tudo e, em seguida, de novo desapareceram, tal como uma corrente assoladora da floresta se despenha porque não possui qualquer princípio genuíno de vitalidade. Das terras altas desce-se para os vales estreitos. Aqui habitam pacíficos povos da montanha, pastores que praticam ao mesmo tempo a agricultura, como os Suíços. Na Ásia existem também estes pastores, mas em número pouco considerável.

O segundo momento é a região de transição, o vale. Os vales, que se formaram graças aos grandes rios, são áreas de torrentes no solo tranquilo das planuras. O solo tornou-se fértil em virtude do depósito de lodo; a terra deve [194] toda a sua fertilidade às correntes que a formaram. Aqui surgem os centros da cultura que em si têm a autonomia, não a autonomia irrestrita do primeiro elemento, mas uma diferenciação que não se lança para o exterior e se converte em formação dentro de si mesma. É a região mais frutífera; aí se estabelece a agricultura e, com ela, os direitos da vida comunitária. O solo fértil suscita por si mesmo a transição para a agricultura, com a qual irrompe de imediato o entendimento, o tomar providências. A agricultura rege-se pelas estações do ano; não é uma satisfação particular e imediata da necessidade, mas leva-se a cabo de um modo geral. O cuidado do homem já não se reduz ao dia, mas ao tempo longo. É necessário inventar instrumentos; surge a sagacidade nas invenções e constitui-se igualmente a arte. Estabelece-se a posse firme, a propriedade e o direito. Surge assim a divisão em ordens (*Stände*). A necessidade de instrumentos e de armazenamento induz sedentariedade, à circunscrição a este solo. Mas ao formar-se tal solo, emergem as determinações da propriedade e do direito. A solidão natural é rompida graças a esta dependência reciprocamente determinada, exclusiva, mas geral; sobrevém uma condição de universalidade, que exclui o simplesmente singular. Abre-se deste modo a possibilidade de um senhor e, essencialmente, da dominação das leis. Aparecem nestas regiões grandes impérios, e começa a fundação de Estados poderosos. Esta finitização não é um aventurar-se para o ilimitado, mas um fixar-se no universal. Na história oriental, depararemos com Estados que se encontram em semelhante situação, com os impérios das margens dos rios da China, do Ganges, do Lido e do Nilo.

Nos tempos modernos, em que se pretendeu afirmar que os Estados devem necessariamente estar separados por elementos naturais, habituámo-nos a considerar a água como o elemento de separação. Pelo contrário, é essencial afirmar que nada une tanto como a água, pois os países civilizados nada mais são do que regiões de rios. A água é, de facto, o que [195] une, as montanhas separam. Quando as regiões estão separadas por montanhas, estão-no muito mais do que acontece por meio de um rio ou até do mar. Assim os Pirenéus separam a França e a Espanha; Cádis encontrava-se numa ligação mais estreita com a América do que com Madrid. As montanhas separam os povos, os costumes e os carateres. Mas um país é constituído pelo rio que corre pelo seu centro; as duas margens de um rio pertencem em rigor ao mesmo país. A Silésia é a bacia do Óder, a Boémia e a Saxónia são o Elba, e o Egito é o vale do Nilo. É falsa a afirmação que os Franceses impuseram durante as guerras da Revolução, ao dizer que os rios são as fronteiras naturais dos países. O mesmo acontece com o mar. É muito mais fácil a comunicação entre a América e a Europa do que no interior da Ásia ou da América. Com a América e as Índias orientais, os europeus estiveram em permanente comunicação, desde a sua descoberta, mas foi com dificuldade que penetraram no interior da África e da Ásia, porque a entrada por terra é muito mais difícil do que pela água. Por isso, vemos na história que a Bretanha e a Britânia estiveram, durante séculos, unidas sob o domínio inglês; foram necessárias muitas guerras para as separar. A Suécia ocupou a Finlândia, bem como a Curlândia, a Livónia e a Estónia. A Noruega, porém, não pertenceu à Suécia, mas esteve intimamente ligada à Dinamarca.

Vemos, pois, que os países do terceiro elemento se separam dos do segundo, tal como estes se distinguem nitidamente dos do primeiro. Este terceiro momento é o litoral, a região em contacto com o mar; são os países que se relacionam com o mar e em que tal ligação expressamente se desenvolveu. Ainda agora se preservam na Europa os sinais de semelhante diferenciação. A Holanda, o país em que o Reno desagua no mar, cultiva por si a relação com o mar, ao passo que a Alemanha não se estendeu pelo lado do seu rio principal. A Prússia constitui assim a orla marítima que domina a desembocadura do Vístula face à Polónia, ao passo que a Polónia interior é de natureza inteiramente diversa e desenvolveu outra conformação e necessidades distintas das que tem o litoral, que fomentou [196] o laço com o mar. Em Portugal, os rios de Espanha vão desembocar no mar. Poderia crer-se que a Espanha, por ter os rios, deveria igualmente ter a ligação com o mar; mas, neste contexto, Portugal desenvolveu-se muito mais.

O mar fundamenta em geral um modo próprio de vida. O elemento indeterminado proporciona-nos a representação do ilimitado e do infinito e, quando o homem se sente nesta infinitude, é instigado a ir além do limitado. O mar é o ilimitado, não tolera nenhuma restrição pacífica em cidades, como o interior. A terra, o vale fixa o homem ao solo; entra assim numa quantidade infinita de dependências. Mas o mar leva-o para além deste círculo limitado. O mar suscita a coragem; convida o homem à conquista, à rapina, mas também ao lucro e à ganância. O trabalho de aquisição refere-se à particularidade dos fins, que se chama necessidade. Ora o trabalho em vista de tal necessidade implica que os indivíduos se enterram no círculo da aquisição. Mas se a ganância leva ao mar, então a relação transforma-se. Os que navegam pelo mar querem e podem nele obter lucro e ganho; mas o meio encerra imediatamente em si o contrário daquilo para que foi escolhido, a saber, o perigo: implica de tal modo o seu contrário que eles põem a sua vida e propriedade em perigo de perda. Por isso, meter-se com este meio constitui uma ousadia e proporciona ao indivíduo a consciência da sua maior liberdade e autonomia. Tal é justamente o que eleva acima de si a ganância e a indústria e as converte em algo de valente e de nobre. O mar suscita a coragem; os que o percorrem para ganhar a vida e a riqueza devem buscar o seu ganho por meio do perigo; devem ser valentes, pôr em jogo e desprezar a vida e a riqueza. A tendência para a riqueza eleva-se, pois, como se afirmou, a algo de ousado e de nobre, graças orientação para o mar. Além disso, o mar suscita a astúcia, já que o homem tem aqui de lutar com um elemento que parece submeter-se pacificamente a tudo, se ajusta a todas as formas e [197], no entanto, é destruidor. A ousadia encontra-se aqui essencialmente ligada à inteligência, à maior astúcia. A fraqueza deste elemento, a sua cedência, a sua brandura, é que esconde justamente o maior perigo. Por isso, a ousadia frente ao mar deve ao mesmo tempo ser astúcia, porque tem a ver com o elemento mais astuto, mais inseguro e mendaz. Esta superfície infinita é absolutamente branda, não resiste a pressão alguma, nem sequer à brisa; parece infinitamente inocente, submissa, amistosa e insinuante, e é precisamente esta capacidade de acomodar que transforma o mar no elemento mais perigoso e terrível. A semelhante ilusão e a tal poder o homem, *aes triplex circa pectus*, contrapõe então apenas um simples pedaço de madeira, sobe para este, confiando unicamente na sua coragem e na sua presença de espírito, deixa a terra firme e entra no elemento inconsistente, levando consigo o chão por ele próprio construído. A nau, cisne do oceano, que sulca a planície das ondas com movimentos ágeis e curvos ou nela traça círculos, é um instrumento cuja invenção honra tanto a audácia do homem como a sua inteligência. Este mais-além do mar fora da limitação do solo terrestre falta ao edifício magnífico dos Estados asiáticos, embora eles próprios confinem com o mar, como, por exemplo, a China. Para eles, o mar é unicamente o termo da terra, não têm com ele nenhuma relação positiva. A atividade a que o mar convida é muito característica; o mar condiciona um caráter inteiramente peculiar.

Nestas três disposições naturais, revela-se o essencial condicionamento da vida dos povos mediante a natureza. Os princípios que entre si se caracterizam de modo mais forte são o princípio do território interior e o do litoral. O Estado de formação mais elevada une em si as diferenças de ambos os princípios: a firmeza do interior e o caráter errabundo da contingência na vida costeira.

b) *O Novo Mundo*

O mundo divide-se em Velho Mundo e Novo Mundo; o nome de Novo Mundo provém do facto de que a América [198] e a Austrália só tarde foram conhecidas pelos europeus. Mas não se trata de uma distinção simplesmente extrínseca; a divisão é essencial: este mundo é novo não só relativamente, mas de modo absoluto, quanto a toda a sua condição peculiar, física e política. Não nos interessa aqui a sua antiguidade geológica. Não quero negar ao Novo Mundo a honra de também ter saído do mar na criação do mundo, como se costuma chamar. No entanto, o mar das ilhas que se estende entre a América do Sul e a Ásia revela uma certa imaturidade física também no tocante à sua origem; a maior parte das ilhas assenta em corais e está de tal modo constituída que elas são, por assim dizer, uma cobertura terrestre para rochas que brotam da profundidade insondável e ostentam o caráter de algo de tardiamente surgido. A Nova Holanda mostra uma não menor imaturidade geográfica; com efeito, se aqui, a partir das possessões inglesas, se entrar profundamente no território, descobrem-se rios enormes que ainda não chegaram a cavar para si um leito, mas se espalham em terrenos pantanosos. Como se sabe, a América divide-se em duas partes que estão unidas por um istmo sem que, todavia, ele faculte uma ligação do tráfico. Pelo contrário, ambas as partes estão nitidamente separadas. A América do Norte mostra-nos, antes de mais, ao longo das suas costas orientais um amplo litoral, por trás do qual se estende uma cadeia de montanhas – as Montanhas Azuis ou Apalaches e, mais a norte, as Allegheny. Rios que delas manam regam as terras do litoral, as quais têm a mais vantajosa condição para os livres Estados norte-americanos, aqui originariamente constituídos. Por trás daquela cadeia de montanhas corre, de sul para norte, em conexão com enormes lagos, o rio de S. Lourenço, em cujas margens se situam as colónias setentrionais do Canadá. Mais para ocidente, encontramos a bacia do imenso Mississipi com as regiões fluviais do Missouri e do Ohio, que aquele acolhe, indo em seguida desaguar no golfo do México. No lado ocidental desta região, há uma outra larga cadeia de montanhas que atravessa o México e o estreito do Panamá e corta, sob o nome de Andes ou Cordillera, toda a vertente ocidental da América do Sul. A orla [199] costeira assim formada é mais estreita e oferece menos vantagens do que a da América do Norte. Aí se situa o Perú e o Chile. No lado oriental, correm para Levante os imensos rios Orenoco e Amazonas; formam grandes vales que, no entanto, não são apropriados para terrenos de cultura, pois são apenas amplas estepes. Para sul, corre o rio de La Plata, cujos afluentes têm, em parte, a sua origem na Cordilheira, em parte, nos espinhaços setentrionais que separam a região do Amazonas da sua própria. Na área do rio de La Plata encontram-se o Brasil e as repúblicas espanholas. A Colômbia constitui a região costeira setentrional da América do Sul, em cujo Ocidente, ao longo dos Andes, corre o rio Magdalena, que verte as suas águas no mar das Caraíbas.

O Novo Mundo talvez tenha estado outrora unido à Europa e à África. Nos tempos modernos, as regiões atlânticas, que tinham decerto uma cultura quando foram descobertas pelos europeus, perderam-na ao entrar com eles em contacto; a sujeição do território foi a sua ruína. Da América e da sua cultura, como esta se desenvolvera sobretudo no México e no Perú, temos notícias, mas simplesmente as de que ela era uma cultura inteiramente natural, que deveria perecer logo que o espírito dela se acercasse. A América revelou-se sempre e continua ainda a revelar-se impotente no aspeto físico e espiritual. Com efeito, os indígenas, desde que os europeus desembarcaram no continente, foram progressivamente desaparecendo ao sopro da atividade europeia. Também nos animais se revela a mesma inferioridade que nos homens. A fauna apresenta leões, tigres, crocodilos; estas feras assemelham-se, sem dúvida, às configurações do Velho Mundo, mas são, sob todos os aspetos, mais pequenas, mais débeis e mais impotentes. Como se assevera, os próprios animais não são tão nutritivos como os meios de vida produzidos pelo Velho Mundo. Há na América quantidades incomensuráveis de gado cornífero; mas a carne de vaca europeia considera-se um petisco.

No tocante ao género humano, são já poucos os descendentes dos primeiros americanos; foram exterminados uns sete milhões de homens [200]. Os habitantes das ilhas, nas Índias ocidentais, morreram. Em geral todo o mundo americano entrou em decadência e foi suplantado pelos europeus. As tribos da América do Norte, em parte, desapareceram e, em parte, recuaram, ao contacto dos europeus. Degeneram pouco a pouco, e por isso vê-se que não têm força bastante para se juntar aos Norte-Americanos, nos Estados livres. Estes povos de débil cultura perdem-se quando entram em contacto com povos mais civilizados e com uma cultura superior e mais intensa. Por isso, nos Estados livres da América do Norte, todos os cidadãos são emigrantes europeus; os antigos habitantes não conseguiram com eles misturar-se.

Os indígenas adotaram algumas artes dos europeus; entre elas, a de beber aguardente, que provocou neles um efeito destruidor. Na América do Sul e no México, os habitantes que sentem a necessidade da independência, os criolos, nasceram da mistura com os Espanhóis e os Portugueses. Só eles chegaram ao elevado sentimento de si, ao anelo intenso de autonomia e independência. São os que dão o tom. Aparentemente, são muito poucas as tribos indígenas com análoga disposição. Ouviu-se decerto falar de algumas povoações do interior que aderiram aos esforços recentes para a constituição de Estados independentes, mas é provável que sejam entre elas pouquíssimos os indígenas puros. Por isso, os Ingleses seguem também na Índia a política de impedir que ali surjam elementos criolos, povo com sangue indígena e sangue europeu, que viriam a sentir ali o amor pelo próprio país.

Na América do Sul, conservou-se, além disso, uma maior camada de população nativa. Os indígenas foram ali tratados com muito mais dureza e aplicados em serviços mais duros, superiores às suas forças. De qualquer modo, o indígena é aqui desprezado. É preciso ler nas descrições de viagens os relatos que mostram a mansidão e a moleza, a humildade e a submissão servil face a um criolo e, mais ainda, perante um europeu; e há de ainda passar muito tempo até que os europeus consigam neles atear algum sentimento de si [201]. Foram olhados na Europa como desprovidos de espírito e sem a menor capacidade de educação. A inferioridade destes indivíduos manifesta-se sob todos os aspetos, inclusive na estatura; só as tribos meridionais da Patagónia são naturezas mais fortes, mas ainda se encontram totalmente no estado natural da brutalidade e da selvajaria. As corporações religiosas trataram-nos de modo conveniente, impondo-lhes a sua autoridade eclesiástica e dando-lhes trabalhos destinados a suscitar e a satisfazer as suas necessidades. Quando os Jesuítas e os sacerdotes católicos pretenderam habituar os índios à cultura e aos costumes europeus (fundaram, como se sabe, um Estado no Paraguai, e claustros no México e na Califórnia), foram viver no meio deles e prescreveram-lhes, como a menores de idade, as ocupações diárias, que eles executavam, por preguiçosos que, aliás, fossem, por respeito à autoridade dos padres. Construíram para eles armazéns, educaram-nos para que soubessem utilizá-los e tomar providências para o dia seguinte. Escolheram o modo mais hábil para os elevar, e lidaram com eles como se deve lidar com as crianças. Recordo ter lido que, por volta da meia-noite, um eclesiástico tocava uma campainha para recordar aos indígenas o cumprimento dos seus deveres conjugais, porque, por si mesmos, nem sequer de tal se teriam lembrado. Estas prescrições levaram, em primeiro lugar, de modo inteiramente exato, à emergência de necessidades, que são o móbil da atividade dos homens em geral.

Os Americanos são, pois, como crianças irrefletidas que se limitam a existir de um dia para o outro, longe de todos os pensamentos e fins elevados. A debilidade do natural americano foi uma das causas principais do transporte de Negros para a América, a fim de com as suas forças realizarem os trabalhos. Com efeito, os Negros são muito mais recetivos à cultura europeia do que os Índios. Os Portugueses foram mais humanos do que os Holandeses, os Espanhóis e os Ingleses. Por isso, nas costas do Brasil houve sempre uma maior facilidade para adquirir a liberdade, e existia aí uma grande quantidade de Negros livres. Entre eles conta-se, por exemplo, o médico negro Dr. Kingera, graças a cuja ação o quinino chegou ao conhecimento dos europeus. Relata um inglês [202] que, no amplo círculo dos seus conhecidos, encontrava exemplos de Negros que se tornaram hábeis trabalhadores, artífices, e até eclesiásticos, médicos, etc. Mas dos indígenas, que eram todos livres, o inglês apenas conseguiu mencionar um que teve vontade de estudar e se fez sacerdote; depressa, porém, morreu por abuso da bebida. À debilidade da organização humana do americano vem ainda juntar-se a falta dos órgãos absolutos pelos quais se pode suscitar um poder bem fundamentado, a saber, a falta do cavalo e do ferro. Foi sobretudo graças a estes meios que os americanos foram vencidos. Quando agora se fala dos cidadãos livres da América do Sul, referimo-nos aos povos procedentes de sangue europeu, asiático e americano. Os Americanos propriamente ditos começam agora a iniciar-se na cultura europeia. E onde tentaram tornar-se independentes, foi graças aos meios obtidos do estrangeiro: é notável a cavalaria dos Ljanos; mas utiliza o cavalo europeu. No entanto, todos estes Estados indígenas estão ainda inseridos na sua cultura e não se encontram à altura dos europeus. Na América espanhola e portuguesa, os indígenas devem libertar-se da escravatura; na América do Norte, falta-lhes o centro de conjunção, sem o qual não há Estado algum.

Ora, uma vez que desapareceu – ou quase – a nação originária, a população eficaz provém, na sua maioria, da Europa, e o que acontece na América deriva da Europa. O excesso [da população europeia] extravasou para a América. O processo pode comparar-se ao que antes aconteceu nas cidades imperiais alemãs. Estas tinham muitos foros de comércio, e muitos foram os emigrantes que nelas buscaram refúgio para se estabelecer nas suas proximidades e gozar desses direitos. Assim, perto de Hamburgo, nasceu Altona; junto de Francoforte, Offenbach; perto de Nuremberga, Fürth, e junto de Genebra, Carouge. Também cidadãos que se tinham arruinado e já não podiam, sem vergonha, regressar, na sua cidade, ao exercício honroso do seu ofício e às suas instituições [203] se estabeleceram nessas cidades vizinhas; tinham nelas todas as vantagens que uma cidade proporciona: a libertação de todos os encargos que lhes eram imputados nas antigas cidades e, sobretudo, a coação corporativa. Vimos assim, junto das cidades fechadas, nascer lugares onde se praticavam os mesmos ofícios, mas sem a mencionada coação. Numa situação semelhante se encontra a América do Norte relativamente à Europa. Muitos Ingleses foram radicar-se precisamente onde se tinham de todo suprimido os encargos e impostos que, na Europa, pesam sobre o comércio e a indústria. Levam para ali todas as vantagens da civilização e estão em condições de exercer sem incómodo as suas habilidades. A acumulação de meios europeus e da habilidade europeia capacitou-os para tirar grande proveito do solo ainda improdutivo. Este território tornou-se igualmente um lugar de refúgio onde foi parar a escória da Europa. Tal emigração oferece, de facto, muitas vantagens, pois os emigrantes suprimiram muitas coisas que, na sua pátria, poderiam ser constritivas e levaram para ali o tesouro do sentimento de si europeu e da cultura europeia, sem os seus respetivos fardos; e para os que desejam trabalhar com energia e não encontram para tal na Europa as fontes, está-lhes decerto patente um palco na América.

Com exceção do Brasil, na América do Sul e na América do Norte estabeleceram-se em geral repúblicas. Se agora compararmos a América do Sul, incluindo igualmente o México, à América do Norte, depararemos com um contraste extraordinário.

Na América do Norte, vemos a prosperidade graças a um aumento da indústria e da população, graças à ordem civil e a uma sólida liberdade; toda a federação constitui um só Estado e possui o seu centro político. Em contrapartida, na América do Sul as repúblicas baseiam-se apenas no poder militar; a sua história é uma contínua subversão: Estados federados separam-se entre si, outros tornam-se a reunir e todas estas transformações se estabelecem mediante revoluções militares. As diferenças mais específicas de ambas as partes da América mostram-nos duas direções opostas: um dos pontos é o político, o outro a religião. A América do Sul, onde os Espanhóis [204] se instalaram e afirmaram o seu domínio, é católica; a América do Norte, embora geralmente uma região de seitas, é protestante nos seus rasgos essenciais. Uma outra divergência é que a América do Sul foi conquistada, ao passo que a do Norte foi colonizada. Os Espanhóis apoderaram-se da América do Sul para dominarem e se tornarem ricos, tanto por meio dos cargos políticos como das extorsões. Dependendo de uma metrópole muito afastada, o seu arbítrio encontrou um grande espaço e, pela força, pela habilidade e pelo sentimento de si, adquiriram um enorme predomínio sobre os Índios. A nobreza e a magnanimidade do caráter espanhol não emigraram para a América. Os crioulos, descendentes dos imigrantes espanhóis, sobreviveram nas arrogâncias iniciais e realçaram o orgulho perante os indígenas. Mas também eles se encontravam sob a influência dos Espanhóis europeus e foram impelidos por uma ambição deplorável a solicitar títulos e graus. O povo encontrava-se sob a influência de uma forte hierarquia e sob a libertinagem dos clérigos seculares e regulares. Estes povos devem primeiro desembaraçar-se dos interesses vazios e virar-se para o espírito da racionalidade e da liberdade.

Em contrapartida, os Estados livres da América do Norte foram inteiramente colonizados por europeus. Porque na

Inglaterra os puritanos, os episcopalianos e os católicos se encontravam enredados em constante antagonismo, prevalecendo ora uns ora outros, muitos Ingleses emigraram a fim de, numa estranha parte do mundo, demandarem a liberdade da religião. Eram europeus industriosos que se dedicavam à agricultura, ao cultivo do tabaco e do algodão, etc. Depressa surgiu uma tendência geral para o trabalho, etc.; e a substância do todo era constituída pelas necessidades, pela calma, pela justiça civil, pela segurança, pela liberdade e por uma coletividade que, partindo dos átomos dos indivíduos, construiu o Estado unicamente como algo de exterior para a proteção da propriedade. Da religião protestante promanou a confiança dos indivíduos entre si, a confiança na sua disposição anímica; com efeito, nas Igrejas protestantes, as obras religiosas constituem a vida inteira, a atividade desta em geral. [205] Pelo contrário, entre os católicos, não pode existir o fundamento de semelhante confiança; nos assuntos mundanos, domina apenas a violência e a submissão voluntária, e as formas que aqui se chamam constituições são somente um recurso e não protegem contra a desconfiança. Assim, pois, os elementos que se estabeleceram na América do Norte são inteiramente diversos dos da América do Sul. Não existia aqui unidade alguma da Igreja como vínculo firme dos Estados e que os refreasse. O princípio da indústria veio da Inglaterra e a indústria encerra em si o princípio da individualidade: o entendimento individual forma-se na indústria e nela predomina. Por isso, os distintos Estados configuraram-se também aqui segundo as diferentes religiões.

Se compararmos ainda a América do Norte à Europa, encontramos ali o exemplo perene de uma constituição republicana. Existe a unidade subjetiva, pois há um presidente à frente do Estado que, como prevenção contra quaisquer ambições monárquicas, só é eleito por quatro anos. A geral proteção da propriedade e a quase ausência de impostos são factos que foram incessantemente elogiados. Fica assim indicado ao mesmo tempo o caráter fundamental: consiste na orientação do homem singular para o lucro e o ganho, na preponderância do interesse particular que se aplica ao universal só em prol da fruição própria. Existem, sem dúvida, situações jurídicas e uma lei jurídica formal; mas esta legalidade é sem retidão e, por isso, os comerciantes americanos têm a má reputação de enganar sob a proteção do direito. Se, por um lado, a Igreja protestante suscita o elemento essencial da confiança, como afirmámos, encerra, por outro, e justamente por isso, a vigência do momento do sentimento, que se pode converter nos mais variados caprichos. Cada qual, diz-se sob este ponto de vista, pode ter a sua própria mundividência, portanto, também a sua própria religião. Daí a desintegração em tantas seitas, que chegam aos extremos da loucura, tendo muitas delas um serviço divino que se manifesta em arroubos e, por vezes, nos mais sensuais divertimentos. Este capricho total é de tal modo constituído [206] que as diferentes comunidades tomam e de novo despedem, como lhes apraz, os seus sacerdotes; a Igreja não é, com efeito, algo que em si e por si subsiste, com um sacerdócio substancial e uma instituição externa, mas o religioso organiza-se segundo o parecer de cada qual.

Na América do Norte, reina a mais indomável selvajaria de todas as imaginações e falta a unidade religiosa que nos Estados europeus se manteve, onde as dissidências se limitam apenas a poucas confissões.

Quanto ao político, o fim geral, na América do Norte, ainda não se encontra estabelecido como algo de fixo por si, e não existe ainda a necessidade de um laço sólido; com efeito, um verdadeiro Estado e um verdadeiro governo só surgem quando já existe uma diferença das ordens, quando a riqueza e a pobreza se tornaram muito grandes e emerge uma situação tal que um grande número já não pode satisfazer as suas necessidades do modo a que estava habituado. Mas a América ainda não se encontra a caminho de chegar a esta tensão, pois está sempre patente em elevado grau o remédio da colonização e, constantemente, uma grande quantidade de homens aflui às planuras do Mississipi. Graças a este meio, desvaneceu-se a fonte principal do descontentamento e fica garantida a continuidade da atual situação civil.

A asserção de que na nossa época nenhum grande Estado pode ser um Estado livre contrapõe-se o exemplo dos Estados Unidos da América, nos quais, afirma-se, se pode ver como

Estados republicanos em grande escala subsistem. Mas isto é insustentável; a América do Norte não pode ainda considerar-se como um Estado constituído e amadurecido, mas como um Estado em formação; não está ainda suficientemente avançado para ter a necessidade da realeza. É um Estado federativo, que é o pior dos Estados no tocante à relação com o exterior. Apenas a sua situação peculiar impediu que esta circunstância não tivesse causado o seu total colapso. Tal já se revelou na última guerra com a Inglaterra. Os Norte-Americanos não conseguiram conquistar o Canadá, e os Ingleses [207] puderam bombardear Washington, porque a tensão entre as províncias impediu toda a expedição poderosa. Além disso, os Estados livres norte-americanos não têm vizinho algum face ao qual se encontrem numa relação como a que os Estados europeus entre si mantêm, de que desconfiem e frente ao qual tenham de manter um exército permanente. O Canadá e o México não são de recear; e a Inglaterra teve já a experiência, desde há cinquenta anos, de que lhe é mais útil a América livre do que a submetida. Sem dúvida, as milícias dos Estados livres norte-americanos, na guerra da independência, mostraram-se tão valorosas como os Holandeses sob o domínio de Filipe II; mas quando não está em jogo a independência que importa obter, desenvolve-se menos força e, por isso, no ano de 1814, as milícias resistiram aos Ingleses com dificuldade. A América é, ademais, um país costeiro. O princípio fundamental nos seus Estados é o comércio, um princípio muito unilateral, sobretudo o comércio intermediário, e que ainda não tem a solidez do comércio inglês. Carece de crédito, não possui ainda a garantia dos capitais e não é em si suficientemente sólido. Só tem também por objeto os produtos da terra, e não mercadorias fabricadas, produtos industriais. O interior da América, que se dedicou à agricultura, faz grandes progressos na cultura, mas ainda não se conseguiu o bastante. Os terrenos adquirem-se com facilidade e a baixo preço, e também não se pagam impostos diretos; mas grandes dificuldades servem de contrapeso a estas vantagens. A classe agricultora ainda não se concentrou; não se sente apinhada e, quando tal sentimento irrompe, vai à busca de ar e desbrava novas terras. Todos os anos, ondas e ondas de novos agricultores rolam para além das Montanhas Allegheny e ocupam novos lugares. Para que um Estado adquira a existência de Estado é necessário que não se veja sujeito a uma emigração constante, que a classe agricultora não possa já estender-se para fora, mas antes recue para si e se concentre nas cidades e nas indústrias urbanas. Só assim pode brotar um sistema civil, e é esta a condição para a existência de um Estado organizado. [208] A América do Norte encontra-se ainda na situação de desbravar a terra. Só quando, como na Europa, for impedido o simples aumento dos agricultores é que os habitantes, em vez de se estenderem à busca de novos terrenos, terão de se concentrar nas indústrias urbanas e no tráfico, constituindo um sistema compacto de sociedade civil e chegando à necessidade de um Estado orgânico. É, portanto, impossível uma comparação dos Estados livres americanos com os países europeus; com efeito, na Europa, apesar de todas as emigrações, não existe semelhante escoamento natural da população: se as florestas da Germânia ainda existissem, não teria ocorrido a Revolução francesa. A América do Norte só poderá comparar-se à Europa quando o imenso espaço, que tal Estado oferece, for ocupado e houver em si contido a sociedade civil.

No tocante aos seus elementos, a América ainda não está pronta, e menos ainda em relação à coesão política. É decerto um Estado independente e poderoso, mas ainda não está formado nos seus momentos elementares. Só quando o território estiver inteiramente detido na posse é que surgirá uma ordem fixa das coisas. Os começos que ali têm lugar são de natureza europeia. Ali continua ainda hoje a encontrar asilo o excesso dos Estados europeus; quando tal cessar, porém, o todo retornará a si e em si mesmo assentará. Por conseguinte, com a América, não se possui ainda qualquer prova em prol de um regime republicano. Por isso, não nos interessa aqui este Estado, nem os outros Estados americanos que ainda lutam pela sua independência. Só se toma em consideração a sua relação externa com a Europa; neste sentido, a América é um anexo que aceitou o excesso da Europa. Esta parte do mundo, ao entrar em contacto connosco, em parte já deixara de ser, e em parte ainda não está pronta.

Por conseguinte, a América é o país do futuro em que, nos tempos que ainda estão à nossa frente, se revelará a sua importância histórico-mundial, porventura na luta entre a América do Norte e a América do Sul; é um país da nostalgia para todos os que estão enfastiados com o arsenal histórico da velha Europa. Napoleão [209] terá dito: *Cette vieille Europe m'ennuie*. A América deve apartar-se do solo em que até hoje se desenrolou a história universal. O que até aqui acontece é apenas a ressonância do Velho Mundo e a expressão de vitalidade alheia; e como país do futuro, não nos interessa aqui em geral a América. O filósofo não lida com a profecia. Segundo a vertente da história, temos antes a ver com o que aconteceu e com o que é – na filosofia, porém, com aquilo que nem só foi nem só será, mas que é e também é eterno – com a razão. E com isto nos satisfazemos.

c) O Velho Mundo

Depois de termos acabado o Novo Mundo e os sonhos que a ele podem estar ligados, passemos agora ao Velho Mundo. Este é essencialmente o palco do que constitui o objeto da nossa consideração, da história universal. Também aqui temos de atender em primeiro lugar aos momentos e determinações naturais. A América está cindida em duas partes, ligadas decerto por um istmo, mas que constitui apenas uma ligação inteiramente extrínseca. O Velho Mundo consta de três partes, que o sentido natural dos antigos já corretamente reconhecera. Semelhante articulação não é casual, mas reside nela uma necessidade superior e corresponde ao conceito. O caráter integral dos países é triplamente diverso, e a diferença espiritual não é arbítrio algum, mas determinidade natural, é o que fundamenta essencialmente a distinção feita. As três partes do mundo mantêm, pois, entre si uma relação essencial e constituem uma totalidade. O seu elemento característico consiste em se encontrarem situadas à volta de um mar em que têm o seu centro e uma vertente da comunicação. Isto é muito importante. O mar Mediterrâneo é o elemento de união destas três partes do mundo, e tal faz dele em geral o centro da história universal. Com seus múltiplos golfos, não é um oceano que conduz ao indeterminado e com o qual o homem tem uma relação simplesmente negativa, mas intima [210] o homem a nele entrar. O mar Mediterrâneo é o eixo da história universal. Todos os grandes Estados da história antiga se situam à volta deste umbigo da Terra. Aqui se encontra a Grécia, insigne ponto luminoso na história. Em seguida, na Síria, está Jerusalém, o centro do Judaísmo e do Cristianismo; a sudoeste dali depara-se com Meca e Medina, a sede originária da fé muçulmana; para oeste, reside Delfos, Atenas e, mais para ocidente ainda, Roma e Cartago; igualmente a sul encontra-se Alexandria, que constitui, mais ainda do que Constantinopla, o centro em que se realizou a compenetração espiritual do Oriente e do Ocidente. O Mediterrâneo é o coração do mundo antigo, pois é ele que o condiciona e lhe dá vida. É o centro da história universal, na medida em que esta se encontra em si relacionada. Sem o Mediterrâneo, não se poderia imaginar a história universal; seria como a antiga Roma ou Atenas sem o foro ou sem as ruas, onde tudo confluía. – A Ásia oriental remota está apartada do processo da história universal e não intervém nele; igualmente a Europa setentrional, que só mais tarde ingressou na história universal e nela não teve parte alguma na antiguidade; com efeito, a história universal restringe-se aos países situados em torno do Mediterrâneo. A travessia dos Alpes por Júlio César, a conquista da Gália e a relação que, por meio dela, os Germanos entabularam com o império romano fazem, pois, época na história universal; esta atravessa também então os Alpes. – A Ásia oriental é um dos extremos, e o território a norte dos Alpes constitui o outro. O extremo oriental mantém a sua unidade fechada, não penetra no movimento da história universal; esta tem antes lugar no outro extremo, no termo ocidental. O que se encontra para além da Síria constitui o início da história universal que, por assim dizer, permanece sem movimento, fora da sua marcha; a região do poente constitui a sua decadência, e o centro animador reside à volta do Mediterrâneo. Este é um grande ser natural, integramente ativo; não poderíamos imaginar o curso da história universal se, no centro, não tivéssemos no mar um elemento de ligação [211].

As diferenças geográficas que se devem distinguir no todo, considerado como parte do mundo, foram já por nós indicadas: o altiplano, os vales e a região costeira. Encontram-se nas três partes do Velho Mundo, mas de modo tal que elas se distinguem entre si segundo tais princípios. A África é, em geral, o território em que predomina o princípio do altiplano, do informe. A Ásia é, sem dúvida, a parte do mundo em que lutam entre si as maiores oposições; mas o mais característico é o princípio do segundo modo, dos vales, com uma cultura que em si cisma e, deste modo, cismando persiste. A totalidade consiste na combinação dos três princípios; é o que acontece na Europa, na parte do mundo do espírito em si unido, na parte que se espraiou pela infinita realização e pelo nexo da cultura, mas em si permaneceu ao mesmo tempo substancialmente firme. (Para a América restaria apenas o princípio do não acabado e do não vir-a-ser-acabado.) É segundo esta distinção que se configura o caráter espiritual das três partes do mundo. Na África propriamente dita domina a sensibilidade, em que o homem se detém, a absoluta impossibilidade de se desenvolver. No aspecto corporal, ele revela grande força muscular que o capacita para suportar o trabalho, e uma bonomia anímica que se encontra unida a uma crueldade de todo insensível. A Ásia é o território do contraste, da cisão, da expansão, do mesmo modo que a África é o da concentração. Um dos lados do contraste é a eticidade, o ser racional universal, mas que permanece firme e substancial; o outro é a oposição espiritual, o egoísmo, a ilimitação dos apetites e a desmedida extensão da liberdade. A Europa é o território da unidade espiritual, do declínio desta liberdade desmesurada para entrar no particular, do domínio do desmedido e da elevação do particular ao universal, da descida do espírito a si mesmo. Ritter([2]) foi quem melhor compreendeu as três partes do mundo na sua distinção e a expressou de um modo intuitivo e definido. [212] Encontramos nele sugestões engenhosamente ligadas, referentes ao contexto da história posterior.

([2]) Ritter, Karl, 1779-1859, fundador da geografia científica.

aa) África

A África é, em geral, o território em si constrangido e que, neste constrangimento, em si permanece no seu caráter fundamental. Consta de três partes, cuja distinção é essencial. As diferenças da sua configuração geográfica são tão marcadas que a estas determinidades físicas se vinculam também as diferenças do caráter espiritual. A África consta, por assim dizer, de três partes do mundo inteiramente separadas umas das outras, sem qualquer relação entre si. Uma delas é a situada a sul do deserto do Saará, a África propriamente dita, o altiplano que nos é quase totalmente desconhecido, com estreitas faixas costeiras; a outra é a situada a norte do deserto, por assim dizer, a África europeia, um território costeiro; a terceira é a região fluvial do Nilo, o único vale de África, que se une à Ásia.

A África do Norte situa-se na orla do mar Mediterrâneo e estende-se para ocidente até ao Atlântico; está separada da África meridional pelo grande deserto, um grande mar seco, e pelo Níger. O deserto separa mais do que o mar, e a constituição dos povos que vivem nas margens do Níger mostra de modo particularmente acutilante a separação. É a região que se estende até ao Egito, e que a norte está coberta por muitos desertos de areia, atravessados por montanhas; entre eles há vales fecundos, que a transformam numa das faixas mais férteis e magníficas do mundo. Aqui se encontram os territórios de Marrocos, Fas (não Fez), Argel, Túnis, Trípoli. Pode em rigor dizer-se que toda esta parte não pertence a África, mas à Espanha, com a qual forma uma bacia. O polígrafo francês de Pradt ([3]) afirma por isso que, na Espanha, se está já em África. Esta parte é a África não autónoma, que sempre se constituiu apenas a partir do exterior; nem sequer foi teatro [213] de acontecimentos histórico-mundiais, e dependeu sempre de grandes revoluções. Foi, em primeiro lugar, uma colónia dos Fenícios, que, em Cartago, chegaram a constituir um poder indepen-

---

([3]) Pradt, Dominique Dufour de, 1759-1837, desde 1808 arcebispo de Mecheln, político de atitude variável, publicou em 1816 *Mémoires historiques sur la révolution d'Espagne*.

dente; em seguida, dos Romanos, posteriormente dos Vândalos; de novo dos Romanos do Império Bizantino, em seguida dos Árabes e, por fim, dos Turcos, sob cujo domínio se desmembrou em Estados piratas. É um território que unicamente partilha o destino dos grandes, destino que se decide noutras partes; não está destinado a adquirir uma figura própria. Esta parte que, como a Ásia Anterior, está virada para a Europa, deveria anexar-se a esta última, como agora intentaram justamente com êxito os Franceses.

O Egito, a região fluvial do Nilo, que deve a este rio a sua existência, a sua vida, conta-se entre as áreas a cujo respeito dissemos que constituem um centro, que têm a vocação para ser o centro de uma cultura grande e autónoma. Participa do mar Mediterrâneo, participação essa que inicialmente foi interrompida, mas, em seguida, foi em alto grau confirmada.

A África propriamente dita é a parte característica deste continente como tal. Abordamos em primeiro lugar este continente porque o podemos, por assim dizer, deixar de lado. Não tem interesse histórico específico, a não ser o de vermos ali o homem na barbárie, na selvajaria, sem subministrar qualquer ingrediente integrador à cultura. A África, por mais que se retroceda na história, permaneceu fechada à conexão com o mundo restante; é o Eldorado que em si permaneceu recolhido, o país infantil que se encontra envolto na negrura da noite, para além do dia da história autoconsciente. O seu retraimento não reside só na sua natureza tropical, mas essencialmente na sua estrutura geográfica. Permanece ainda até hoje desconhecido e está totalmente fora da relação com a Europa. A ocupação das costas não levou os europeus ao interior. Forma um triângulo: a ocidente, a costa do Oceano Atlântico que, no Golfo da Guiné, forma um ângulo com forte reentrância; a oriente, desde o Cabo da Boa Esperança até ao Cabo Guardafui, as costas do grande Oceano. A norte, o deserto e o Niger. A parte [214] setentrional está a ponto de tomar um caráter diferente, graças à ligação com os europeus. A característica fundamental é que o território, no seu conjunto, parece ser um altiplano e, em particular, ter uma faixa costeira muito estreita, só habitável em alguns lugares particulares. A esta faixa costeira segue-se, na direção do interior, quase em toda a parte uma orla pantanosa, que constitui o sopé de uma cintura de altas montanhas, só raramente rasgadas por rios e de tal modo que, por eles, não se estabeleceu qualquer ligação com o interior, pois a irrupção só raramente acontece sob a superfície das montanhas e apenas em sítios estreitos onde, com frequência, se formam cascatas e correntes que se cruzam de modo abrupto, impedindo a navegação.

Também o Norte da África propriamente dito parece estar encerrado por uma cintura de montanhas, as Montanhas da Lua, a sul do Níger. A orla costeira de África esteve, desde há séculos, na posse dos europeus. Mas estes só há quinze anos é que começaram a penetrar no interior. No Cabo da Boa Esperança, os missionários penetraram recentemente na montanha([4]). Em Moçambique, na costa oriental, a ocidente junto do Congo e do Luango, e também do Senegal, que corre entre desertos de areia e montanhas, e na Gâmbia, estabeleceram-se europeus no litoral; mas nos três ou quatro séculos em que chegaram a conhecer esta orla e se apoderaram de alguns lugares seus, só aqui e ali e apenas por pouco tempo subiram à cintura de montanhas, sem nelas se terem estabelecido em lugar algum. A faixa costeira é, em parte, arenosa, pouco habitável, mas mais para o interior é fértil. No entanto, mais para dentro, encontra-se a cintura mais pantanosa, coberta da mais exuberante vegetação, que é ao mesmo tempo um domicílio de todos os animais ferozes e tem uma atmosfera pestífera, quase venenosa. Quase impossibilitou aqui, como em Ceilão, a penetração no interior. Os Ingleses e os Portugueses enviaram, muitas vezes, tropas suficientes; mas a maior parte morreu no interior desta cintura e o resto foi em seguida sempre vencido. Poderia pensar-se que, por as montanhas serem cruzadas por tantos rios [215], se conseguiria por eles o acesso mediante a navegação. No Congo, que se considera como um afluente do Níger, e no Orange, viu-se que são navegáveis numa pequena extensão; em seguida, porém, são atravessados por cascatas intransitáveis e muito numerosas. Em virtude desta caracterís-

---

([4]) Do curso de 1824-1825.

tica, os europeus pouco se familiarizaram com o interior de África; em contrapartida, de tempos a tempos, houve povos que dali saíram e se mostraram de tão bárbara condição que foi impossível com eles entabular relações. Semelhantes erupções sobrevêm de tempos a tempos; constituem as mais antigas tradições daquela parte do mundo. Têm-se notícias, sobretudo dos séculos xv e xvi, que em vários lugares, muito afastados, se precipitaram sobre os pacíficos habitantes das encostas e sobre os povos costeiros os mais variados enxames, multidões horríveis, que os empurraram para a costa. No Cabo da Boa Esperança, fez-se uma tentativa semelhante, mas o assalto foi já contido junto da montanha. Algumas das nações situadas na costa ocidental parecem ser restos de tais erupções; foram então mais tarde submetidas e reduzidas à mais miserável condição. Sobre a Abissínia e outras partes caem também hordas de negros. Mas depois de terem desafogado a sua fúria, de se terem detido nas encostas ou no litoral, tornaram-se pacíficos, mostram-se brandos e industriosos, enquanto na sua primeira acometida nada mais tinham revelado do que brutalidade. Não se sabe se estas irrupções se seguem a algum movimento interior, e qual seja este. O que nestas multidões se ficou a conhecer é o contraste que oferecem; a sua conduta nas guerras e nas expedições demonstrou a mais inconsiderada desumanidade e a crueldade mais repugnante e, em seguida, uma vez aliviados, mostraram-se, em tempos de caloria e de paz, benévolos para com os europeus que os visitaram. Isto pode dizer-se dos Fulas, dos Mandingas, que habitam nos terraços montanhosos do Senegal e da Gâmbia.

Nesta parte principal de África, não pode, em rigor, haver história. Trata-se de casualidades e de surpresas que se seguem umas às outras. Não há fim algum, nenhum Estado que se possa perseguir; não há subjetividade, mas somente [216] uma série de sujeitos que se destroem. Até agora pouca atenção se prestou à peculiaridade desta forma de autoconsciência em que aqui o espírito aparece. Muitos relatos nos chegaram das mais diversas regiões, mas parecem incríveis à maioria. Interessam-se mais por particularidades terríveis, e por isso é difícil extrair deles um quadro preciso, um princípio, que é o que aqui desejávamos. A literatura de semelhante objeto é de um âmbito indeterminado, e quem pretenda ocupar-se de pormenores deve buscá-los nos livros conhecidos. O melhor esboço acerca de África encontra-se na geografia de Ritter.

Tentamos indicar aqui o espírito universal, a figura geral do caráter africano, em conformidade com o que transpareceu em rasgos particulares. Mas este caráter é difícil de captar, porque é inteiramente diverso da nossa cultura e possui algo de inteiramente remoto e alheio ao modo da nossa consciência. Devemos esquecer todas as categorias em que se funda a nossa vida espiritual, e a subsunção nestas formas; a dificuldade, no entanto, reside em que o que temos nas nossas representações passa sempre e de novo despercebido.

Devemos em geral dizer que, no interior de África, a consciência ainda não chegou à intuição de um [elemento] objetivo fixo, de uma objetividade. A objetividade firme chama-se Deus, o Eterno, o Justo, a natureza, as coisas naturais. Ao referir-se a algo de firme, o espírito conhece-se como dele dependente; mas sabe ao mesmo tempo que é um valor, pois se eleva até ele. Mas os africanos ainda não chegaram ao reconhecimento do universal; a sua natureza é o constrangimento em si: o que chamamos religião, Estado, o ente em si e para si, o que tem validade absoluta, tudo isto ainda ali não existe. Os relatos pormenorizados dos missionários confirmam isto inteiramente, e o maometanismo é o único que parece de algum modo aproximar os negros da cultura. Os maometanos sabem melhor do que os europeus penetrar no interior do território [217].

Nos negros, o característico é que a sua consciência ainda não chegou à intuição de qualquer objetividade firme como, por exemplo, Deus, lei, na qual o homem estaria com a sua vontade e teria assim a intuição da sua essência. O africano, na sua unidade indiferenciada e compacta, ainda não chegou à distinção entre ele mesmo como indivíduo e a sua universalidade essencial, pelo que falta inteiramente o conhecimento de uma essência absoluta, que é um outro, superior face ao Si mesmo. Encontramos, pois, aqui apenas o homem na sua imediatidade; tal é o homem em África. Logo que o homem surge como homem, põe-se em oposição à natureza; só assim se torna homem. Mas na medida em que se distingue simplesmente da natureza, encontra-se no primeiro estádio, é dominado pela paixão, é um homem em bruto. É na brutalidade e na selvajaria que vemos o homem africano, na medida em que o podemos observar; e assim permanece hoje. O negro representa o homem natural em toda a sua selvajaria e barbárie: se pretendemos compreendê-lo, devemos deixar de lado todas as representações europeias. Não devemos pensar num Deus espiritual, numa lei moral; temos de abstrair de todo o respeito, de toda a eticidade, do que chamamos sentimento, se desejarmos apreendê-lo de um modo correto. Tudo isto não existe no homem imediato; neste caráter nada se encontra que faça recordar o humano. Justamente por isso, não nos é fácil sentir por dentro a sua natureza, como também não podemos entrar na natureza de um cão ou de um grego, ajoelhado diante da estátua de Zeus. Só com o pensamento podemos alcançar a inteligência da sua natureza; unicamente podemos sentir o que é análogo às nossas sensações.

Em resumo, em África deparamos assim com o que se chamou o estado de inocência, da unidade do homem com Deus e com a natureza. Tal é o estado da inconsciência de si. Mas o espírito não deve permanecer neste ponto, neste estado primeiro. Esta primeira condição natural é a animal. O paraíso é o jardim em que o homem vivia na sua condição animal e era inocente, o que o homem não deve ser [218]. O homem só é homem quando conhece o bem, quando conhece a oposição, quando se cindiu. Só pode conhecer o bem se conhecer também o mal. Por isso, o estado paradisíaco não é um estado perfeito. Esse primeiro estado de perfeição, de que falam os mitos de todos os povos, tem o sentido de um fundamento para a determinação abstrata do homem. Mas é uma outra questão se tal estado terá existido na realidade efetiva. Aqui, confundiu-se o fundamento com a existência. O conceito de espírito é, efetivamente, o fundamento, e tal conceito foi admitido como já existente. É também para nós o fundamento; mas constitui igualmente fim do espírito produzi-lo. Portanto, na existência efetiva, isto é o último, embora no fundamento seja o primeiro. Fala-se muito da maior inteligência do homem no estado primitivo, da qual daria testemunho a sabedoria dos Indianos na astronomia, etc., assim o afirma Schlegel. Mas já antes observámos que, no tocante à sabedoria dos Indianos, estas tradições se revelaram altamente deploráveis, e que os seus números são ficções vazias (p. 160).

Ao dispormo-nos a percorrer os momentos principais do espírito africano, indicaremos também rasgos particulares que iluminam a sua essência; mas interessa-nos apenas a representação geral. Se, pois, nos virarmos primeiramente para a religião do africano, importa referir que, segundo a nossa conceção de religião, o homem reconhece um ser supremo, que existe em si e por si, uma essência pura e simplesmente objetiva, absoluta e determinante, um poder superior, face ao qual o homem se situa como algo de mais fraco e inferior. Semelhante essência pode representar-se como espírito ou como poder natural, governador da natureza, embora tal não seja a forma verdadeira. Predominou a intuição fantástica segundo a qual os homens veneraram a Lua, o Sol e os rios; deram pela fantasia vida a estas formas, embora elas se lhes tenham imposto como algo de autonomamente operante. A religião começa com a consciência de que existe algo de superior ao homem. Esta forma não existe entre os negros. O caráter do africano revela a primeira oposição do [219] homem perante a natureza. Neste estado, o homem tem a representação de que ele e a natureza se contrapõem entre si, embora ele domine sobre o natural – eis a relação fundamental de que já temos o testemunho antiquíssimo de Heródoto. Podemos resumir o seu princípio religioso na frase por ele expressa: em África, todos são feiticeiros([5]). Ou seja, o africano, como espiritual, arroga-se um poder sobre a natureza; eis o que se deve entender por feitiçaria. Com isto coincidem ainda hoje os relatos dos missionários. Na feitiçaria, não existe a representação de um Deus, de uma fé ética, mas a conceção de que o homem é o poder supremo, de que ele se comporta apenas imperativamente face ao poder da natureza. Não se fala, pois, aqui da adoração espiritual de Deus, de um reino de direito. Deus troveja e não é reconhecido: para o

---

([5]) Heródoto II, c. 33: γόητας ειναι ἅπαντας.

espírito do homem, Deus deve ser mais do que um trovejador, mas não é o que acontece entre os negros. Os africanos veem a natureza em oposição a si mesmos; dependem dela, e os poderes naturais são por eles temidos. A corrente pode afogá-los, o terramoto pode destruir as suas localidades. A prosperidade da colheita e os frutos das árvores dependem do tempo: ora chove excessivamente, ora demasiado pouco, precisam da trovoada, da estação das chuvas e do seu termo; a chuva e a estação seca do ano não devem durar demasiado. Os poderes naturais e também o Sol, a Lua, as árvores, os animais, surgem-lhes como poderes, mas não são poderes que tenham por trás de si uma lei eterna, uma Providência, não constituem uma força fixa e universal da natureza. O africano vê que eles reinam sobre si; mas são para ele forças de que o homem, por seu turno, se pode de qualquer modo assenhorear. Ele é o senhor de tais poderes naturais. Não há aqui que pensar na adoração de Deus, nem no reconhecimento de um espírito universal, por oposição ao do indivíduo. O homem conhece-se unicamente a si mesmo e como oposto à natureza; tal é o único elemento racional que existe nesses povos. Reconhecem o poder da natureza e tentam elevar-se acima dela. Por isso, creem que o homem nunca morre naturalmente, que [220] não é a natureza mas a vontade de um inimigo que os mata por meio da feitiçaria; e contra isso, bem como contra todo o poder da natureza, utilizam por seu turno a feitiçaria.

Nem todos os indivíduos possuem este poder mágico, mas acredita-se que ele se concentra em pessoas singulares. Estas é que dão ordem aos elementos e tal é o que justamente se chama feitiçaria. Há muitos que se dedicam exclusivamente à atividade regular de predizer e de conseguir o que é conveniente para os homens ou para os povos. Os reis têm ministros e sacerdotes, e em parte uma hierarquia perfeitamente organizada, os quais, como funcionários, devem praticar a feitiçaria e dar ordens aos poderes naturais, ao tempo. Quando as suas ordens já não revelam qualquer eficácia, eles são espancados. Cada lugar possui os seus feiticeiros, que realizam cerimónias particulares com toda a classe de movimentos, danças, ruído e gritaria e, no meio deste atordoamento, ditam as suas ordens.

Quando o exército se encontra em campanha e rebenta a tempestade, que é temível, os feiticeiros devem cumprir o seu dever, ameaçar as nuvens, dar-lhes ordens para se acalmarem. Têm igualmente de fazer chover na seca. Para tal não invocam Deus, não existe um poder superior a que recorram, mas os homens acreditam que podem por si mesmos conseguir essas coisas. A preparação indispensável consiste em mergulhar num estado de entusiasmo extraordinário; por meio de cantos, de danças violentas, de raízes ou bebidas embriagantes, submergem-se no mais profundo atordoamento e proferem então as suas ordens. Se durante muito tempo não são bem-sucedidos, ordenam então que algum dos presentes, que são os seus parentes mais queridos, seja sacrificado e, em seguida, devorado pelos outros. Em suma, o homem considera-se o mais alto, que aqui pode ditar ordens. Muitas vezes o sacerdote passa vários dias neste estado, enfurece-se, sacrifica homens, bebe o seu sangue e dá-o a beber aos circunstantes. Assim, pois, só alguns possuem de facto o poder sobre a natureza, e mesmo estes só quando se elevam sobre si mesmos em horrível entusiasmo. Com tudo isto se depara, em geral, nos povos africanos; em particular, há ainda modificações. Por exemplo, o missionário [221] Cavazzi([6]) refere muitos rasgos semelhantes dos negros. Entre os Dracos, havia sacerdotes chamados Quitomes, que gozavam do prestígio de, por meio de amuletos e quejandos, poderem proteger o homem contra os animais e as águas.

O segundo momento da sua religião consiste em eles trazerem o seu poder à intuição, o porem fora da sua consciência e dele fazerem imagens. Da coisa mais próxima e melhor que, segundo eles imaginam, sobre eles tem poder fazem um génio: animais, árvores, pedras, figuras de madeira. Os indivíduos apanham aqueles que recebem do sacerdote. Tal é o feitiço, uma palavra que os Portugueses primeiramente puseram em circulação; feitiço tem a ver com feitiçaria. Aqui, no feitiço, parece entrar em cena a autonomia contra o arbítrio do indivíduo, mas visto que esta objetividade nada mais é do que o

---

([6]) Giovanni Antonio Cavazzi, *Istorica descrizione dei tre regni Congo, Matamba, Angola*, Bologna 1687. (Citamos segundo a edição de Milão, 1690.)

arbítrio individual que se traz à autointuição, ele permanece também senhor da sua imagem. O que os negros imaginam como poder seu nada é de objetivo, nada de fixo em si e deles diferente. O feitiço persiste no seu poder; rejeitam-no quando já não atua segundo a sua vontade. Por conseguinte, os africanos fazem de outro uma força superior sua, imaginam que tem sobre eles poder e, justamente por isso, conservam-no na sua posse. Se acontece algo de desagradável que o feitiço não evitou, se os oráculos que se forneceram se revelam falsos e caem no descrédito, se a chuva não vem e a colheita é má, prendem e espancam o feitiço ou destroem-no e suprimem-no, para ao mesmo tempo fazerem outro; ou seja, Deus permanece em seu poder, instituem-No e destituem-No caprichosamente, por conseguinte, não se elevam acima do seu capricho. Semelhante feitiço não tem independência religiosa nem, muito menos ainda, artística; permanece simplesmente uma criatura que expressa o arbítrio de quem a cria e fica sempre nas suas [222] mãos. Em suma, não há qualquer relação de dependência nesta religião. O mesmo acontece relativamente aos espíritos dos mortos a quem os africanos atribuem uma mediação análoga à dos feiticeiros. Os defuntos continuam também a ser homens; mas o que aqui aponta para algo de superior é a circunstância de que eles são homens que depuseram a sua imediatidade. Daí procede o culto dos mortos, no qual os seus antepassados lhes surgem como um poder perante os vivos. Dirigem-se também a eles como a feitiços, oferecem-lhes sacrifícios, esconjuram-nos; mas se tal não tiver êxito, então castigam os próprios defuntos, espalham os seus ossos e profanam-nos. Por outro lado, têm a representação de que os mortos se vingam, quando as suas necessidades não são satisfeitas, e atribuem-lhes sobretudo a desgraça. Já mencionámos a opinião do negro segundo a qual não é a natureza que faz adoecer o homem, e que ele também não morre de modo natural; segundo a sua crença, tudo isto procede da violência que um feiticeiro ou inimigo exerce ou da vingança levada a cabo por um morto. Esta é a superstição da bruxaria que também na Europa exerceu um domínio terrífico. Ora, semelhante feitiçaria é combatida por outros feiticeiros mais poderosos. Acontece que o dispensador do feitiço não se sinta inclinado a permitir a sua atuação; então é espancado e forçado a exercer a magia. Uma prática mágica fundamental dos Quitomes consiste em apaziguar os mortos ou em forçá-los mediante a mais horrível atrocidade. Por ordem dos mortos, que incarnam nos sacerdotes, realizam-se sacrifícios humanos, etc. O objetivo permanece, pois, sempre submetido ao arbítrio. O poder dos mortos sobre os vivos é, sem dúvida, reconhecido, mas não respeitado; com efeito, os negros mandam nos seus mortos e enfeitiçam-nos. O substancial permanece deste modo sempre em poder do sujeito. Tal é a religião dos africanos; não vai mais além.

Há, sem dúvida, aqui a superioridade do homem sobre a natureza, mas no modo do arbítrio, pois a vontade casual do homem é a que está por cima do natural; ademais, o homem considera o natural como meio a que não presta a honra de tratar segundo o seu modo, mas [223] sujeita às suas ordens. No entanto, reside aqui um princípio mais correto do que na adoração da natureza, que muitas vezes se considera como algo de piedoso, porque os fenómenos naturais, afirma-se, são obras de Deus – o que implica que a obra humana, a obra da razão, também não será divina. A consciência que os negros têm da natureza não é uma consciência da sua objetividade, menos ainda consciência de Deus como espírito, como algo em si e para si de superior à natureza. Mas aqui também não é o entendimento que transforma a natureza em seu meio, por exemplo, sulca os mares e domina em geral a natureza. O poder do negro sobre a natureza é somente um poder da imaginação, uma dominação imaginada.

No tocante à relação do homem ao homem, o facto de ser tido como o que há de mais elevado tem por consequência que ele não tem respeito algum perante si mesmo e perante os outros; isto referir-se-ia a um valor superior, a um valor absoluto que o homem traz em si. Só com a consciência de um ser superior é que o homem alcança um ponto de vista que lhe garante uma verdadeira reverência. Com efeito, quando o arbítrio é o absoluto e a única objetividade firme é a que ocorre à intuição, o espírito não pode, em tal estádio, conhecer universalidade alguma. Por isso, no africano, não existe o que se chama imortalidade da alma. Têm o que, entre nós, recebe o nome de espectros; mas não é imortalidade. Esta implica que o homem seja em si e para si algo de espiritual, de invariável e de eterno. Por isso os negros possuem o perfeito desprezo do homem, que constitui, em rigor, a determinação fundamental por parte do direito e da eticidade. A ausência de valor do homem vai até ao inacreditável; existe um ordenamento que se pode considerar como tirania, mas que não surge nem é sentida como injustiça. Entre outras coisas, olha-se como algo de muito espalhado e permitido comer carne humana. Assim acontece com os Axantis, no fundo do Congo e no litoral oriental. Tal revela-se-nos logo como uma brutalidade completa, como algo de reprovável e que o instinto deve rejeitar. Mas, no homem, não se pode falar de instinto; há uma conexão com o caráter [224] do espírito. O homem, ainda que tenha apenas chegado a uma escassa consciência de si, tem respeito pelo homem como tal. Em termos abstratos poderia dizer-se assim: a carne é carne, é uma questão de gosto; mas a representação diz-nos que esta é justamente carne do homem e que é uma só coisa com a carne de quem tem a representação. O corpo humano é animal, mas é essencialmente corpo para um sujeito representante; tem uma conexão psicológica, mas, no negro, tal não acontece, e comer o homem está em interligação com o princípio africano em geral; para o negro, aferrado ao sensível, a carne humana é somente algo de sensível, carne em geral. Não é que seja usada como alimento; nas festas, centenas de prisioneiros são, por exemplo, martirizados, decapitados, e os seus corpos entregues àquele que o capturou, o qual, em seguida, os reparte. Em certos lugares, deparou-se mesmo com carne humana à venda nos mercados. Na morte de um rico, matam-se e consomem-se centenas de homens. Os prisioneiros são mortos, abatidos, e o vencedor devora regularmente o coração do inimigo chacinado. Na prática da feitiçaria, acontece com frequência que o feiticeiro mata o primeiro que lhe vem ao encontro e o reparte pela multidão para ser comido.

Em virtude de semelhante ausência de valor do homem, explica-se que, na África, a escravatura constitua a relação jurídica fundamental. A única conexão essencial que os negros tiveram e ainda têm com os europeus é a da escravatura. Os negros nada veem nesta de inadequado, e justamente os Ingleses, que fizeram o máximo para a abolição do comércio de escravos e da escravatura, são por eles tratados como inimigos. Efetivamente, para os reis, é de importância capital vender os seus inimigos aprisionados ou até os seus próprios súbditos. Neste sentido, a escravatura teve entre os negros consequências mais humanas. Os negros são levados pelos europeus para a América como escravos e ali vendidos. Apesar de tudo, a sua sorte é quase ainda pior na sua terra, onde igualmente existe a absoluta escravatura; o fundamento da escravatura em geral consiste em que o homem ainda não tem consciência da sua liberdade e, portanto, fica rebaixado à categoria de uma coisa, de [225] algo sem valor. Em todos os reinos africanos com que os europeus entraram em contacto, é endógena esta escravatura, reina ali de um modo natural. Mas entre os senhores e os escravos existe apenas a diferença do arbítrio. O ensinamento que tirámos da situação da escravatura entre os negros e que constitui para nós a única parte interessante é o que já conhecemos pela ideia, a saber, que o próprio estado de natureza é o estado da absoluta e constante injustiça. Todos os graus intermédios entre o estado natural e a realidade efetiva do Estado racional contêm igualmente momentos e aspetos da injustiça; por isso, deparamos também com a escravatura no Estado grego e no Estado romano, tal como encontramos a servidão até à era moderna. Mas quando existe num Estado, a própria escravatura é um momento da progressão desde a existência simplesmente isolada sensível para um momento da educação, para um modo da participação numa eticidade superior e na cultura a ela ligada. A escravatura é em si e por si a injustiça, pois a essência do homem é a liberdade; mas para esta requer-se primeiro a maturação. Por conseguinte, a eliminação progressiva da escravatura é algo de mais adequado e correto do que a sua súbita abolição.

Não deve existir a escravatura porque é em si e por si injusta, segundo o conceito da própria coisa. O "deve" expressa algo de subjetivo; como tal, nada é de histórico. O que falta ao "deve" é a eticidade substancial de um Estado. A escravatura não existe nos Estados racionais; antes de tais Estados, porém, a ideia verdadeira só existe, numas vertentes, como um dever-ser; e aqui a escravatura é ainda necessária: representa um momento da transição para um estádio superior. Não pode de todo esperar-se que o homem, por ser homem, seja considerado como essencialmente livre. Não foi o que aconteceu entre os Gregos e os Romanos; o ateniense era livre só como cidadão ateniense, etc. Que o homem enquanto homem seja livre constitui uma representação universal nossa; mas, por outro lado, o homem tem um valor de acordo com vertentes particulares: os cônjuges, os parentes, os vizinhos, os concidadãos, têm valor recíproco. Entre os negros, tal existe muito pouco; os sentimentos éticos são fraquíssimos [226] ou, melhor dito, nem sequer existem. A primeira relação ética, a da família, é inteiramente indiferente aos negros. Os homens vendem as suas mulheres, os pais vendem os seus filhos e vice-versa, estes àqueles, conforme conseguem apoderar-se uns dos outros. Em virtude da imposição da escravatura, todos os vínculos da reverência ética, que temos uns perante os outros, se desvaneceram, e não ocorre aos negros exigir a si mesmos o que podemos exigir uns dos outros. Não se preocupam com os seus pais doentes, a não ser que por vezes, entre os Quitomes, lhes peçam conselho. Os sentimentos de humanidade, de amor, etc., implicam uma consciência de si que já não é apenas consciência da pessoa singular. Por isso, quando amo alguém, tenho consciência de mim no outro, como diz Goethe: tenho um coração dilatado. É uma dilatação de mim próprio. A poligamia dos negros tem, com frequência, por fim obter muitos filhos que podem todos juntos vender-se como escravos. Não têm sensação alguma da injustiça de tal comportamento. Esta conduta deletéria atinge neles uma dimensão incomensurável. O rei de Daomé tem 3 333 mulheres; os ricos têm muitíssimos filhos que, em seguida, lhes trazem algum rendimento. Os missionários[7] contam que um negro chegou à igreja dos franciscanos, queixando-se amargamente de agora ser um homem muito pobre, porque já vendera todos os seus parentes, inclusive o pai e a mãe.

---

[7] Cavazzi, p. 55.

O característico no desprezo que os negros têm pelo homem não é tanto o desprezo da morte quanto a indiferença pela vida. Assim como o homem não tem por si valor assim também a vida o não tem; a vida em geral só tem valor na medida em que existe no homem um valor superior. O desprezo da vida no negro não é excesso de vida, não é uma casualidade do dissabor; a vida não tem em geral qualquer valor. Os negros suicidam-se com muita frequência quando são lesados na sua honra ou quando são castigados pelo rei. Quem então não se suicida é tido por cobarde. Não pensam na conservação da vida, nem também [227] na morte. A este desprezo da vida deve igualmente atribuir-se a ousadia dos negros, apoiada numa ingente força física, pois se deixam matar aos milhares na guerra com os europeus. Na guerra dos Axantis contra os Ingleses, aqueles chegavam às bocas dos canhões e não recuavam, embora caíssem aos cinquenta. A vida só tem valor quando tem por fim algo de digno.

Se passarmos agora aos rasgos fundamentais da constituição, depreende-se da natureza do todo que não pode aqui haver nenhuma. A forma de governo deve ser essencialmente a patriarcal. O caráter do estádio será o arbítrio sensível, a energia da vontade sensível; e no arbítrio ainda se encontram totalmente por desenvolver as relações éticas, que têm um conteúdo essencialmente universal, que não deixam prevalecer a consciência por si na sua individuação, mas reconhecem o seu valor apenas na sua universalidade interna e, claro está, sob formas diversas: jurídicas, religiosas e éticas. Quando este universal é débil ou remoto, a solidariedade política também não pode ter o caráter de o Estado se reger por leis livres e racionais. Por isso, como vimos, até a eticidade familiar é pouco intensa. Quanto ao casamento e ao governo da casa, reina a poligamia, e com ela a indiferença dos pais entre si, dos pais para com os filhos, dos filhos uns para com os outros. Não há, pois, em geral nenhum vínculo, nenhuma cadeia para o arbítrio. De semelhante determinação não pode nascer uma maior solidariedade dos indivíduos, a que damos o nome de Estado; este baseia-se na universalidade racional, que é uma lei da liberdade. Para o arbítrio, a solidariedade só pode ser imposta por um poder externo; por si mesmo, o arbítrio nada tem que impulsione os homens a unir-se, pois ele consiste no facto de o homem deixar vigorar a sua vontade particular. Por isso, existe aqui a relação do despotismo; o poder externo é arbitrário, porque não existe nenhum espírito comum racional, de que o governo pudesse ser representante e atuação. À cabeça existe um senhor; a brutalidade sensível só pode [228] ser domada por um poder despótico. O despotismo impõe-se porque reprime o arbítrio, que pode ter orgulho mas não valor em si mesmo. O arbítrio do soberano é, pois, estimável segundo a vertente formal, porque produz a consistência em geral e representa, portanto, um princípio mais elevado do que o arbítrio particular. Este deve, de facto, ter consistência; quer seja o arbítrio sensível ou o arbítrio da reflexão, tal consistência deve ser o poder exterior. Quando o arbítrio tem dentro de si algo de superior e é por si impotente, rasteja, mas quando chega ao poder torna-se arrogante face àquilo em cuja presença ainda há pouco se humilhara. Por conseguinte, deve haver muitas modificações no modo como o arbítrio se apresenta. Justamente onde vemos o despotismo imperar de modo selvagem se revela que o arbítrio se exclui também a si mesmo pela violência. Nos Estados negros, ao lado do rei, encontra-se permanentemente o verdugo, cujo ofício reveste uma altíssima importância; por ele o rei tira do seu caminho os suspeitos, do mesmo modo que também ele próprio pode perecer às mãos do verdugo, quando os nobres o exigem. Visto que os súbditos são homens de idêntica disposição selvagem, limitam, por seu turno, o poder do rei. Noutras partes, há mediações e, em geral, o déspota deve ceder ao arbítrio dos poderosos. O despotismo adquire então a figura seguinte: existe, sem dúvida, um caudilho, a que chamaremos rei; encontra-se a cabeça, mas abaixo dele estão os nobres, os chefes, os capitães, com os quais ele tem de se aconselhar em tudo e sem cuja aprovação não pode empreender guerra alguma, nem fazer a paz, nem impor qualquer tributo. Assim acontece entre os Axantis; o rei é servido por uma multidão de príncipes tributários, e até os Ingleses lhe pagam um tributo que ele reparte com os seus chefes.

O déspota africano pode desenvolver mais ou menos autoridade e, ocasionalmente, tirar do seu caminho, pela astúcia ou pela força, este ou aquele cabecilha. Além disso, os reis possuem ainda certos privilégios. Entre os Axantis, o rei herda todos os bens deixados pelos seus súbditos; noutros lugares, todas as jovens pertencem ao [229] rei e quem quiser ter uma mulher deve a ele comprá-la. Mas se os negros não estão contentes com o seu rei, depõem-no e matam-no. Um reino, ainda pouco conhecido, que se encontra em relação com o Daomé e tem um pouco de história própria é o do rei de Eyio. Está perfeitamente situado no interior, onde não há somente grandes desertos secos. Pelo contrário, por toda a parte onde se conseguiu penetrar no interior acharam-se grandes reinos. Os Portugueses, referindo-se a tempos antigos, contam que nas guerras se lançavam em campanha, uns contra os outros, cerca de duzentos mil homens. Também o rei de Eyio dispõe de uns duzentos mil homens de cavalaria, como entre os Axantis está rodeado de nobres que não estão incondicionalmente submetidos ao seu arbítrio. Quando não governa bem, enviam--lhe uma embaixada que lhe entrega três ovos de papagaio. Os enviados fazem-lhe, em seguida, propostas; agradecem-lhe o esforço a que se sujeitou para os governar bem e, depois, dizem--lhe que provavelmente tal esforço o fatigou muito e necessita, portanto, de um sono reparador. O rei agradece-lhes o seu discernimento e o seu conselho, reconhece que lhe querem bem e dirige-se ao seu quarto contíguo; ali, porém, não se deita para dormir, mas deixa-se estrangular pelas suas mulheres. Foi assim que, há vinte anos, eles depuseram um rei dos Axantis, o qual, em virtude das adulações da sua mulher, se demorou no reino do seu sogro. Os grandes convidaram-no a regressar na festa anual, mas como ele não veio, colocaram o seu irmão no trono.

Este despotismo não é, pois, inteiramente cego; os povos não são meros escravos, mas fazem também valer o seu arbítrio. Bruce[8], na África oriental, passou por um Estado em que o primeiro-ministro é o verdugo, mas que não pode cortar a cabeça a ninguém, exceto ao rei; por isso, a espada pende noite e dia sobre o déspota. Por outro lado, o monarca detém

---

[8] James Bruce, *Travels to discover the sources of the Nile*, 1768 até 1773.

um poder incondicional sobre a vida dos seus súbditos. Onde a vida não tem [230] valor, é desperdiçada sem escrúpulos. Os povos travam entre si batalhas sangrentas, que, muitas vezes, duram oito dias seguidos e em que morrem centenas de milhares de homens. A decisão costuma ser obra do acaso e, então, o vencedor aniquila tudo quanto encontra ao seu alcance. Além disso, na corte de muitos príncipes, o carrasco é o primeiro-ministro. Em todos os Estados negros, de que há muitos, acontece mais ou menos o mesmo. A dignidade do chefe é quase sempre hereditária, mas raramente se consegue de modo pacífico. O príncipe é muito venerado; mas deve compartilhar o seu poder com os seus valentes. Também entre os negros deparamos com tribunais e processos. No Norte, onde o maometanismo foi difundido pelos Mouros, os costumes sofreram uma mitigação. Também os negros com que os Ingleses entraram em contacto eram maometanos.

Nesta índole dos africanos radica o facto de eles serem em altíssimo grau suscetíveis ao fanatismo. O reino do espírito é ali tão pobre que uma representação neles inculcada os impele a nada respeitar, a tudo destruir. Tal deveu-se, durante muito tempo, a viver tranquilos e aprazíveis; mas esta benevolência é também capaz de se pôr inteiramente fora de si. Há na sua consciência tão poucas coisas que mereçam em si e por si reverência que a representação, que deles se apossa, é a única eficiente e os compele a tudo aniquilar. Toda a representação que se insinua nos negros é apreendida e realizada com toda a energia da vontade, mas tudo é ao mesmo tempo, nesta realização, destruído. Durante muito tempo, estes povos vivem tranquilos, mas, subitamente, entram em agitação e, em seguida, ficam de todo fora de si. A destruição, que é uma consequência da sua efervescência, tem o seu fundamento em estes movimentos não brotarem de um conteúdo ou pensamento, mas de um fanatismo mais físico do que espiritual. Vemos assim, com frequência, povos a fazer investidas pela costa, com uma fúria singular, a matar tudo, por nenhuma outra razão a não ser sanha e loucura, com uma ousadia que unicamente advém ao fanatismo. Nestes Estados, toda a decisão assume o caráter do fanatismo, de um fanatismo [231] que ultrapassa toda a fé. Um viajante inglês(⁹) conta que, quando entre os Axantis se decide uma guerra, têm primeiro lugar cerimónias solenes; uma delas consiste em os ossos da mãe do rei serem aspergidos com sangue humano. Como prelúdio da guerra, o rei decreta um assalto à sua própria capital a fim de, por assim dizer, se entrar em estado de furor. Numa ocasião em que um povo que se recusara a pagar o tributo iria ser invadido como castigo, o rei enviou ao residente inglês Hutchinson(¹⁰) uma tira com o seguinte conteúdo: "Cristão, tem cuidado e vela pela tua família. O mensageiro da morte desembainhou a sua espada e atingirá a nuca de muitos Axantis; quando soar o tambor será o sinal de morte para muitos. Vem para junto do rei, se puderes, e não temas por ti." Soou o tambor; os guerreiros do rei, armados de espadas curtas saíram para a matança e começou a terrível carnificina: tudo o que nas ruas se deparasse aos negros furiosos era trespassado. No entanto, desta vez não foram muitos assassinados; com efeito, o povo fora informado e tomara providências. Em tais ocasiões, o rei manda matar tudo o que lhe é suspeito, e semelhante feito assume então o caráter de uma ação sagrada. Assim acontece também nos funerais; tudo tem o caráter do desvario e do estar fora-de-si. Os escravos do defunto são chacinados; diz-se que a sua cabeça pertence ao feitiço e o seu corpo aos parentes, que então o devoram. Quando o rei de Daomé morre – o seu palácio é enorme –, produz-se um tumulto geral na habitação régia; todos os instrumentos são destruídos e tem lugar uma matança geral. As mulheres do rei (como se afirmou são 3 333) aprestam-se para a morte; veem nela uma necessidade, enfeitam-se e deixam-se matar pelos seus escravos. Todos os vínculos da sociedade no Estado e no reino são dissolvidos; o assassínio e o roubo imperam em toda a parte, e a vingança privada segue o seu [232] curso. Numa ocasião destas, em seis minutos, morreram no palácio quinhentas mulheres. Os altos funcionários apressam-se o mais possível a colocar um sucessor no trono para se pôr fim à animação e ao morticínio. O caso

---

(⁹) T. E. Bowdich, *Mission from Cape Coast Castle to Ashantee*, Londres 1819, 2 vol.

(¹⁰) Era em 1817 residente em Kumassi.

mais terrível foi o de uma mulher que, bem no interior do Congo, governava os Tchacas([11]). Converteu-se ao Cristianismo, abjurou e novamente se tornou a converter. Vivia muito licenciosamente, em luta com a sua mãe, que expulsou do trono e fundou um Estado de mulheres, que se tornou conhecido pelas suas conquistas. Ela renunciou publicamente a todo o amor pela mãe e pelo seu filho. A este, menino pequeno ainda, triturou-o num almofariz diante da assembleia, tingiu-se com o seu sangue e dispôs que houvesse sempre uma provisão do sangue de meninos triturados. Aos homens, expulsava-os ou matava-os; as mulheres deveriam assassinar os seus filhos varões. As mulheres grávidas deveriam abandonar o acampamento e dar à luz na mata. A frente destas mulheres levou a cabo as mais terríveis devastações. Como Fúrias, destruíam tudo nas vizinhanças, comiam carne humana; e como não cultivavam a terra, eram compelidas a manter-se pelo roubo. Mais tarde, permitiu-se às mulheres utilizar como varões os prisioneiros de guerra, fazer deles escravos e dar-lhes também a liberdade. Isto durou muitos anos. É peculiar à condição Africana que as mulheres tomem parte na guerra. Em Axanti-Daomé, existe um corpo de mulheres com que o rei faz expedições. Em Daomé – poderia ver-se aqui realizada uma parte da república platónica –, as crianças não pertencem à família, mas são educadas publicamente e repartidas pelas aldeias, pouco depois do nascimento. Grande número delas rodeia o rei; quem pretender casar tem de pagar no palácio real algum dinheiro e recebe, em seguida, uma mulher. Cada qual deve aceitar a que lhe cabe, jovem ou velha. As esposas do rei é que se encarregam do candidato [233] ao matrimónio, dão-lhe primeiro uma mãe, que ele deve alimentar e, em seguida, virá mais uma vez para receber uma mulher.

De todos estes traços mencionados se depreende que a imbecilidade constitui o caráter do negro. Semelhante situação não é suscetível de desenvolvimento e educação; e como hoje a vemos assim foi sempre. O ético não tem poder algum na ingente energia do arbítrio sensual que aqui predomina. Se alguém desejar conhecer as manifestações terríveis da natu-

---

([11]) Cavazzi, pp. 149s.

reza humana pode encontrá-las em África. O mesmo nos dizem as mais antigas notícias sobre esta parte do mundo; em rigor, ela não tem história. Abandonemos, por isso, a África para, mais tarde, não mais a tornarmos a mencionar. Não representa uma parte do mundo histórico; não revelou qualquer movimento e evolução, e o que porventura aconteceu nela, isto é, a norte, pertence ao mundo asiático e europeu. Cartago foi ali um momento importante e transitório; mas a colónia fenícia pertence à Ásia. O Egito será considerado na transição do espírito humano do Oriente para o Ocidente, mas não pertence ao espírito africano. O que especificamente entendemos por África é algo desprovido de história e de fechado porque ainda se encontra totalmente enredado no espírito natural, e que deve aqui simplesmente aduzir-se no limiar da História Universal.

bb) Ásia

Encontramo-nos agora, pela primeira vez, depois de nos termos livrado de África, no verdadeiro teatro da História Universal. Entre os negros não é ainda negada a vontade natural do indivíduo; mas é desta negação que surge, em primeiro lugar, a consciência do ser-em-si e para-si. Esta consciência surge no mundo oriental. Aqui depara-se com um poder que existe em-si e por-si, e o homem só é em-si e para-si na medida em que se relaciona com o substancial universal. Tal relação com o poder substancial proporciona aos indivíduos um vínculo [234] entre si. Foi na Ásia, pois, que surgiu o ético da consciência do Estado. A Ásia é a parte do mundo onde em geral tem lugar o nascimento. Sem dúvida, toda e qualquer região é, em rigor, ao mesmo tempo um oriente e um ocidente, e nesse sentido a Ásia é um oeste para a América; mas assim como a Europa é em geral o centro e o termo do Velho Mundo e o Oeste absoluto, assim a Ásia é de modo absoluto o Oriente. Ali despontou a luz do espírito, a consciência de algo de universal e, por isso, a História Universal. Devemos apresentar, primeiro, um esboço prévio da natureza geográfica da Ásia, da sua formação. Em

África, as condições naturais, na referência à História Universal, foram mais negativas; na Ásia, são positivas; por isso, também é de importância a grande intuição da natureza, própria dos asiáticos. Assim como a natureza é o fundamento da história, assim o deve ser também para a nossa consideração da história. O natural e o espiritual formam uma figura viva, e tal é a História. A constituição física desta parte do mundo mostra pura e simplesmente contrastes e a relação essencial que entre eles existe. Os diversos princípios geográficos constituem configurações em si desenvolvidas e plenamente formadas. Os dois tipos de território, planalto e vale, de que aqui se trata, são na Ásia o solo de ações humanas inteiramente opostas; mas encontram-se numa interação essencial e não estão isoladas, como acontece, por exemplo, no Egito. Pelo contrário, a relação destas disposições entre si opostas é característica da Ásia.

Em primeiro lugar, há que excluir o declive setentrional, a Sibéria. Encontra-se para além da nossa consideração. A estrutura integral da região não é de molde a poder constituir um palco da cultura histórica e uma figura peculiar na História Universal. As vantagens que, aparentemente, existem no facto de grandes rios descerem da cadeia de montanhas Altai para o oceano setentrional são, de novo, anuladas pelo clima. O resto da Ásia mostra, de início, como a África, um planalto firme com uma cintura de montanhas que contém os cumes mais elevados do mundo. Esta cintura montanhosa apresenta-se como uma cordilheira que se prolonga profundamente para fora. [235] Este altiplano é limitado a sul e a sudoeste pelo Mustag ou Imaus, paralelamente ao qual corre a sul a cordilheira do Himalaia. Para oriente, uma cadeia montanhosa que vai do sul para norte separa a bacia do Amur. Esta região encontra-se, na sua maior parte, na posse dos Manchus, que dominam na China e praticavam originariamente um tipo de vida nómada, que o imperador chinês também faz no verão. A norte, encontram-se as montanhas Altai e Songar; em ligação com as últimas, a noroeste, o Mussart e, a oeste, o Belurtag, que, por seu turno, está ligado ao Mustag pela cordilheira do Indocuche.

Esta elevada cordilheira é rasgada por poderosos rios que formam grandes vales de enorme fertilidade e exuberância, centros de uma cultura genuína. São planuras lodosas que, em rigor, não se podem chamar vales; são de todo diferentes da configuração das regiões fluviais europeias, que são vales propriamente ditos e constituem infinitas ramificações suas. Uma destas planuras é a China, formada pelo Hoang-ho e pelo Jangtsé-Kiang, o rio Amarelo e o Azul, que correm para leste; a outra é a da Índia, formada pelo Ganges; menos importante é o Indo, que, a norte, forma também um país de cultura, o território do Penjab (a sul, há mais planuras arenosas, que ele atravessa); além disso, as regiões do Tigre e do Eufrates, que procedem da Arménia e correm a oeste das montanhas persas. O Mar Cáspio tem também a leste e a oeste vales fluviais, a leste, formadas pelo Oxo e Jaxartes (Gihen e Sihen), que desaguam no Mar de Aral; o primeiro, o Gihen, desaguava no Mar Cáspio, mas desviou-se. O grande território entre o Belurtag e o Mar Cáspio é uma ampla planura com colinas e é de importância particular para a História Universal. Para ocidente, o Kyro e o Araxu (Kur e Aras) formam uma planura, mas também frutífera. A região montanhosa da Ásia Central, a que se pode acrescentar igualmente a Arábia, tem ao mesmo tempo, como planalto, o caráter da planície e da terra alta. O contraste chegou aqui à sua maior liberdade; a luz e as trevas, [236] a magnificência e a abstração da intuição pura – o que se chama orientalismo – encontram-se aqui em casa. Aqui se situa em particular a Pérsia.

A planura e o altiplano encontram-se de todo reciprocamente caracterizados; o terceiro elemento é a mescla dos princípios que surge na Ásia Anterior. A ela pertence a Arábia, região de desertos, o planalto de superfícies amplas, o reino da liberdade indomável, de que brotou o mais monstruoso fanatismo; ali se incluem a Síria e a Ásia Menor, que estão em ligação com o mar e onde se forma o nexo com a Europa. A sua cultura passou à Europa e elas encontram-se em permanente contacto com a Europa.

Após esta evocação da natureza geográfica, pode dizer-se algo sobre o caráter que, graças a ela, os povos e a história adquiriram. O mais importante é a relação do planalto com os vales fluviais. Ou antes, não é o próprio planalto, mas sim a garganta serrana no declive das altas montanhas para a planura que constitui um ponto importantíssimo na visão da História Universal. Importa destacar, acima de tudo, a relação dos povos que aqui têm o seu assento com o caráter da cultura das planuras fluviais, na história da Ásia. Nos povos que pertencem à montanha, a pecuária é o princípio de que eles derivam; na planura fluvial, o princípio é a agricultura e o desenvolvimento da indústria. O terceiro princípio, próprio da Ásia Anterior, é o comércio com o estrangeiro e a navegação. Estes princípios apresentam-se aqui abstratamente, entram em relações recíprocas essenciais; ingressam assim em determinações diversas e constituem princípios comunitários do modo de vida e do caráter histórico dos povos.

Assim, a pecuária nos povos montanheses leva a três situações diversas. Por um lado, observamos a calma vida dos nómadas, a qual, com as suas necessidades limitadas, transcorre em círculo uniforme. Por outro, suscita-se a inquietação na rapina, que semelhante nomadismo favorece. Em terceiro lugar, porém, surge a condição que levará à conquista. Estes povos, sem se desenvolverem [237] em história, possuem já um concurso poderoso para a transformação da sua figura e, embora não possuam ainda um conteúdo histórico, é a eles que, contudo, se deve ir buscar o começo da história. Na sua atividade imediata, a criação de cavalos, de camelos e ovelhas, menos de gado bovino, é-lhes peculiar a vida errabunda e instável que, ou permanece num curso tranquilo, ou, em parte, se transforma em viagem, levando à formação de grandes massas e à invasão dos vales fluviais. Tais massas não alcançam por si o desenvolvimento; só adquirem a cultura quando, estabelecidas nos vales que conquistaram, perdem o seu caráter. Mas suscitaram, em virtude de tal emergência, impulsos ingentes e ocasionaram a destruição e a transformação na figura externa do mundo.

O segundo princípio é aqui, para nós, o mais interessante: é o princípio do vale com o elemento da agricultura. Só nesta reside já a cessação da instabilidade. A agricultura implica por si própria o estar-fixo em si; e exige previdências e preocupações pelo futuro. Desperta assim a reflexão acerca de algo universal, olha-se pela família de um modo geral e aqui reside já o princípio da propriedade e das indústrias singulares. Foi desta maneira que a China, a Índia e Babilónia se elevaram a grandes regiões de cultura. Não permaneceram fechadas em si e não admitiram o princípio do mar, pelo menos depois de já terem desenvolvido o seu princípio peculiar; e se ainda o fazem, não constitui momento importante da sua cultura e formação; por isso, deles só poderia haver uma conexão com a ulterior história quando fossem demandados e visitados. Este princípio mediador é o característico da Ásia; a oposição entre o dia e a noite ou – em termos geográficos – entre a planura do vale e a cadeia das montanhas constitui a determinidade da história asiática. A cintura montanhosa do altiplano, o próprio altiplano e as planuras fluviais são o que caracteriza a Ásia, no aspeto físico e espiritual; não constituem por si mesmos os elementos históricos concretos, mas aquela oposição é que entra aqui absolutamente em relação: o enraizamento dos homens [238] na fertilidade das planuras é, para a instabilidade, para a inquietude e a vagabundagem dos habitantes das montanhas e do altiplano objeto constante de anelo. O que naturalmente separa entra aqui, de modo essencial, em relação histórica.

A Ásia Anterior contém ambos os momentos em unidade: o território de configuração variada; a sua relação à Europa é o que sobretudo lhe é peculiar. O que ali brotou a região não o conservou para si, mas enviou-o para a Europa. Ali se deu o nascimento de princípios que não se aperfeiçoaram na própria região, mas cuja formação íntegra só na Europa foi levada a cabo. Representa o início de todos os princípios religiosos e políticos, mas só na Europa se deu o seu desdobramento. Encontra-se em relação com o Mediterrâneo. A Arábia, a Síria e sobretudo o seu litoral, com a Judeia, Tiro e Sídon, suscitam o princípio do comércio nos seus mais antigos começos e, claro está, em direção à Europa. Na Ásia Menor, Troia e a Jónia, e ainda a Cólquida, no Mar Negro, com a Arménia atrás, foram pontos importantes de ligação entre a Ásia e a Europa. Mas também se deve lembrar a ampla planura do Volga, e por causa da passagem de ingentes enxames asiáticos que dali inundaram a Europa.

cc) Europa

Na Europa, não dominam as diferenças terrestres, como as vimos sobressair na África e ainda mais na Ásia. Não há aqui um núcleo firme de altiplano; este é na Europa algo de subordinado. O princípio da planura igualmente recua; o Sul e o Oeste ostentam em particular alguns vales em múltipla alternância rodeados de montanhas e colinas. O caráter da Europa consiste, pois, em que as diferenças da constituição física não se separam em contrastes marcados como na Ásia; encontram-se mais mescladas, os contrastes estão esbatidos ou, pelo menos, atenuados e tomam o caráter de passagem. No entanto, importa distinguir também três partes na configuração da Europa. Mas [239] visto que aqui as terras altas se não contrapõem aos vales, possuímos uma outra base de divisão.

A primeira parte é o Sul da Europa, a região a sul dos Pirenéus, a França meridional e a Itália, que estão separadas pelos Alpes do resto da França, da Helvécia e da Alemanha; e aqui se inclui igualmente a cadeia oriental de territórios, na direção do Hemo, a sul da bacia do Danúbio, com a Grécia. Esta parte, que foi durante muito tempo o teatro da História Universal, não tem em si nenhum núcleo marcado, mas abre-se sobretudo para fora, para o Mediterrâneo. Quando o Centro e o Norte da Europa ainda estavam incultos, encontrou aqui o seu lugar o Espírito do mundo. A região a norte dos Alpes deve, por seu turno, dividir-se em duas partes: a ocidental, a Alemanha, França, Dinamarca, Escandinávia; é o coração da Europa, o mundo que Júlio César descobriu. O feito histórico-universal de César, ter aqui aberto a relação (com a História Universal), constitui a façanha viril, do mesmo modo que o feito juvenil – transformar em ocidental a Ásia Anterior – foi o empreendimento de Alexandre Magno. Mas este, no seu empreendimento de elevar o Oriente à vida grega, não teve tanto êxito como César na sua façanha. A obra de Alexandre foi, sem dúvida, efémera; no entanto, foi a partir da conexão, por ele criada, do Oriente e do Ocidente que conseguiram nascer, para o Ocidente, os grandes começos ulteriores da História Universal. Por isso, a sua façanha é, quanto ao conteúdo, o que há de maior e de mais belo para a imaginação. Mas, segundo as consequências, bem depressa tornou a desvanecer-se como um ideal. – A terceira parte é constituída pelo Nordeste da Europa; compreende as planuras nórdicas de natureza peculiar, que pertenceram aos povos eslavos e formam a conexão com a Ásia, sobretudo a Rússia e a Polónia. Estes países só tarde ingressam na série dos Estados históricos e mantêm constantemente o nexo com a Ásia.

Na natureza europeia, não sobressai nenhum tipo singular, como nas outras partes do mundo; por isso, depara-se aqui também com o homem mais universal. Os modos de vida, que surgem unidos às distintas qualidades físicas, não emergem aqui – onde as diferenças geográficas só debilmente [240] ressaltam entre si – com a separação e o particularismo com que, sobretudo na Ásia, determinam a história. A vida natural é ao mesmo tempo o solo da contingência. Só nos seus rasgos gerais é este solo algo de determinante e de correspondente ao princípio do espírito. O caráter do espírito grego, por exemplo, brota do solo, de uma faixa costeira que produz a particularização individual. O Império Romano não poderia igualmente ter tido lugar no meio da terra firme. O homem pode viver em todos os climas; mas os climas são limitados e, por isso, são um poder que aparece como o exterior do que existe no homem. A humanidade europeia surge, pois, por natureza, como o que há de mais livre, porque aqui nenhum princípio natural se distingue como predominante. As diferenças dos modos de vida, que na Ásia se apresentam em conflito exterior recíproco, emergem na Europa sobretudo como classes no Estado concreto. A diferença principal, sob o ponto de vista geográfico, é a que existe entre o interior e o litoral. Na Ásia, o mar não tem qualquer significado; pelo contrário, os povos fecharam-se ao mar. Na Índia, é positivamente proibido pela religião penetrar no mar. Na Europa, em contrapartida, é justamente importante a relação com o mar; eis uma diferença permanente. O Estado europeu não pode ser verdadeiramente um Estado europeu, se não estiver ligado ao mar. No mar reside o mais além inteiramente peculiar que falta à vida asiática, o mais além da vida mais adiante de si mesma. O princípio da liberdade da pessoa singular tornou-se assim o princípio da vida política europeia [241].

2. A divisão da História Universal

A divisão da História Universal proporciona uma sinopse geral que tem ao mesmo tempo a finalidade de fazer sobressair a conexão apreendida também segundo a ideia, segundo a necessidade interna.

Na visão global geográfica, foi-nos já indicado em geral o ímpeto que assume a História Universal. O Sol nasce no Oriente. O Sol é luz; e a luz é a universal referência simples a si mesma e, por isso, é o universal em si mesmo. Esta luz universal em si mesma é, no Sol, um indivíduo, um sujeito. Muitas vezes se descreveu o modo como o homem vê romper a manhã, a aparição da luz e a ascensão do Sol em toda a sua majestade. Semelhante descrição realçará o encantamento, a estupefação, o infinito esquecimento de si mesmo em tal claridade. No entanto, quando o Sol já há algum tempo subiu, o espanto modera-se e o olhar vê-se forçado a dirigir a atenção para a natureza e para si mesmo; verá então na sua própria claridade, transitará para a consciência de si mesmo, passará da primeira inatividade estupefacta da admiração à ação, à criação a partir de si mesmo. E, no fim da tarde, terá acabado um edifício, um sol interior, o sol da sua consciência, que suscitou mediante o seu trabalho; e apreciará mais este sol do que o Sol externo e terá conseguido no seu edifício estar com o espírito na relação em que primeiramente se encontrou com o Sol exterior ou, antes, numa relação livre: pois este segundo objeto é o seu próprio espírito. Aqui se encontra contido o curso de toda a História Universal, o grande dia do espírito, a sua obra quotidiana, que ele leva a cabo na história do mundo [242].

A História Universal vai do Oriente para o Ocidente; a Europa é, com efeito, pura e simplesmente o termo da História Universal, a Ásia o começo. Para a História Universal existe um Oriente κατ' ἐξοχὴν [por excelência], apesar de o Oriente ser por si algo de inteiramente relativo. De facto, embora a terra forme uma esfera, a história não descreve um círculo em torno dela, tem antes um Oriente determinado, e este é a Ásia. Aqui se levanta o Sol físico externo e no Ocidente se põe; mas, em contrapartida, é aqui que surge o sol interno da autoconsciência que difunde um brilho mais intenso. A História Universal é a disciplina do caráter indómito da vontade natural em prol do universal e da liberdade subjetiva.

O nosso objeto como tal manifesta-se no Estado. Visto que este é a Ideia universal, a vida espiritual universal, perante a qual os indivíduos pelo nascimento reagem com confiança e com o hábito, e na qual têm a sua essência e a sua realidade efetiva, o seu saber e a sua vontade, e nela a si mesmos atribuem valor e se conservam, importa aqui estabelecer duas determinações fundamentais: primeiro, a substância universal do Estado ou espírito firme em si mesmo, o poder absoluto, o espírito autónomo do povo; segundo, a individualidade como tal, a liberdade subjetiva. A diferença consiste em se a vida efetiva dos indivíduos é o hábito e o costume irrefletidos da calamidade ou se os indivíduos são reflexivos e pessoais, sujeitos que para si existem. É sob este aspeto que importa distinguir a liberdade substancial da liberdade subjetiva. A liberdade substancial é a razão, em si existente, da vontade que, em seguida, se desdobra no Estado. Mas nesta determinação da razão ainda não há o discernimento e o querer próprios, ou seja, a liberdade subjetiva, que só no indivíduo se determina a si mesma e constitui a reflexão do indivíduo na sua consciência moral. Na liberdade simplesmente substancial, os mandamentos e as leis são algo de em si e por si fixo, face ao qual os sujeitos se comportam em perfeita servidão. Ora estas leis não precisam de corresponder à vontade própria e, deste modo, os sujeitos assemelham-se a crianças que [243], sem vontade própria e sem discernimento particular, obedecem aos pais. Mas assim como a liberdade subjetiva emerge e o homem, a partir da sua realidade efetiva externa, desce às profundidades do seu espírito, assim surge a oposição da reflexão que contém em si a negação da realidade efetiva. O recuar face ao presente constitui já em si uma oposição, de que um dos lados é Deus, o divino, e o outro, o sujeito como algo de particular. Na História Universal, de nada mais se trata a não ser de produzir a relação em que estas duas vertentes se encontram em unidade absoluta, em verdadeira reconciliação, reconciliação essa em que o sujeito livre não se submerge no modo objetivo do espírito, mas chega ao seu direito autónomo; mas em que igualmente o espírito absoluto, a unidade sólida objetiva, alcançou o seu direito absoluto. Na consciência imediata do Oriente, ambas as vertentes se encontram separadas. O substancial distingue-se também do individual, mas a oposição ainda não está posta no espírito.

A primeira figura do espírito é, portanto, a oriental. A este mundo está subjacente a consciência imediata, a espiritualidade substancial, não já o conhecimento do arbítrio particular, mas o nascer do sol, o conhecimento de uma vontade essencial, que é por si autónoma, independente e face à qual o arbítrio subjetivo se comporta, de início, como fé, confiança e obediência. Numa versão mais concreta: é a relação patriarcal. Na família, o indivíduo é um todo e, ao mesmo tempo, um momento desse todo, vive nele com uma finalidade comum que, ao mesmo tempo, enquanto comum tem a sua existência peculiar e é assim também objeto para a consciência dos indivíduos. Esta consciência existe no chefe da família, que é a vontade, a ação em prol do fim comum, que toma providências pelos indivíduos, dirige a sua ação para tal objetivo, educa-os e conserva-os na adequação do fim geral. Os indivíduos não sabem e não querem nada fora de semelhante fim e da sua presença no chefe e na sua respetiva vontade. Tal é necessariamente o primeiro modo da consciência de um povo.

Por conseguinte, o que existe é, antes de mais, o Estado, em que o sujeito ainda não chegou ao seu direito [244] e impera mais uma eticidade imediata, sem lei; é a infância da história. Esta figura cinde-se em duas vertentes. A primeira é o Estado, como se encontra fundado na relação familiar, um Estado de assistência paternal que, por meio da advertência e do castigo, mantém o conjunto, um reino prosaico, porque ainda não emergiu a oposição, a idealidade. É simultaneamente um reino da duração; não pode modificar-se a partir de si mesmo. Tal é a figura da Ásia posterior, sobretudo a do Império chinês. – Por outro lado, contrapõe-se a esta duração espacial a forma do tempo. Os Estados, sem se alterarem em si ou no seu princípio, encontram-se uns perante os outros numa transformação infinita, num conflito constante que lhes apronta a rápida decadência. Por o Estado estar virado para fora, desponta o pressentimento do princípio individual; a luta e a disputa constituem um recolher-se-em-si, um apreender-em-si. Mas tal pressentimento surge ainda como algo mais do que luz sem força, sem consciência, natural – não é ainda a luz da personalidade que a si mesma se conhece. Também esta história é ainda predominantemente anistórica, pois é somente a repetição do mesmo ocaso majestático. O novo que, mediante a ousadia, a força, a nobreza, vem para o lugar da magnificência anterior percorre o mesmo ciclo da ruína e da decadência. Esta decadência não é uma verdadeira decadência, pois nenhum progresso se realiza graças a toda esta incessante modificação. O novo que, porventura, vem substituir o morto mergulha igualmente na decadência; não há aqui progresso algum: esta agitação é uma história anistórica. A história – e, claro está, apenas exteriormente, ou seja, sem nexo com o antecedente – transita, pois, para a Ásia Central. Se quiséssemos prosseguir na comparação com as idades humanas, esta seria a adolescência, que já não permanece na calma e na confiança da criança, mas se comporta de modo desordeiro e tumultuoso.

O espírito oriental encontra-se na determinação da intuição, de uma relação imediata com o seu objeto, mas de modo tal que o sujeito está imerso na substancialidade, não [245] conseguiu sair e soltar-se da solidez e da unidade para a sua liberdade subjetiva. Por isso, o sujeito ainda não produziu a partir de si próprio o objeto universal; o objeto ainda não é, portanto, o objeto renascido do sujeito. O seu modo espiritual não está ainda representado, mas subsiste segundo a relação da imediatidade e tem o modo da imediatidade. O objeto é, por isso, um sujeito, está determinado de modo imediato e tem o modo de um sol natural, é como este um produto da fantasia sensível, não da espiritual; é justamente, por isso, também um homem singular natural. O espírito do povo, a substância, é, pois, objetal para os indivíduos, está presente no modo de um homem. A humanidade, efetivamente, é sempre o modo supremo e mais digno da configuração. Um homem é sobretudo um sujeito, conhecido pelo seu povo como a unidade espiritual, como forma da subjetividade em que o todo é um só. Eis o princípio do mundo oriental: os indivíduos ainda não conseguiram em si a sua liberdade subjetiva, mas atêm-se como acidentes à substância, a qual, porém, não é uma substância abstrata, como a de Espinosa; tem presença para a consciência natural no modo de um chefe; eles veem que tudo só a ele pertence.

O poder substancial encerra em si dois aspetos: o espírito, que domina, e a natureza em oposição a ele. Estes dois momentos encontram-se unidos no poder substancial. Existe um senhor que impõe o substancial e que, como legislador, se contrapõe ao particular. Mas aqui o elemento dominador não se deve restringir apenas ao que se chama o regime mundano; o regime eclesiástico ainda sobressai como separado. No mundo oriental, podemos dar ao governo o nome de teocracia. Deus é o regente profano, e o regente profano é Deus; ambos constituem num só o regente: impera ali um Deus-homem. Devemos ali distinguir três figuras deste princípio.

O império chinês e mongol é o império do despotismo teocrático. Está aqui subjacente a condição patriarcal; à frente encontra-se um pai que domina também em tudo o que subordinamos à consciência moral [246]. O princípio patriarcal está na China organizado num Estado; entre os Mongóis, ainda não se desenvolveu de modo sistemático. Na China, encontra-se à cabeça um déspota que dirige um governo sistematicamente construído em múltiplas gradações da hierarquia. As relações religiosas e as questões familiares são igualmente determinadas pelas leis estatais; o indivíduo carece de personalidade moral.

Na Índia, a diferença é constituída pela solidez em que se reparte necessariamente uma vida popular desenvolvida. Aqui, as castas assinalam a cada qual os seus direitos e deveres. A esta dominação podemos dar o nome de aristocracia teocrática. Por cima destas diferenças fixas eleva-se a idealidade da fantasia, idealidade que ainda se não separou do sensível. O espírito eleva-se, decerto, à unidade de Deus, mas não pode aguentar-se neste píncaro. O ir-além da particularidade é um vagabundear selvagem e uma incessante recaída.

Na Pérsia, a unidade substancial elevou-se à pureza. A sua aparição natural é a luz. O espiritual é um bem. Podemos chamar a esta figura uma monarquia teocrática. O bem é o que o monarca deve fazer. Os Persas tiveram sob o seu domínio uma multidão de povos, mas a todos eles permitiram permanecer na sua peculiaridade; o seu império pode, por conseguinte, comparar-se a um império cesariano. A China e a Índia persistem no seu princípio, os Persas constituem a transição genuína entre o Oriente e o Ocidente. Se os Persas constituem a passagem externa, o Egito é a transição interna para a vida livre grega. No Egito, manifesta-se a contradição dos princípios, cuja resolução é a tarefa do Ocidente.

O fausto da intuição oriental está diante de nós, a intuição do uno, da substância a que tudo aflui, da qual ainda nada se separou. A intuição fundamental é em si o poder que em si se condensa, que é peculiar a toda a riqueza da fantasia e da natureza. A liberdade subjetiva ainda ali não chegou ao seu direito, ainda não tem honra por si, mas unicamente no objeto absoluto. Os edifícios sumptuosos dos [247] Estados orientais constituem configurações substanciais em que estão presentes todas as determinações racionais de modo que os sujeitos permanecem apenas acidentes. Estes giram em torno de um centro, à volta do soberano que, como patriarca, mas não como déspota no sentido do Império Romano, se encontra à cabeça. Tem efetivamente de fazer que prevaleça o ético e o substancial: tem de manter os mandamentos essenciais, que já existem; e tudo o que em nós pertence à liberdade subjetiva parte aqui do todo e do universal. Mas esta determinação da substancialidade, precisamente por não ter assumido e ab-rogado em si a oposição, cinde-se em dois momentos. A oposição ainda nela não se desenvolveu, por isso cai fora dela. Por um lado, vemos a duração, o estável; por outro, o arbítrio que a si mesmo se destrói. O que reside na Ideia é essencialmente existente e presente; mas o que importa é como existe e se os seus momentos são efetivamente reais, na sua verdadeira relação. Ora o momento da subjetividade é um momento essencial do Espírito, portanto, deve também existir. Mas ainda não está reconciliado, unido, existe de um modo não pacífico. Por isso, ao edifício sumptuoso do poder único, a que nada se pode subtrair, do qual nada de autónomo se pode configurar, está ligado o arbítrio indomável. O arbítrio implacável e horroroso tem lugar, por um lado, no próprio edifício, na mundanidade do poder da própria substancialidade; por outro, tem fora dela o seu vagabundear insalubre. Segundo a Ideia, não está no edifício sumptuoso, mas deve existir, existir na máxima inconsequência e separada desta unidade substancial. Por isso, junto dos edifícios da substancialidade oriental, encontram-se também os enxames selvagens que descem das bordas do planalto para os edifícios da paz, os destroem e arruínam, espalhando pelo solo a desolação; misturam-se, perdem a sua ferocidade, mas são em geral em si oclusos à cultura, dispersam-se sem resultado.

No mundo oriental há, para nós, Estados; mas no seio dos Estados não existe um [248] fim como aquele que chamamos político. Encontramos aí, na vida do Estado, a liberdade racional substancial, ou seja, realizada, que se desdobra mas sem em si chegar à liberdade subjetiva. O Estado é o substancialmente pensado por si na forma de um fim substancial universal para todos. Mas ali o Estado é um abstrato, nada é de universal por si mesmo; o Estado não é o fim, mas o chefe. Pode em geral comparar-se, como se afirmou, esta figura à infância.

A segunda figura poderia equiparar-se à adolescência; compreende o mundo grego. O característico nela é que aqui surge uma multidão de Estados. É o reino da bela liberdade; é a eticidade imediata em que aqui se desenvolve a individualidade. O princípio da individualidade, a liberdade subjetiva emerge aqui, mas inserida na unidade substancial. O ético é, como na Ásia, princípio, mas a eticidade é que se imprime na individualidade e significa, portanto, o livre querer dos indivíduos. Encontram-se aqui reunidos ambos os extremos do mundo oriental: a liberdade subjetiva e a substancialidade. O reino da liberdade existe, não da liberdade desvinculada, natural, mas da liberdade ética que tem um fim universal, que não pressupõe, quer e conhece o arbitrário, o particular, mas o fim universal do próprio povo. Mas é somente o reino da bela liberdade que se encontra em unidade natural, ingénua, com o fim substancial. A reunião do ótico e da vontade subjetiva é tal que a Ideia se encontra associada a uma figura plástica: não está ainda num dos lados, por si só abstrata, mas encontra-se de imediato vinculada ao efetivamente real, como numa obra de arte bela ou sensível sustenta a marca e a expressão do espiritual. É a eticidade ingénua, e não ainda a moralidade; mas a vontade individual do sujeito encontra-se no costume imediato e no hábito do direito e das leis. Por isso, o indivíduo acha-se numa unidade ingénua com o fim universal. Este reino é, portanto, verdadeira harmonia. É o mundo da floração mais prazenteira, mas transitória, efémera; é a figura mais hílare, mas também em si [249] a mais instável, porque ela própria tem pela reflexão de perverter a sua pureza; é a máxima contradição em si mesma, porque os dois princípios se encontram aqui somente em unidade imediata. Encontram-se aqui unidos os dois princípios do mundo oriental, a substancialidade e a liberdade subjetiva. Mas estão somente em unidade imediata, ou seja, constituem imediatamente em si a máxima contradição. No Oriente, a contradição está repartida pelos extremos que entram em conflito um com o outro. Na Grécia, estão unidos; mas tal união, como se revela na Grécia, não pode subsistir. A eticidade dela não é a verdadeira, não é a eticidade que, oriunda da luta da liberdade subjetiva, teria renascido de si mesma, mas é a primeira liberdade subjetiva e tem ainda, portanto, o caráter da eticidade natural, em vez de ter renascido para a figura superior e mais pura da eticidade universal. Esta eticidade será, pois, a inquietude que por si mesma se dispersa; e a reflexão destes extremos sobre si mesmos suscitará a decadência deste reino. Segue-se, portanto, a elaboração de uma forma ulterior mais elevada, que constitui a terceira figura. No mundo grego, a interioridade incipiente, a reflexão em geral, existe como um momento; e o seguinte momento consiste em que esta reflexão interior, o pensamento, a eficácia do pensamento abre caminho e cria um reino de um fim universal.

Tal é o princípio da terceira figura: a universalidade, o fim que como tal existe, mas em abstrata universalidade; é a figura do Império Romano. Um Estado como tal é o fim que se encontra face aos indivíduos, pelo qual eles tudo fazem. Esta época pode olhar-se como a idade viril da história. O varão não vive nem no arbítrio do senhor nem no próprio e belo arbítrio; seu é o penoso trabalho de viver ao serviço, e não na alegre liberdade do seu fim. O fim é para ele, sem dúvida, algo de universal, mas ao mesmo tempo algo de rígido, a que se deve consagrar. Um Estado, leis, constituições são fins, e a eles serve o indivíduo: nele sucumbe e alcança o seu próprio fim como no fim universal. (Semelhante reino parece existir para a eternidade, sobretudo se traz ainda em si tambem o princípio da satisfação subjetiva [250], como na religião, se chega a ser o sacro Império Romano. Mas este desapareceu há dois decénios).

O Estado começa a despertar abstratamente e a constituir--se para um fim em que também participam os indivíduos, mas não com uma participação contínua e concreta. Os indivíduos livres são efetivamente sacrificados à dureza do fim a que têm de se votar neste serviço em prol do abstratamente universal. O Império Romano já não é o reino dos indivíduos, como fora a cidade de Atenas. Já não existe aqui hilaridade e alegria, mas duro e amargo trabalho. O interesse separa-se dos indivíduos, mas estes alcançam em si mesmos a universalidade formal abstrata. O universal subjuga os indivíduos que, nele, têm de a si renunciar; mas, em contrapartida, recebem a universalidade de si mesmos, isto é, a personalidade; tornam-se, como privados, pessoas jurídicas. No sentido em que os indivíduos são incorporados no conceito abstrato de pessoa é que justamente os povos, enquanto indivíduos, sofrerão o destino; as suas figuras concretas serão oprimidas e incorporadas em massa sob esta universalidade. Roma transforma-se num panteão de todos os deuses e de todo o espiritual, mas sem que tais deuses e tal espírito conservem a sua vitalidade peculiar.

A transição para o princípio seguinte deve considerar-se como a luta da universalidade abstrata com a individualidade. A legalidade tem de emergir na subjetividade perfeita. O sujeito, o princípio da forma infinita, ainda não se substancializou a si mesmo e deve surgir, portanto, como dominação arbitrária: assim fica estabelecida a reconciliação mundana da oposição. Mas a reconciliação espiritual consiste em que a personalidade individual é depurada e transfigurada na universalidade em si e para si existente, como subjetividade em si e para si pessoal. Tal é a personalidade divina; deve aparecer no mundo, mas como o universal em si e para si.

Se se considerar em pormenor este desenvolvimento nas suas duas vertentes, o reino do fim universal, enquanto assente na reflexão, na universalidade abstrata, traz em si mesmo a oposição expressa, manifesta [251]: representa, pois, essencialmente a sua luta dentro de si mesmo, com o desenlace necessário de que sobre a universalidade abstrata adquire preponderância a individualidade arbitrária, o poder inteiramente contingente e de todo profano de um senhor. Originariamente, existe a oposição entre o fim do Estado, como universalidade abstrata, e a pessoa abstrata. O princípio da universalidade abstrata está constituído, chegou à sua realização, de modo que o indivíduo se lhe conforma; e daí promana o sujeito enquanto pessoal. Emerge o isolamento dos sujeitos em geral. A universalidade, e decerto a universalidade abstrata, que chega a ser própria dos sujeitos, faz deles pessoas jurídicas, pessoas que são autónomas e essenciais na sua particularidade. Por outro lado, surge assim o mundo do direito formal, abstrato, do direito da propriedade. Mas porque a desintegração na pluralidade das pessoas existe ao mesmo tempo no Estado, este já não se contrapõe aos indivíduos como o abstrato do Estado, e sim como um poder do senhor sobre a individualidade. No abstrato, para o qual já não há o fim universal, mas o direito pessoal constitui o supremo, em tal desintegração, o poder, a coesão, só pode ser apenas violência arbitrária e não o poder racional do Estado. Por isso, quando no decurso da história a personalidade se torna o elemento predominante e o todo, disseminado em átomos, só exteriormente se pode manter, desponta a violência subjetiva da dominação como convocada para tal tarefa. De facto, a legalidade abstrata consiste em não ser em si mesma concreta, em não se ter em si organizado e, ao transformar-se em poder, possui apenas uma violência arbitrária no modo da subjetividade contingente, para o que move e manda; o indivíduo busca então, no direito privado desenvolvido, a consolação da liberdade perdida. Surge, pois, um poder arbitrário. Por ele é equilibrada a oposição, existe a calma e a ordem. Mas tal calma é ao mesmo tempo o absoluto desgarramento do interior; é somente uma reconciliação externa, a reconciliação puramente mundana, da oposição e, portanto, é simultaneamente a sublevação do íntimo, que sente a dor do [252] despotismo. Importa, pois, em segundo lugar, que, para a superação da oposição, sobrevenha a reconciliação superior, verdadeira, a reconciliação espiritual; é necessário acontecer que a personalidade individual seja intuída, conhecida e querida como purificada e transfigurada em si mesma para a universalidade. O espírito, enclausurado nas suas mais imas profundidades, abandona o mundo sem Deus, busca em si mesmo a reconciliação e começa agora a vida da sua interioridade, de uma interioridade colmatada, concreta, que ao mesmo tempo possui uma consubstancialidade já não radicada apenas no ser determinado externo. Ao império unicamente mundano contrapõe-se agora o império espiritual, o império da subjetividade que se conhece a si mesma e, claro está, na sua essência, o império do espírito efetivamente real. Assim chega à aparição o princípio do Espírito, segundo o qual a subjetividade é a universal idade.

O reino da subjetividade que a si mesmo se conhece é o nascimento do Espírito efetivamente real; surge assim o quarto reino, que segundo o aspeto natural é a senectude do Espírito. A velhice natural é fraqueza; a senectude do Espírito, porém, é a sua maturação perfeita em que ele retorna à unidade, mas como espírito. O espírito, como força infinita, conserva em si os momentos do desenvolvimento ulterior e alcança deste modo a sua totalidade.

Despontaram, pois, a espiritualidade e a reconciliação espiritual; e esta reconciliação espiritual é o princípio da quarta figura. O espírito chegou à consciência de que o espírito é o verdadeiro. O espírito existe aqui para o pensamento. Esta quarta figura é necessariamente dupla: o espírito como consciência de um mundo interior, o espírito, que é conhecido como a essência, como a consciência do supremo mediante o pensamento; o querer do espírito é, por um lado, de novo abstrato e aferrado à abstração do espiritual. Na medida em que a consciência assim persiste, a mundanidade é, por seu turno, abandonada a si mesma, à ferocidade, à selvajaria, a cujo lado caminha a total indiferença face à mundanidade; esta vê-se assim impelida a não desdobrar o mundano em espiritual, logo que na consciência não chega a uma organização racional. Eis o que constitui o mundo maometano: a suprema transfiguração do princípio oriental, [253] a suma intuição do uno. Ela tem decerto uma origem mais tardia do que o Cristianismo; mas para que este último se tornasse uma figura do mundo, houve o trabalho de longos séculos e só foi levado a cabo por Carlos Magno. O maometanismo, pelo contrário, depressa se tornou um reino mundial em virtude da abstração do princípio; é um império mundial mais antigo do que o cristão.

A segunda figura deste mundo espiritual existe quando o princípio do Espírito se transformou concretamente num mundo. A consciência, ou querer da subjetividade, como personalidade divina é o que primeiro aparece no mundo num sujeito individual. Mas transformou-se num reino do espírito efetivamente real. Tal figura pode designar-se como o mundo germânico, e as nações a que o Espírito do mundo distribuiu este seu verdadeiro princípio podem chamar-se germânicas. O reino do espírito efetivamente real possui o princípio da reconciliação absoluta da subjetividade, para si existente, com a divindade que é em si e para si, com o verdadeiro e o substancial; tem por princípio que o sujeito é por si livre e só é livre na medida em que ele próprio é conforme ao universal, se encontra na essência: o reino da liberdade concreta.

A partir de agora, contrapor-se-ão o império mundano e o reino espiritual. O princípio do espírito, que para si existe, é na sua peculiaridade liberdade, subjetividade. O ânimo particular quer estar naquilo por que deve ter respeito. Este ânimo próprio, porém, não deve ser algo de contingente, mas o ânimo segundo a sua essência, segundo a sua verdade espiritual. Tal é o que Cristo nos revela na sua religião. A sua verdade própria, que é a do ânimo, é estabelecer-se na ligação com a divindade. Aqui, a reconciliação está realizada em si e para si. Mas, por estar em si realizado, este estádio inicia-se, por causa da sua imediatidade, com uma oposição.

Historicamente, ele começa com a reconciliação verificada no Cristianismo; mas porque esta só agora começa e, para a consciência, se encontra realizada só em si, revela-se primeiro a mais atroz oposição, que, em seguida, surge como injustiça e como algo a ab-rogar. É a oposição do princípio espiritual, religioso, a que se contrapõe o império mundano. [254] Mas o reino do mundo já não é o de antes; é o cristão, que, por isso, deveria ser adequado à verdade. O reino espiritual deve também chegar a reconhecer que o espiritual se realiza no mundano. Por serem ambos imediatos, mas o reino mundano ainda não ter extirpado a subjetividade arbitrária e, por outro lado, o espiritual ainda não ter reconhecido o mundano, encontram-se em luta. O progresso não é, pois, um desenvolvimento sereno e sem resistências: o espírito não avança pacificamente para a sua realização. A história consiste em que ambas as vertentes abandonem a sua parcialidade, a sua forma inverdadeira. Por um lado, é oca a realidade efetiva que se deve conformar com o espírito, mas ainda o não está; deve, por isso, perecer. Por outro, o reino espiritual é, de início, um império eclesiástico, que mergulha na realidade efetiva externa; e assim como o poder mundano é exteriormente oprimido, assim se arruína o eclesiástico. Tal constitui o ponto de vista da barbárie.

A reconciliação, como já se observou, realizou-se primeiro em si mas, deste modo, deve também levar-se a cabo para si. O princípio deve, por isso, iniciar-se com a mais atroz oposição; porque a reconciliação é absoluta, a oposição deve ser a mais abstrata. Semelhante oposição, como vimos, tem, por um lado e no começo, o princípio espiritual como princípio eclesiástico; por outro, a mundanidade feroz e selvagem. A primeira história é a hostilidade de ambos, que ao mesmo tempo estão unidos, pelo que o princípio eclesiástico é reconhecido pela mundanidade e esta, no entanto, não lhe é conforme, enquanto confessadamente ela se lhe deve ajustar. A mundanidade, abandonada primeiramente pelo espírito, é oprimida pelo poder eclesiástico; e a primeira forma da autoridade do reino espiritual é tal que ele próprio mergulha na mundanidade, perdendo assim a sua determinação espiritual e também o seu poder. Da ruína das duas vertentes brota, em seguida, o desaparecimento da barbárie e o espírito encontra a forma superior, que dele é universalmente digna, a racionalidade, a forma do pensamento racional e livre. O espírito recolhido em si mesmo concebe o seu [255] princípio e produ-lo em si na sua forma livre, na forma do pensamento, na figura pensante e, por isso, é capaz de caminhar conjuntamente com a realidade efetiva exterior, de nesta se insinuar e de realizar, a partir da mundanidade, o princípio do racional.

O princípio espiritual, só na medida em que conseguiu a sua forma objetiva, a forma pensante, é que se pode verdadeiramente incrustar na realidade efetiva externa: só deste modo é que o fim do espiritual se pode levar a cabo no mundano. A forma do pensamento é que leva a cabo a reconciliação fundamental: a profundidade do pensamento é a reconciliadora. Em seguida, é na mundanidade que a profundidade do pensamento virá à luz, porque aquela tem por território seu a subjetividade individual da aparição; é nesta subjetividade que brota o saber e a manifestação vem à existência. Surgiu, por isso, o princípio da reconciliação entre Igreja e Estado; é nele que o mundo eclesiástico tem e encontra o seu conceito e a sua racionalidade na mundanidade. Assim se desvanece a oposição entre Igreja e o chamado Estado; este já não está depois da Igreja, já não lhe está subordinado, e a Igreja não conserva privilégio algum; o espiritual já não é estranho ao Estado. A liberdade encontrou o meio de realizar o seu conceito e a sua verdade. Aconteceu assim que, mediante a eficácia do pensamento, das determinações universais do pensamento, que têm por sua substância este princípio concreto, a natureza do espírito, se produziu o reino da realidade efetiva, o pensamento concreto, em conformidade com a verdade substancial. A liberdade encontra na realidade efetiva o seu conceito e elaborou a mundanidade como um sistema objetivo de algo que em si se tornou orgânico. O curso desta superação constitui o interesse da história, e o ponto do ser-para-si da reconciliação reside, em seguida, no saber: aqui se refaz e reconstrói a realidade efetiva. Tal é a meta da história; que o Espírito forme para si uma natureza, um mundo, que lhe seja adequado, de maneira que o sujeito encontre o seu conceito do espírito nesta segunda natureza, nesta realidade efetiva gerada pelo conceito do Espírito, [256] e tenha nessa objetividade a consciência da sua realidade subjetiva e da racionalidade. Tal é o progresso da Ideia em geral; e este ponto de vista deve ser para nós o derradeiro na história. O mais específico, o facto de em geral estar executado, eis a história; o trabalho que ainda existe pertence ao lado empírico. Na abordagem da História Universal devemos percorrer o caminho longo que, justamente, se mostra abarcável e no qual ela realiza o seu fim. No entanto, a vastidão do tempo é algo de inteiramente relativo, e o Espírito pertence à eternidade. Para ele não há, em rigor, tal extensão. O trabalho ulterior é que este princípio se desenvolva, se elabore, que o Espírito chegue à sua realidade efetiva, chegue à consciência de si mesmo na realidade efetiva. [257]

3. Aditamentos do Semestre de inverno de 1826-27

[À p. 30]
O racional é 1) o logicamente racional, que aqui não pode constituir o nosso objeto; mas existe 2) a figura da Natureza, que é um reflexo, uma corporificação da razão; também o racional natural não é aqui o objeto, mas 3) a Razão, tal como ela se manifesta enquanto Espírito autoconsciente e, claro está, não em geral, mas como ele se explicita em feitos e ações no mundo e nele efetua a sua essência.

O Espírito é em geral o solo em que nos encontramos, tal como se explicita em diversas figuras, que chamamos povos. Tal é o nosso objeto.

A Razão é em si e para si eterna, serena, mas é igualmente atividade, nada realiza a não ser o racional. Engendra-se a partir do interior e, por isso, é algo de produzido, o fim, em que efetua o que ela é. Demonstrar tal conceito não pode constituir aqui a nossa tarefa; pode apenas pressupor-se e tomar-se plausível. As esferas anteriores da filosofia contêm a sua demonstração. Aqui podem mencionar-se os pressupostos que temos de fazer para recordar as representações incluídas no que foi dito e que concordam com aquelas que também temos na consciência ordinária.

[Às pp. 31 s.]
As oposições que se revelam numa consideração mais pormenorizada da História Universal são em geral 1) a oposição entre a razão subjetiva e o seu objeto, a história; pode denomi-

nar-se a oposição teorética [258], e 2) a relação da liberdade com a necessidade, ou a oposição prática.

Os dois pressupostos para a consideração da história eram 1) que uma Providência rege o mundo, 2) que é possível conhecer o seu plano. Mas como chegamos nós ao conhecimento da racionalidade da história e a conhecer o fim último do mundo na sua aplicação à história? – Na Ideia, estão contidas duas coisas: a) a Ideia como tal, b) o ser determinado do povo, a vertente empírica da existência. A Ideia universal é unidade de ambas, mas os dois lados são, não obstante, diferentes. O primeiro lado é o teorético; é a Ideia que queremos conhecer, e pergunta-se: como conseguimos? Parece que temos de considerar a história em si e, a partir dela, ver qual o seu fim último. O empírico, a história ordinária, toma-se como base e, a partir dela, deve chegar a conhecer-se qual seja a vontade divina. – Mas, para a descortinar, importa introduzir a Razão no estudo da história, do mesmo modo que para conhecer o azul é preciso ter olhos. Um homem racional observa e, por isso, vêm-lhe pensamentos, mas não a partir de fora, pois já em si os tem; as coisas presentes são simplesmente a ocasião, o tema da sua reflexão. – Vem-se ao mundo com vistas subjetivas, unilaterais, por isso, descobre-se que é preciso tudo reprovar; sabe-se como deve ser e, por isso, não é. Tudo o que é censurável pode somente ter um conteúdo finito; o substancial, o conteúdo, que é o que importa, deve ser racional.

O nosso Deus não é um deus epicurista que, de nada se preocupando, habita nos espaços intermediários dos mundos.

Para conhecer o substancial, importa já ter dele consciência. Ao sensível permanece oculto o que seja o substancial, bem como o que seja a mão, a cor; também o entendimento, que apreende o finito, o não divisa. A chusma variegada de todas as figuras e fenómenos encerra em si o verdadeiro, e o olho do conceito é que atravessa aquele invólucro e conhece o verdadeiro. – A filosofia é que justamente purifica o entendimento de tais espertezas subjetivas [259].

[À p. 33]
Se, na história habitual, já tem lugar uma certa seleção e arranjo dos feitos e acontecimentos, embora o seu fim não seja representar todo o acontecido, tal acontece ainda mais numa consideração filosófica da história. A necessidade da condensação ocorre na grande quantidade de material. – A condensação, porém, não deve fazer-se de modo a deixar de lado uma multidão de acontecimentos; os acontecimentos que, na realidade efetiva, constituem uma grande série devem reduzir-se a uma unidade, apreender-se numa representação geral que, em seguida, contém tudo o que individualmente ocorre. – Quando, por exemplo, se fala de batalha, vitória e coisas semelhantes, trata-se de representações gerais que englobam em si uma multidão de feitos e quejandos, sendo cada qual singular. Deveriam, pois, aqui e decerto em cada instante, expor-se de modo a tomar vívida a batalha. Na frase – "o exército venceu" – encontra-se totalmente expressa numa representação geral toda a quantidade de mediações.

O caráter da universalidade deriva do pensar e a nossa consideração da história é a consideração pensante. Os que não pretendem olhar assim a história, mas a desejam considerar de um modo intuitivo, não sabem o que querem: com efeito, também a intuição é algo de universal, pensar.

O entendimento é que faz a distinção entre o essencial e o inessencial; e numa indagação mais rigorosa descobre-se que o que num caso é essencial surge, no outro, como inessencial. O entendimento tem de realçar o pensamento para tudo referir a esta unidade, de não passar por alto o que é conforme ao fim. Tal é a diferença entre o historiador e o cronista. Este relata todos os acontecimentos mas, no entanto, passa por alto muitas transformações que ocorrem no interior.

Os fins segundo os quais o historiador considera os acontecimentos assim são, por exemplo, o Estado, o povo, a ciência, a arte – podem ser muito relativos e logo sobressai a diferença entre fins singulares, particulares, e os que são mais valiosos para o ânimo [260] e a razão. – Tudo nos parece importante – os destinos dos povos, da religião, da ciência – só enquanto se refere a fins que existem em si e para si. Ora que são, pois, estes? Se abordarmos a história de modo pensante e filosófico, devemos ter uma consciência determinada sobre o que nos interessa, sobre os fins que subjazem à nossa abordagem da história.

[À p. 35]
Na História Universal, temos diante dos olhos a imagem concreta do mal na sua máxima existência. Quando olhamos a massa das singularidades ocorridas, ela surge-nos como um açougue onde os indivíduos e povos inteiros são sacrificados; vemos o mais nobre e o mais belo cair em ruína. Parece não ter surgido qualquer lucro real e, quando muito, restar ainda esta e aquela obra transitória que traz na sua testa o estigma da decomposição e bem depressa será desalojada por outra igualmente transitória.

[À p. 45]
Importa, antes de todas as coisas, conhecer o Deus que se revelou na religião cristã. Os que nada sabem de Deus chamam-se gentios na Bíblia. O Deus cristão é o que se revelou aos homens. No Cristianismo, a moral não constitui o que há de mais elevado, pois também os gentios tiveram uma moral muito elevada. Temos de conhecer a ação de Deus; caso contrário, somos como os atenienses que construíram um altar ao deus desconhecido.

[À p. 48]
Mas a razão repudia a categoria do simplesmente negativo e supõe que, deste negativo, desta indústria geral do género humano, promanará uma obra permanente, que a nossa realidade efetiva constitui um resultado da história de todo o género humano. Os fins finitos, momentâneos, são momentos num universal; o transitório contém o intransitório que se produziu mediante estes fins. [261] O elemento afirmativo não existe simplesmente na recordação, mas é um produto que pertence à realidade efetiva, ou um produto a que nós pertencemos.

APÊNDICES

[À p. 53]
O fim último persiste em si e para si. Chama-se também o Bem, que deve realizar-se no mundo. A História Universal assenta no solo do espírito, não da natureza, e, por isso, o seu fim último só pode deduzir-se a partir da natureza do espírito.

[À p. 56]
O direito, o ético, nada mais é do que o conceito que o Espírito de si tem. Os antigos não souberam que o homem enquanto homem é livre.

[À p. 60]
O espírito universal, o espírito do mundo, não é equivalente a Deus. A razão no espírito consiste no modo como ele existe no mundo. O seu movimento é fazer-se aquilo que ele é, que o seu conceito é. Tal movimento é racional, conforme ao espírito divino. Deus é o espírito na sua comunidade; vive, é nela real. – O espírito do mundo é o sistema do processo mediante o qual o espírito produz para si o verdadeiro conceito de si mesmo.

[Às pp. 71 s.]
O conceito do espírito é um retorno a si mesmo; encontrar-se a si próprio na sua exteriorização tal é o seu retorno e tem uma meta determinada e um fim último absoluto. Porque o seu princípio é um princípio particular, os seus limites salientam-se no povo. Tal é, em seguida, a ruína do povo e são-no, por outra lado, as ciências e a filosofia. Com a ruína brota a reflexão, a ciência, a consciência moral. Quando um povo se satisfaz no seu princípio, tem então lugar, no seu desenvolvimento, a irrupção do pensar e da reflexão. As épocas da ação conforme ao instinto de um povo são, ao mesmo tempo, as épocas das suas virtudes; não se persiste neste agir segundo o instinto. – O retorno a si é pensar abstrato. Com o retorno ao [262] pensar, o espírito interroga-se se a realidade efetiva também lhe advirá. O pensar livre em si não pode estar em contradição com o espírito da realidade efetiva.

Os Gregos não tiveram qualquer consciência moral. O que é o direito e o dever constituía a lei do Estado, na qual não tinha lugar qualquer consideração sobre se também seria direito, dever. – Mas ninguém é um homem livre se não discernir que é bom o que o Estado exige. O indivíduo encontra-se então separado do que é costume; surge então a separação entre a interioridade, o formal e esta unidade presente. Os interesses pessoais devem obter o seu direito, e o substancial tem ao mesmo tempo de se efetuar.

[À p. 83]
A segunda oposição é a prática, a objetiva, a oposição entre necessidade e liberdade. A liberdade, no sentido subjetivo, é o impulso dos homens contra os destinos externos; ora os vencem ora se lhes sujeitam. O sentido mais específico desta oposição consiste em que chamamos divina à necessidade. Quando é, por um lado, a vontade divina que se manifesta, então o homem contrapõe-se-lhe com a sua liberdade, com os interesses da sua razão e da sua paixão. Como se reconciliará tal oposição?

(3.XI.1826) Por necessidade não deve entender-se o externo, mas o irresistível, o divino, que é fim em si e para si, em relação à liberdade. As dificuldades e a resolução desta contradição devem aqui tomar-se compreensíveis somente por meio de representações tiradas da vida comum. O legal, o jurídico, proporciona a si a manutenção da riqueza, etc. Eis o que se encontra disponível. Semelhante situação jurídica vigora contra o arbítrio. Os indivíduos não podem perturbar o solo universal. No [elemento] técnico também assim é. Uma casa é afazer do arbítrio humano; face a ela encontra-se o poder livre dos elementos, mas que também são coutilizados. O que é conforme ao fim conjuga-se assim com a necessidade.

[À p. 85]
O ativo, o agente é a individualidade; o fim [263] é sempre meu. O fim existente em si e para si é suscitado pelos indivíduos; são eles os ativos. Tais fins devem igualmente ser particulares, pois referem-se a eles enquanto essências particulares. A espécie tem em si toda a natureza do género, não se contrapõe ao universal, do mesmo modo que o ouro não está em

oposição ao metal. Só o substancial se realiza verdadeiramente como tal; o negativo, o mal, é transitório. Através do particular em geral é que universal deve ingressar na realidade efetiva. O particular faz-se valer um perante o outro; mas também se destrói.

[À p. 109]
O fim último do que o espírito do mundo pretende pode expressar-se nestes termos específicos: o sujeito enquanto tal tem liberdade pessoal, tem em si consciência moral, bem como o seu interesse particular de se satisfazer a partir da sua condição ética. O sujeito enquanto tal tem valor infinito; é considerado como livre, pelo que a subjetividade advém à consciência desta extremidade. A subjetividade suscita o único fim substancial; este é produzido pela independência infinita de todos. Semelhante substância é o fundamento e o solo em que o indivíduo pode chegar à liberdade formal na subjetividade. A profundidade do espírito tem como fim seu a unidade da oposição absoluta.

[Às pp. 129 s.]
Os povos que ainda não constituem Estados não entram aqui em consideração. A palavra Estado é muitas vezes utilizada somente a propósito da relação jurídica e política; num outro sentido, também se inclui a religião. Constituição é a relação do indivíduo com os muitos, dos indivíduos com os indivíduos (relação jurídica em geral), em seguida, a repartição dos diversos ofícios em geral pelas diferentes classes.

[Às pp. 131 s.]
O princípio está expresso na religião; deve igualmente ingressar na realidade efetiva; o princípio do espírito do povo tem de realizar-se. A religião é a relação interna, abstrata, [264] da autoconsciência à essência suprema. A concentração da religião encerra uma indiferença perante o mundano, que se anuncia, se expressa e desdobra. Se o interno alguma vez se tomou firme, também ocorrerá o externo, a aplicação.

[Às pp. 187 s.]
Devemos atender à determinidade natural, pois ela é o imediato.

[À p. 199]
(14.XI.1826) O Novo Mundo é sempre ainda um mundo novo, jovem. Nesta relação, excluímos a América da nossa consideração e fazemos apenas algumas observações acerca da sua relação com a Europa.

[À p. 209]
A América é, em rigor, o mundo do futuro que ainda é apreendido no devir. O Velho Mundo concentra-se, por assim dizer, em torno de um centro, à volta do Mar Mediterrâneo; no Novo Mundo, o caráter é inteiramente diverso: as duas partes, a América do Norte e a América do Sul, têm entre si diversos pontos de partida quanto ao tipo da cultura.

Os Estados sul-americanos encontram-se ainda em devir e englobados na cultura; na América espanhola e portuguesa, os povos têm primeiro de se libertar da escravatura. O espírito da racionalidade ainda ali não existe. Na América do Norte, os povos têm de se reunir num centro a partir da sua dispersão; nenhuma província é autónoma; todas são dependentes da metrópole. Os emigrantes levaram para ali as vantagens da cultura europeia e lá iniciaram deste modo o que na Europa foi fruto de um desenvolvimento milenário.

[À p. 212]
Na África, é a concentração da sensibilidade, da imediatidade da vontade, a absoluta inflexibilidade e incapacidade de se desenvolver. [265]

[À p. 212]
A Ásia é a região do nascimento, da oposição, em geral da irradiação desmedida; a Europa é a descida do espírito a si mesmo, a concentração do espírito em si. A desmedida oriental transita aqui para a medida, a determinidade, a racionalidade, no domínio do desmedido mediante o princípio espiritual.

[À p. 216]
A África encontra-se repartida por uma quantidade de povos, de maneira que é algo de desligado. Aconteceu muitas vezes que um príncipe sujeitou a si muitos povos, mas depressa tornou a perder o domínio. Encontram-se temporariamente reunidos sob um só cetro; possuímos assim informações suficientes acerca de África.

Tem-se agora a conjetura mais determinada de que o Níger vai desaguar nos golfos do Benim; desde há 2000 anos, ninguém acreditou em Heródoto de que ele corresse para o oriente. Não se conhece o curso ulterior.

[À p. 217]
O interesse consiste em ver o homem nesta completa barbárie, a qual, no entanto, tem ao mesmo tempo um certo desenvolvimento de si, ver o homem neste primeiro e integral estádio da natureza, na sua selvajaria natural; por não pertencer ao ciclo da cultura, não tem nele nenhum momento integrador. Podemos incluir a África no que precede a genuína cultura e evolução. A China e a Índia repousam para si, não intervêm na progressão, mas, no entanto, constituem os pontos de partida para os processos da história.

[À p. 218]
O homem foi feito por Deus à sua imagem; é espírito. Por isso, o homem tem de ser o que deve ser; deve realizar a sua determinação, ser racional. O espírito é unicamente o que ele de si faz; é atividade de se produzir, de se apreender.

Unicamente mediante a restauração o espírito é o que é segundo a sua determinação. Por conseguinte, o estado em [266] que o homem ainda não avançou para a cisão, da qual deve de novo recuperar-se, é um estado animal, e não o do espírito. Somente a criança, o animal, é inocente; o homem deve ter culpa. Não quer isto dizer que ele deva fazer algo de mau; deve fazer o bem, mas tem de ser culpa sua; na medida em que terá querido a ação, a sua vontade está aí inclusa. A culpa não existe somente face à inocência, mas consiste em imputar-se ao indivíduo o que ele faz, e a imputação só é possível no estado de separação, da diferenciação da consciência. A condição da perfeição enquanto existente é a condição animal. O homem só é espírito porque se conhece, porque chegou a esta cisão, a esta oposição, que tem a determinação mais específica de ser o bem e o mal. O facto de o estado de perfeição, isto é, da adequação do homem ao seu conceito, se expressar como o primeiro tem, mais precisamente, a determinação de que tal ser-adequado do indivíduo ao seu conceito se deve pressupor como o verdadeiro, como a substância, que subjaz ao conceito. Aquilo a que o homem deve aspirar tem de ser adequado ao seu conceito, tem de ajustar-se ao espírito. O possível, o em si do fim, deve ser o originário; o originário é o que existe no conceito e na ideia em si e para si e, em seguida, também só interiormente existe. O interno, o que se põe como fim, o movente, que dirige todas as manifestações para este primeiro, é o originário. A inocência, a honesta união do espírito com a sua determinação (com a natureza), é o absolutamente primeiro, o prius da sua determinação, mas não segundo o tempo. Outra coisa, porém, é o facto de ele se representar como uma existência. O racional passa para a forma, de modo que dele se fala como de algo existente. O que seja a meta institui-se na representação como a existência primeira, da qual os homens desertaram.

O fundamento do conceito é o imóvel, o movente de tudo; para a representação religiosa, surge como uma existência o que em si é apenas fundamento interno, fim último, que o espírito deve primeiro produzir. Para nós, esta ideia é substância, o originário [267].

No tocante ao caráter africano, ainda nos não é conhecido, pois os europeus ainda não penetraram na África com suficiente profundidade; a África é uma região ainda de nós isolada. Os europeus não penetraram ainda no interior, embora tenham muito trato com os povos que vieram do interior para a orla costeira. Os Portugueses é que sobretudo se aventuraram mais pela costa a partir do Sul da Guiné; tentaram converter os povos, mas com pouco sucesso. Em Moçambique, penetraram, porventura, com maior profundidade. Também os Holandeses e Franceses estabeleceram colónias na costa da Senegâmbia; no estuário do Gâmbia, no Senegal, houve outrora uma colónia brandeburguesa, mas que depressa de novo se desvaneceu. Em tempos mais recentes, ficámos igualmente a conhecer os africanos graças aos Ingleses. Os povos que entraram em contacto com a Europa estabeleceram relações com os europeus por um lado, por meio da guerra, por outro, graças às ligações comerciais, mas os príncipes destes povos negaram aos europeus um avanço ulterior e monopolizaram o comércio; deixavam entrar mercadorias, sobretudo armas de fogo e pólvora, mas não por meio dos europeus.

[À p. 220]
O homem natural tem, pelo menos, a sensação de ele se encontrar num lado e a natureza no outro. O homem é o que há de mais elevado, o que domina sobre o natural. O natural deve a ele sujeitar-se; nada há perante ele. Ele sabe isso; também nós o sabemos. Mas não compreendemos o homem, o espiritual, na sua imediatidade. Chamamos ao espiritual o divino; pelo contrário, no homem natural ainda não teve lugar a cisão do espírito que é em si e para si, do espírito finito.

[À p. 221]
A primeira coisa é que este poder, posto no homem, de encantar deste modo não se atribui a todo o indivíduo como tal. Semelhante poder concentra-se somente em homens individuais, nos sacerdotes, que são chefes em povos individuais ou foram pelo rei encarregados e se isolam. [268]
O seu comportamento surge do modo mais horrífico entre os Tchacas que, no século XVI, causaram temor ao reino guineense do Congo e também se viraram contra Moçambique e Habesch. Estes sacerdotes chamam-se Quitomes. Os Portugueses viveram, com frequência, entre eles. Distribuíam amuletos para proteção contra os animais selvagens e quejandos. Os padres católicos, capuchinhos e franciscanos, distribuíram, por seu turno, outros amuletos... Cavazzi narra que muitos negros foram desmembrados por animais selvagens, embora trouxessem amuletos; mas os que tinham os seus teriam escapado sãos e salvos.

[À p. 222]
Um outro tipo da mediação é através de objetos externos, de que eles fazem o seu deus e o poder regulador. Tais são os feitiços; a primeira pedra que se lhes depara, uma borboleta, um escaravelho, um mar, um rio. Veneram semelhantes feitiços e atribuem-lhe o poder, despojam-se deste poder, por conseguinte, [põem-se] fora do seu espírito. O feitiço de uma região é um elefante, um tigre, um rio. Encerram o animal numa jaula, veneram-no, atribuem-lhe o poder absoluto, por conseguinte, deslocam este para fora da sua consciência, não o atribuem ao seu espírito. É transferido para um outro, mas somente para um objeto sensível, não para um espírito universal.

[À p. 223]
Uma conceção fundamental é a de que um defunto toma corpo no Singila e, a partir deste, pronuncia o seu oráculo e as suas ordens. Se um sacerdote acreditar que um morto nele se incorporou, é-lhe facultado um poder enorme; exige sempre novas prestações de auxílio, alimentos, novos sacrifícios humanos.

[À p. 225]
Os negros não têm sentimento algum de tristeza sobre esta condição de escravatura. Se os escravos negros trabalharam durante todo o dia, sentem-se perfeitamente satisfeitos e dançam a noite inteira com os mais impetuosos movimentos. [269]

[À p. 228]
Os negros travam muitas guerras, e têm-se muitos exemplos de que as batalhas duraram de cinco a oito dias, de que estiveram frente a frente homens num total de meio milhão. Lutaram corajosamente; deveria dizer-se mais uma carnificina do que uma batalha. Muitas vezes, duzentos mil homens ficam estacados no local. Uma casualidade é que proporciona a decisão de se uma parte foge, e quem for apanhado pelos perseguidores é morto.

[À p. 228]
No tocante à constituição, esta determina-se, quando de tal se pode em geral falar, segundo o precedente. Há muitas tribos; o interior de África é extraordinariamente povoado. Os povos persistem em guerra perpétua uns com os outros, esforçam-se por fazer prisioneiros e escravos que, em seguida, consomem. – Ora um povo se sujeita a outro, ora as províncias se revoltam e se tornam independentes; os Axantis estenderam agora muitíssimo o seu domínio. – A sucessão no trono é hereditária – a sucessão permanece inteiramente na família; no entanto, é diferente conforme se segue o irmão, o filho, etc. A sucessão raramente tem lugar de um modo pacífico; os chefes ou parentes apoderam-se do trono. O derrube violento das dinastias está na ordem do dia.

[À p. 229]
Alguns Ingleses penetraram recentemente numa região onde não chegara ainda qualquer europeu. Um deles pôs-se à sombra diante de uma casa e falou com um negro. Um outro aproximou-se e pediu-lhe uma esmola. O inglês repeliu-o com indignação; o negro que estava sentado a seu lado disse que se tratava de um homem que tem acesso a todos os grandes, o carrasco. Chegara do seguinte modo ao seu ofício. Foi-lhe imposto realizar uma prova da sua arte como demonstração das suas capacidades. Veio para casa, feriu o seu irmão, que antes dele fora carrasco, cortou-lhe a cabeça e recebeu assim o ofício. O verdugo é, muitas vezes, o primeiro-ministro e tem o ofício de cortar a cabeça ao rei, quando a colheita é mal sucedida [270].

[À p. 232]
Hutchinson relata cerimónias, sobretudo a ablução dos ossos da mãe defunta e dos parentes do rei numa procissão festiva, a que ele próprio assiste. Os poços são lavados com sangue humano; o restante sangue das vítimas que foram para este fim sacrificadas é bebido pelo rei e pelo seu séquito. Se o rei se lembrar, faz reservar algo para o seu pai defunto, por isso, apunhala alguém e serve-lhe a sua reserva.

[À p. 233, à p. 12]

Os missionários contam que esta lei durou cento e vinte anos, e que conheceram muitas mulheres que tinham arrojado ao rio os seus filhos ou os ofereceram aos animais selvagens.

O canibalismo é ainda agora um costume entre os Axantis. Àqueles Ingleses mostraram muitos chefes a cujo respeito se contava que tinham arrancado o coração do corpo dos seus inimigos e o tinham comido quente e a sangrar. Acreditam que foram corajosos. Nas festas públicas, distribuem-se pelo povo carneiros castrados e o rei entretém o seu povo. Por fim, é desmembrado um homem, cuja carne é arrojada e comida vorazmente por todos os que conseguiram arrebanhar um bocado.

Já basta a propósito desta forma primeira e selvagem do homem [271].

Índice

Advertência do tradutor.................................. 7

PRIMEIRO PROJETO (1822 e 1823)................... 9

   Os Modos da Historiografia........................ 11

SEGUNDO PROJETO (1830)......................... 27

   A História Universal Filosófica 29

      A. O Seu Conceito Universal.................... 33
      B. A Realização do Espírito na História 53

         a) A Determinação do Espírito 57
         b) Os Meios da Realização................... 80
         c) O Material da Sua Realização 108
         d) A Sua Realidade Efetiva................... 133

      C. O Curso da História Universal 145

         a) O Princípio do Desenvolvimento 145
         b) O Começo da História.................... 153
         c) O Curso do Desenvolvimento 161

APÊNDICE.. 177

   1. O Contexto Natural ou o Fundamento Geográfico
      da História Universal 177

      a) Determinações Gerais....................... 177

b) O Novo Mundo 188
   c) O Velho Mundo 199

      aa) África............................. 202
      bb) Ásia 222
      cc) Europa............................. 227
2. A Divisão da História Universal 229
3. Aditamentos do Semestre de inverno de 1826-27 243

TEXTOS FILOSÓFICOS

1. *Crítica da Razão Prática*, Immanuel Kant
2. *Investigação sobre o Entendimento Humano*, David Hume
3. *Crepúsculo dos Ídolos*, Friedrich Nietzsche
4. *Discurso de Metafísica*, Immanuel Kant
5. *Os Progressos da Metafísica*, Immanuel Kant
6. *Regras para a Direcção do Espírito*, René Descartes
7. *Fundamentação da Metafísica dos Costumes*, Immanuel Kant
8. *A Ideia da Fenomenologia*, Edmund Husserl
9. *Discurso do Método*, René Descartes
10. *Ponto de Vista Explicativo da Minha Obra de Escritor*, Sören Kierkegaard
11. *A Filosofia na Idade Trágica dos Gregos*, Friedrich Nietzsche
12. *Carta sobre a Tolerância*, John Locke
13. *Prolegómenos a Toda a Metafísica Futura*, Immanuel Kant
14. *Tratado da Reforma do Entendimento*, Bento de Espinosa
15. *Simbolismo: Seu Significado e Efeito*, Alfred North Withehead
16. *Ensaio sobre os Dados Imediatos da Consciência*, Henri Bergson
17. *Enciclopédia das Ciência Filosóficas em Epítome (Vol. I)*, Georg Wilhelm Friedrich Hegel
18. *A Paz Perpétua e Outros Opúsculos*, Immanuel Kant
19. *Diálogo sobre a Felicidade*, Santo Agostinho
20. *Princípios da Filosofia do Futuro*, Ludwig Feuerbach
21. *Enciclopédia das Ciência Filosóficas em Epítome (Vol. II)*, Georg Wilhelm Friedrich Hegel
22. *Manuscritos Económico-Filosóficos*, Karl Marx
23. *Propedêutica Filosófica*, Georg Wilhelm Friedrich Hegel
24. *O Anticristo*, Friedrich Nietzsche
25. *Discurso sobre a Dignidade do Homem*, Giovanni Pico della Mirandola
26. *Ecce Homo*, Friedrich Nietzsche
27. *O Materialismo Racional*, Gaston Bachelard
28. *Princípios Metafísicos da Ciência da Natureza*, Immanuel Kant
29. *Diálogo de um Filósofo Cristão e de um Filósofo Chinês*, Nicholas Malebranche
30. *O Sistema da Vida Ética*, Georg Wilhelm Friedrich Hegel
31. *Introdução à História da Filosofia*, Georg Wilhelm Friedrich Hegel
32. *As Conferências de Paris*, Edmund Husserl
33. *Teoria das Concepções do Mundo*, Wilhelm Dilthey
34. *A Religião nos Limites da Simples Razão*, Immanuel Kant
35. *Enciclopédia das Ciência Filosóficas em Epítome (Vol. III)*, Georg Wilhelm Friedrich Hegel
36. *Investigações Filosóficas sobre a Essência da Liberdade Humana*, F. W. J. Schelling
37. *O Conflito das Faculdades*, Immanuel Kant
38. *Morte e Sobrevivência*, Max Scheler
39. *A Razão na História*, Georg Wilhelm Friedrich Hegel
40. *O Novo Espírito Científico*, Gaston Bachelard
41. *Sobre a Metafísica do Ser no Tempo*, Henrique de Gand
42. *Princípios de Filosofia*, René Descartes
43. *Tratado do Primeiro Princípio*, João Duns Escoto
44. *Ensaio sobre a Verdadeira Origem, Extensão e Fim do Governo Civil*, John Locke
45. *A Unidade do Intelecto contra os Averroístas*, São Tomás de Aquino
46. *A Guerra e A Queixa da Paz*, Erasmo de Roterdão
47. *Lições sobre a Vocação do Sábio*, Johann Gottlieb Fichte
48. *Dos Deveres (De Officiis)*, Cícero
49. *Da Alma (De Anima)*, Aristóteles
50. *A Evolução Criadora*, Henri Bergson
51. *Psicologia e Compreensão*, Wilhelm Dilthey
52. *Deus e a Filosofia*, Étienne Gilson
53. *Metafísica dos Costumes, Parte I, Princípios Metafísicos da Doutrina do Direito*, Immanuel Kant
54. *Metafísica dos Costumes, Parte II, Princípios Metafísicos da Doutrina da Virtude*, Immanuel Kant
55. *Leis. Vol. I*, Platão
58. *Diálogos sobre a Religião Natural*, David Hume
59. *Sobre a Liberdade*, John Stuart Mill
60. *Dois Tratados do Governo Civil*, John Locke
61. *Nova Atlântida* e *A Grande Instauração*, Francis Bacon
62. *Do Espírito das Leis*, Montesquieu
63. *Observações sobre o sentimento do belo e do sublime* e *Ensaio sobre as doenças mentais*, Immanuel Kant
64. *Sobre a Pedagogia*, Immanuel Kant

Impresso por:

Docuprint
CNPJ 01.036.332/0001-99